商务印书馆语言学出版基金
《中国语言学文库》第三辑

唐以后俗语词用字研究

刘君敬　著

2020年·北京

图书在版编目(CIP)数据

唐以后俗语词用字研究/刘君敬著.—北京:商务印书馆,2020
(中国语言学文库.第三辑)
ISBN 978-7-100-18340-6

Ⅰ.①唐… Ⅱ.①刘… Ⅲ.①汉语—俗语—研究 Ⅳ.①H136.4

中国版本图书馆 CIP 数据核字(2020)第 057841 号

权利保留,侵权必究。

唐以后俗语词用字研究

刘君敬　著

商　务　印　书　馆　出　版
(北京王府井大街 36 号　邮政编码 100710)
商　务　印　书　馆　发　行
北京艺辉伊航图文有限公司印刷
ISBN 978-7-100-18340-6

2020 年 5 月第 1 版　　　开本 880×1230　1/32
2020 年 5 月北京第 1 次印刷　　印张 9¼
定价:36.00 元

说　　明

2012年度教育部人文社会科学基金青年项目成果（项目编号：12YJC740066）

一、本书以俗语词的用字情况为切入点，旨在探讨唐代以后汉语中的词和记录词的汉字之间的关系。为了区别"字"和"词"，我们借鉴裘锡圭先生在《文字学概要》中的做法：表示给定的某个词时一般以今天的通行简体字外加｛｝表示，说明其用字时一般以双引号表示。如：｛喝｝的用字有"喝""呵""嗑""哈"，｛页｝的用字有"頁""葉"。在个案研究部分，我们先给每个词条列举文献中的用字情况，以"/"隔开；字书中有记载而未见实际用例的用字不再列出。

二、除个别文献（如《聊斋俚曲集》）不得已用整理本外，立论均依据原始文献（或其影印本）。

三、凡引文均标明其底本（版本）。有的小说、戏曲等因从中采例较多，为免烦琐，在文末引用书目中注明版本，文中不再一一标明。底本的来源主要有《续修四库全书》、《四库全书存目丛书》、《四部丛刊》系列、《高丽大藏经》、《中华大藏经》等。为节约篇幅，文中一般不再逐一注明册数。

四、主体部分所采文献始于晚唐，迄于清末。为探明流变，有些词条所涉及的时段会长些，上至先秦，下至民国。

五、例句一般注明页码，如有必要则注明栏数。中国基本古籍库于每种书下均附一到两种底本的照片，引用时标明其照片在库中的页码，如:《宛署杂记》，明万历刻本，基 300（表示引例在中国基本古籍库中明万历刻本《宛署杂记》的第 300 页）。有时标明某刻本的版心页码，这时采用汉字以示区别，如:《型世言》，二十二页右（表示在明刻本《型世言》第二十二页右栏）。

六、引用书证的卷数、回数均用阿拉伯数字，以醒眉目。

七、晚唐以后（特别是元代以后）的文献中存在很多"不规范字"（以今天的标准衡量）。除了论证涉及的字形需保持原貌不变外，其他字形如不涉及用字的时代性则一般径改为通行的简体字。

八、"唐代以前"不包括唐，"唐代以后"包括唐，其他依次类推。

九、涉及全篇的参考文献于文末"参考文献"中列出，其他随文标明。

目　录

绪论 ··· 1
  第一节　缘起 ··· 1
  第二节　研究史述评 ··· 12
  第三节　研究材料与方法 ·· 24

第一章　事实篇：用字研究实例 ·· 36
  1. 脖 ··· 36
  2. 唇 ··· 44
  3. 蛋 ··· 53
  4. 挪 ··· 61
  5. 趴 ··· 68
  6. 赔 ··· 73
  7. 碰 ··· 86
  8. 仁 ··· 90
  9. 躺 ··· 98
  10. 烫 ··· 104
  11. 趟 ··· 110
  12. 舔 ··· 115
  13. 喂 ··· 122
  14. 捂 ··· 130
  15. 哑 ··· 135
  16. 页 ··· 142

17. 找 ·· 147
18. 桌 ·· 156
19. 嘴 ·· 163
20. 巴结 ·· 174
21. 砝码 ·· 179
22. 吩咐 ·· 185
23. 胳膊 ·· 190

第二章 理论篇：优选论框架下的用字分析 ············ 196
第一节 优选论与俗语词用字研究 ···················· 196
第二节 用字变化的优选论解释 ······················ 211
第三节 用字的时代性 ································ 222
第四节 用字的当代化 ································ 229

第三章 应用篇：用字研究的应用价值 ················ 239
第一节 用字与异文处理 ····························· 239
第二节 考察"后时资料"的性质 ···················· 242
第三节 用字与文献断代 ····························· 249
第四节 用字与古籍整理 ····························· 254

第四章 结语 ·· 257

参考文献 ·· 264
主要引用书目 ··· 270
后记 ··· 277
专家评审意见 ······························· 李运富 279
专家评审意见 ······························· 王贵元 289

绪　　论

第一节　缘起

"口语是文字的根本"（吕叔湘 1980）。口语词采用什么样的文字来记录，是历朝历代的汉字使用者必然面临的问题。跟书面语词相比，口语词"为群众所熟悉，显得亲切，又有丰富的形象生动的表达，显得很活泼"（符淮青 2004：179），它们在日常生活中应用极其广泛，按理说来应该得到广泛的关注。不过，由于历史上人们对口语的偏见，那些很"地道"的口语词并没有得到读书人的关注，相比一般词汇它们见诸笔端的机会不多。当人们将关注点转向口语时，这些词条就会被大量记录下来。翻开 20 世纪 50 年代陆志韦先生编定的《北京话单音词词汇》，每页都有俚俗的词条，其中一些还处在有音无字状态。以 tang 这一音节为例，便有阴平字"汤趯镗"、阳平字"堂搪膛糖"、上声字"躺"、去声字"趟烫"等。对于生活在北方方言区（特别是北京附近）的人而言，读一下这些词条自然感到生动亲切，味道十足。前人做了不少收集词条、描写共时用法的工作，相关的归纳已然非常有意思，我们自然想进一步了解它们的历史。

对于社会大众而言，口语词是他们完成信息传递时不可或缺的工具，是在日常交际活动中"无意识"使用的。社会大众只需知道它们怎么用——知其然；研究者不仅要知其然，更要知其所以然——它们是从哪里来的？要到哪里去？历史上人们记录这些词时采用了哪种用字？其用字跟今天相同吗？如果不同，有哪些字可以用来记录给定的口语词？这些用字之间是什么关系？今天的规范用字又是从何处而来？在竞争中怎样被认定为"规范"？对于这些问题，传统训诂学没能给我们提供答案。或许在他们看来这些问题是社会大众的事儿，与读书人距离遥远，不值得去讨论。即便历史上有个别学者措意到了相近的问题（如清人翟灏《通俗编》中涉及的部分词条），也不过是停留在溯源的层面上；有的学者将某个口语词系联到了先秦两汉时期的某个词上（如黄侃《说文笺识》等），这种系联往往凭借语感而不加证明，自然不能令人信服。在我们看来，他们这样做不过是"无一字无来历"的另一种表现罢了。显然，将口语词的相关现象作为科学上值得探究的问题正式提出，便意味着研究范围从语文学（训诂学）转向了语言学。能够提出这类问题的人，显示了其超越于传统小学之上的语言学的眼光。王力先生就是筚路蓝缕导夫先路的第一人，早在1947年他就提出了"新训诂学"这一术语，并提倡研究很"俗"的词。他指出：

> 无论怎样"俗"的一个字，只要它在社会上占了势力，也值得我们追求它的历史。例如"鬆紧"的"鬆"字和"大腿"的"腿"字，《说文》里没有。因此，一般以《说文》为根据的训诂学著作也就不肯收它（例如《说文通训定声》）。我们现在要追究，像这一类在现代汉语里占重要地位的字，它是什么时候产生的。至于"脖子"的"脖"，"膀子"的"膀"，比"鬆"字的时代恐怕更晚，但是我们也应该追究它的来源。总之，我们对于每一个语义，都应该研究它在何时产生，何时死亡。（王力 1947/1980：32）

王力先生举"鬆""腿""脖""膀"等字为例，关注的都是单音节形式，因而说它们是"字"还是"词"都没关系。准确地说，上述例字不应该是"字"，而是"词"，并且是口语色彩很强的词——俗语词。确认一个词为俗语词有两个要件:一是它们在讲通语的言语社团中常用,即已经"在社会上占据了势力";二是它们一般不见于《尔雅》《说文解字》等字书,即"俗"①。

"俗语词"作为一个术语虽然已经在学术界通行了好多年,但人们对其内涵的理解并不完全相同。郭在贻(1983)给出的定义是"不登大雅之堂的古代口头语词"②。黄征(1993:6)则认为,"汉语俗语词是汉语词汇史上各个时期流行于社会各阶层口语中的新产生的词语和虽早有其词但意义已有变化的词语。"按照黄征的定义,一个词只要改变了意义,那就是俗语词;如果读书人口头上创造了某个新词,那也是俗语词。这种做法把旧词的新义也包括在俗语词中,俗语词外延过大;百姓口头上创造的还没有被文字记录下来的新词不计入口语词,俗语词外延过小。因此我们更倾向于郭在贻先生的看法,即俗语词应该满足两个条件:一是俗,即一般有相对应的雅词;二是接近(或达到)口语的语体色彩。

俗语词一般见于那些内容比较通俗的、口语成分较多的叙事性作品。这类作品并非随处皆有,需要对传世文献做很多爬梳剥离方能获得一二。时代越晚,俗语词相对来说越多。前辈学者指出,晚唐五代是一个很关键的时间段,因为在这一时期"传统文学之外另有口语成分占上风的文字出现"(吕叔湘1988)。晚唐五代作为近代汉语的开端,越来越多的口语成分在文献中得到表现并被保留下来。近代汉语文献中出现的俗语词在"类"(type)和"例"(token)两

---

① 如晚期(特别是元明以后)的字书中往往出于"猎奇"的目的会特意收录一部分这样的词。如甲戌本《脂砚斋重评石头记》第6回有"听见刘姥姥带他进城征去"一句,其中"征"夹批:"音光去声,游也。出《借声字笺》。"《借声字笺》全名为《谐声品字笺》,是清初虞德升与其父合著的一部韵书,该书已集十四"征"下注:"征,读光去声。闲征,无事闲行自在。"这说明历史上的确有一部分人在编纂辞书时是很关注俗语词的。

② 另有人称之为"口语词",在词语考释的论文中广泛使用。

个方面要比此前的文献中更多、更充分。唐代以前，文人（知识分子）笔下可能比较排斥俗语词的使用，因此传世文献中除一些游戏性文字（如王褒《僮约》）及有特殊目的的材料（如早期汉译佛经）外，大部分文献在文白方面都是偏向"文"的，口语成分并不很多。俗语词在唐代前、后的分布差异决定了近代汉语阶段的俗语词研究存在更大的拓展空间，这也是我们选择唐以后的俗语词作为讨论对象的理由。

在讨论俗语词时，研究者既可在宏观上把握它们具有普遍意义的性质，也可在微观上探究具体词条的流变。从前人的实践看，微观研究（个案研究）更受青睐，原因在于个案研究作为"汉语词汇史研究的一项基础工作"，内容易知，难度可控，有助于做深入精细的分析。前辈学者看到了这一点且身体力行，取得了令人瞩目的成绩。以蒋礼鸿先生《敦煌变文字义通释》一书为例，该书呈现给读者的就是一系列相对独立的词条。颜洽茂（1989）对其具体做法有很精当的总结，他指出：

> 以翔实可靠的材料为基础，从解疑入手，以点及面旁通其他文献，这是一个层次；然后上溯源头以讨语源，下及方言俗语以证古语，勾勒出俗语词之产生、发展、词义的消长、语形的变幻和用字异同，在共时和历时的框架中把俗语词的研究纳入汉语词汇史的轨道。

个案研究的优点是，对所涉及词条的源流描写深入，梳理细致，能达到相当的深度。不足之处是，不同个案之间差异会比较大，缺少内在联系，广度会受到限制。为了在深度和广度之间取得平衡，我们借鉴前人的做法，即先初步做出一个用字资料目录[①]，然后从中遴选出

[①] 在本书稿的前身——笔者的博士论文——写定时，这些词条用字的相关目录还没有出现。六年之后，曾良、陈敏编著的《明清小说俗字典》由广陵书社出版。

若干条有代表性的单音词和复音词词项，细致地勾勒各词项的用字情况，最后进行归纳。具体做法是，首先依据词条本身的分布特点——通语口语中广泛使用而书面语中不经常使用（或不再使用），确定了诸如"踩、蹲、丢、趴、瞧、甩、捂、揍、吩咐、服侍、仔细"等词；其次排除文献中那些用字、用例不够多的词（材料过少不足以呈现真实面貌）；最后是个案之间的平衡，努力做到每个个案都有独特之处。

蒋礼鸿先生注重研究俗语词"语形的变幻和用字异同"（即"同词异字"现象），这跟敦煌文献的钞本性质密不可分。手工抄录，文字上自然会出现相当幅度的出入。即便是在刻本中，语形不一、用字不同的现象也是广泛存在的。这些现象在俗语词上表现得十分突出，为了准确描述它们，有必要对本书使用的术语进行界定。

字、字形、文字、语形等名词使用范围很广，不过作为概念它们往往没有经过严格定义，或者虽经定义但未能在学界达成共识。有鉴于此，我们不再尝试厘清这些术语的准确内涵和外延，而是引入新的术语——用字，来指称一个词的不同形式。用字又称为"词的书写形式"，是张永言先生（1964）最早提出的[①]。词的书写形式（简称"书写形式"）就是指记录同一个词时所采用的不同文字，也就是"用字"。如果不联系所记录的词，语言使用者就会把它们看作是不同的字。这些不同文字之所以能够相互联系，是因为它们可以记录同一个"词"。

界定了词、用字后，我们把文本中出现的一个个写下来的字叫作相应字的用字实例，简称"字例"。按照上述定义，词、用字、字例的

[①] 张永言（1964）把文字称为"词的书写形式"。裘锡圭（1988：255）也指出，"同一个词也常常有两种以上不同的书写形式"。

关系就是自上而下的层级关系,最高层是抽象的"词",中层是具有心理现实性的"用字",底层则是一个个在文本中看得见的"字例"。

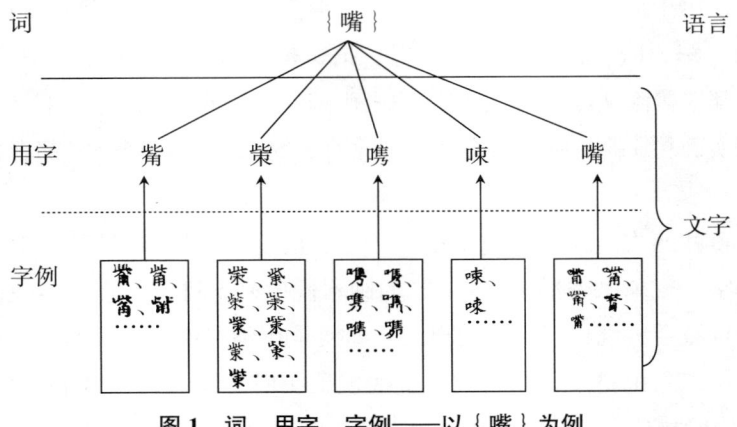

图 1 词、用字、字例——以 {嘴} 为例

图 1 中,字例指的是实际文本中出现的一个个具体字形。把这些字例按类归纳后选取其中一个成员来代表它们,就是用字。可见,"用字"不同于"俗字",它反映的是文字记录语言的职能,属字用学范围。这些用字都可以在上下文中记录同一个"词"。用字跟字例的关系,近似于音位和音位变体的关系。我们不妨把用字看作是"字位",把字例看作是"字位变体"[①]。字位是指存储于人们大脑之中可以彼此区别的最小文字单位,每个字位至少有一个字位变体。就一个词而言,其用字的数量是有限的。由于抄手或刻工差异很大,他们在抄写/刊刻时笔势也都不尽相同,因此字例的数量是非常多的(有限可数)。[②]

[①] "音位"和"音位变体"这一对概念最早是由布拉格学派提出的。我们借用它们引入"字位"和"字位变体",主要着眼点是文字,跟语音、语义关系不大。

[②] 字例变化的幅度可大可小,其变化幅度达到何种程度后会使得人们将它们看作是不同的字位需要具体分析。张涌泉(2008a)所举"邪/耶""弟/苐"二例,黄征(2005)所举"杀/煞"等均是很典型的研究。这跟本书讨论的话题关系较远,不再详论。

以严志斌编著《商金文编》为例，其中收录的"父"字的字例多达百余种，字位则相当有限。又以黄征编著《敦煌俗字典》为例，该书前言部分列举了"恶"的隶变俗字（即"恶"的字例）达20余种（《敦煌俗字典》前言，9页）。转录如下：

恶、恶、恶；恶、恶、恶、恶、恶、恶、恶、恶、恶、恶；恶、恶、恶；恶、恶、恶；恶、恶、恶

仅仅孤立地观察这些字例，就会发现它们的构件差异很大，其中出现了近似"西""十""皿""心""灬""艹""亻"等的构件。这些字例之间的差别是显而易见的，如果不考虑它们所处的上下文，其中很多都可以说是不同的字（如"恶"跟"恶"就很难看作是一个字）。读者又依据什么建立这些字例之间的关系呢？无疑是借助上下文得知它们均记录{恶}这个词。就一个词拥有的众多字例而言，可以将它们看作是异体字吗？恐怕不尽然。如果不是异体字，又是什么字呢？这就不易给它们找到合适的"标签"。如果引入用字这一中介层面，问题就简单多了。同样以{恶}为例，可以先参照构件差异将上述字例归纳为四种用字：①恶；②恶；③恶；④恶，然后指出这些用字都记录了{恶}。各用字彼此不同，应当看作是不同的字；同一用字下的字例之间无大差别，只是书写时存在细微差异而已。

又如{页}，其用字有"页""頁""葉"。"页"是由"頁"草书楷化而来，在历史上人们大都知道二者之间的关系，"页""頁"可以看作是同一用字。《汉字简化方案》推行以后，"页""頁"就被人们看作是不同的用字了。同一个词可以对应不同的用字——即"同词异字"现象在汉语历史文献中经常出现，以下从用字资料目录中约举数例。

8 唐以后俗语词用字研究

表 1 俗语词用字举例

词	用字
{仁}	人、仁
{脖}	頜、膊、脖、胈、鈸、亭
{嘴}	觜、柴、噭、噹、嘴、咀
{躺}	倘、儻、搲、攩、淌、躺、矘、躺
{捂}	侮、仵、伍、握、搗、捂、搗
{耳光}	耳光、耳聒子、耳刮子、耳瓜子、耳拐子
{吩咐}	分付、吩付、分咐、吩咐

表 1 左栏都是俗语词，右栏是其对应的用字。右栏用字都能记录左栏相应的词，这些用字在功能上是等值的，没有差别。如果研究止步于此，那么就会遗漏很多问题，比如这些用字是怎么得来的？在其他方面有没有区别？再进一步，可以追问某个俗语词有哪些用字？为什么会有那么多用字？不同用字之间有没有时代或地域的差异？今天的规范用字是如何确立的？要回答这些问题，意味着既要指出历史上存在的用字现象，还要探索各用字之间的关系。相应的，这些问题的答案不能通过"内省"得到，应该对代表性文献进行细致调查才有结论。这一问题很早便得到了学界的关注。早在1986年，朱德熙先生就开始提倡展开近代汉字的研究。他指出：

> 现在的常用字里有许多字的历史我们不清楚，譬如说"抛弃"的"抛"，40年代唐兰先生曾写文章专门考证这个字的来历。这种字过去人们不研究是不对的，我们应提倡近代文字的研究。（朱德熙"汉字问题学术讨论会"开幕式发言[①]）

考察一个字的来历，如果只局限于"字"本身，恐怕就有点儿画地为牢，也不是唐兰、朱德熙等人的本意。我们应当把这里的"字"

---

① 转引自张涌泉（1995a：185—186）。

理解为它记录的有特定意义的"词"。也就是说,"抛"既是近代常用字,同样也是俗语词,命名因观察角度而异。

随后,裘锡圭(1988:258)在讨论"一词多形"现象时也指出,"不同的字在用来表示同一个词的时候,它们的使用范围并不一定完全相同。"人们在使用这些用字记录同一个词时往往存在不同的"偏好"。这种偏好有时表现为范围的大小,有时表现为时代的差异,有时表现为数量的多少等等。具体到某一个词,它的用字偏好表现如何就值得细细探究了。如后文中归纳记录{躺}的用字时,我们会指出其历史上的习用字有"倘""躺",其他用字的字例相对较少。此后,裘锡圭(1999)又从解读古文献的角度专门解释了"用字方法",他指出:

> 我们所说的用字方法,指人们记录语言时用哪一个字来表示哪一个词的习惯。用字习惯从古到今有不少变化。有很多跟后代不同的古代用字方法,是后人所知道的,通常在字典里就有记载。……但是如果某种已经被后人遗忘的古代用字方法,在某种或某些古书中(通常只是在古书的某一或某些篇章语句中)还保留着,就会给读这些古书的人造成很难克服的困难。

裘锡圭(1999)曾举长沙马王堆汉墓帛书中的"佴"为例,说明汉代存在以"佴"记录{耻}的情况。如果了解这一点,就可以为司马迁《报任安书》中的"佴之蚕室"做出更加合理的解释。此例作为用字研究的一个具体应用,说明了探究用字方法的积极意义。可以说,朱德熙、裘锡圭等人关于用字方法的阐述既指出了用字研究本身的价值,也说明了它在古籍整理中的应用价值。汪维辉(2006a)专文讨论了"词的时代性和地域性",词的时代性是指"词只在一定的时段内使用"。词有时代性,作为词的书写形式——用字,在使用过程中也应该有时代性,我们将之看作"用字的时代性"。这跟前文中说的用字方法、用字法等术语在精神上是一致的。

同一词而采用不同的用字，这给阅读古书设置了不少障碍，自不待言；换个角度看，它也给研究字词关系提供了素材，弥足珍贵。要知道一个词有哪些用字，各用字的分布范围、时代特征、彼此关系等，必须立足于历史上人们对用字的真实记载，这就意味着个案研究是绕不过去的基础性工作。从对材料的初步观察看，用字方法差别有如下几种：

（甲）同一文本内部用字有别。如记录｛怪｝（指妖怪，名词）时，明刻本《西游记》中多用"怪"字而少用"妖"字。

（乙）不同类型的文本用字有别。如记录｛蛋｝（指禽类的卵，名词）时，《明实录》习用"弹"字，时代相近的朝鲜汉语教科书习用"鸣"字。

（丙）不同时代的文本用字有别。如记录｛仁｝（指果仁，名词）时，北宋以前都是用"人"字，南宋医书中"人""仁"混用，元代以后则习用"仁"字。

（丁）不同地域的文本用字有别。如记录｛喝｝（指饮流食，动词）时，明代以后北方文献（《金瓶梅词话》《醒世姻缘传》《清文启蒙》《聊斋俚曲集》等）中用到了"呵"字，其他地域的文献则没有用到"呵"字。

以上只是对俗语词用字情况的粗线条说明，尚不能囊括用字偏好的全部内容。我们的理想就是努力将这些看法细化，以获得更多俗语词用字的知识。一言以蔽之，本书以词的用字为切入点，研究俗语词产生以后的实际用字情况，归纳出用字习惯的差异并尝试解释差异形成的原因。

俗语词在口语中高频使用，在历史上用字多样。其中既涉及语言变化，也涉及语言使用者对文字的感知，还涉及形、音、义三者的相互作用。可以说，研究清楚不同用字的来龙去脉不仅有助于汉语词汇史研究的深入，而且能丰富近代汉字研究的内容。具体如下：

（一）有助于深入探究汉字与汉语的关系。汉字是用来记录汉语的，当口语中出现了某个以前没有使用过的新词后，人们选择什么样的文字来记录它才能达到既好记又好用的目的，这是非常现实的问题。是用已有的字，还是创造新字？创造新字时是选择象形、会意，还是形声？从既有构件中选择哪个作为声符，哪个作为形符？如果不幸跟既有字同形，怎么办？这些问题涉及文字、语言两个方面。将俗语词的用字情况搞清楚，将深化人们对汉字跟汉语关系的认识。

（二）有助于汉语常用词演变研究的深入。常用词演变研究是探究"某一个'所指'的'能指'在历史上发生过什么变化，发生于何时，是怎么发生的"（汪维辉 2000：14—17）。在具有历时替换关系的一组词中（如"搬/运""踩/踏""趴/伏""碰/撞""躺/卧""挖/掘"等），新词一般都是存在多种用字的俗语词。如果说仅仅把新词替换旧词的过程准确描写清楚这一工作已经十分繁重的话，那么在研究替换时再夹杂用字的收集与分析就会使得工作更加繁重，难度也进一步加大。因为要想准确描述史实，就要尽可能充分地收集新词的用例；要想收集新词的用例，就必须要知道它有哪些用字及各用字的使用情况。由于事先不能穷尽预测新词的全部可能用字，也就不能穷尽用于检索的关键词。即便利用了电子语料库检索，也不能胜任发掘新词全部用例的工作。假如开展了俗语词用字的相关研究，收集到了代表性的用字，那么对新词的描写就会更清晰，史实把握也就更准确，常用词演变研究的精准度也就更高。

（三）有助于元明清通俗文献的整理。元代以后产生的戏曲、小说等文献中包含大量的口语性成分，这些口语性成分大都以俗语词的形式表现出来，受到了训诂学家的"偏爱"。在考释这些词的词义时，人们往往只是停留在列出它们的不同写法，而不关心是否穷尽了相关用字以及用字之间是否存在差异。假如整理时碰到了跟今天习惯不同的用字（写法），是将之径改为今天的通行字还是保留原貌不加改动？改的理由是什么？不改的理由又是什么？诸如此类问题，整理者应当事先做到心中有数。由于用字研究的滞后，加上整理者知识结构的限制，他们往往在"求真"和"求是"之间来回摇摆。只要看一下各类古籍的"点校凡例"，就会发现整理者在实践中有意无意回避了上述问题。由此可见，加强俗语词的用字研究能够为整理者提供是否改动的参照依据，也就可以提高古籍整理的水平。

（四）有助于判断"后时资料"的可靠性。以汉语写成的传世文献中，刊刻时代远晚于写作时代的"后时资料"在数量和规模上比"同时资料"要多得多。语言研究自然应以"同时资料"为据，但在"同时资料"匮乏时也不得不用"后时资料"。"后时资料"改动幅度或大或小，往往不得而知，目前也没有很合适的语言文字标准来衡量其改动幅度，因此据"后时资料"得出的结论就会有与生俱来的"缺陷"。结论是否可靠、在多大程度上可靠也就见仁见智了。因此，弄清楚一批俗语词在不同时期用字习惯的差异后，我们就可以把这种差异作为标准去衡量"后时资料"的改动幅度并鉴定其可靠性，看看其中哪些地方保留了原貌，哪些地方做了改动。如此操作下去，就能发现一批改动幅度较小的"后时资料"，因其可靠性接近于"同时资料"，其价值便能进一步凸显。

第二节 研究史述评

俗语词用字研究涉及词汇和文字两个层面。在词汇层面跟常用词演变研究关系密切,关注新词的不同用字;在文字层面跟近代汉字研究关系密切,关注俗字(用字)现象。因常用词演变研究和近代汉字研究的理念不同,观察角度也就各异,故而需要从汉语词汇史和近代汉字两个方面说明研究现状。

一、汉语词汇史视野下的新词研究

作为汉语词汇史研究的重要分支,汉语常用词演变研究着眼于探寻新、旧词之间的替换关系。新词一般都是口语词,其特点就是"新",跟旧词相比它在文献中还没有太久的历史。这类研究自20世纪90年代中期起蓬勃展开,以1995年张永言、汪维辉《关于汉语词汇史研究的一点思考》一文的发表为标志。此前,人们关注的重点在于疑难词语考释;此后,人们的关注点转向非疑难词语——常用词的变迁。[①] 常用词演变研究更新了汉语词汇研究的模式,迅速成为汉语词汇史研究的热点,成为过去二十多年的"显学"。研究成果数量多、水平高、范围广,代表性的有李宗江《汉语常用词演变研究》、汪维辉《东汉—隋常用词演变研究》《汉语核心词的历史与现状研究》等,以及一大批单篇论文(以"常用词""演变"为关键词检索中国知网(CNKI),便能得到近百篇相关论文,发文量渐次增加)。[②] 总体趋势如图2:

---

① 据汪维辉(2000:5—6)介绍,黎锦熙、王力二位先生大力提倡常用词研究,功劳甚著。黎锦熙于20世纪20年代前后组织编写《中国大辞典》时提出了"国语常用词"这一概念,目标是:"每一个词都要顺着它的年代,叙明它的'形''音''义'变迁的历史。"(黎锦熙《国语运动史纲》,商务印书馆,1935年,304页)此后,王力(1947)也强调了口语词研究的意义和价值。

② 检索时间:2018年12月。数据来源于中国知网(CNKI),我们又对检索结果做了计量可视化分析。

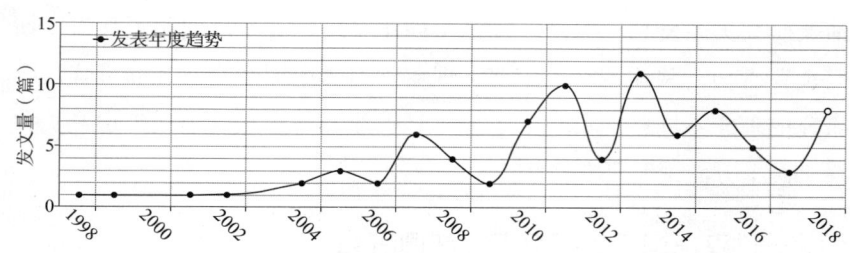

图 2　1998 年以来中国知网中"常用词""演变"的发文量分析

在梳理新词的历史时,人们往往发现有很多新词其用字不止一种。如汪维辉(2000)论及的"眠(瞑)、叫(噭/䩞)、挂(絓)、抄(钞)、膳(饍)、瘦(腹)、快(駃)、硬(鞕)"等;吕传峰(2006b)论及的"喝(呵/嗑)、嘴(觜/噿)"等;杨荣贤(2006)论及的"捆(綑)、绑(挷/挚)、踩(跐①/采/躤/蹀/踃/踹/跴)"等;陈莉(2006)论及的"站(站/佔/㐀)"等。汪维辉(2018)在论述 100 核心词的历史与现状研究时更是每每提及新词的不同用字。② 这些现象表明,新词的用字情况相当复杂,因而值得深挖。

常用词演变研究的重点在于语言而非文字,且研究本身的工作量已经十分繁重,因此前人虽已注意到新词的用字问题但无暇在这一方面继续深入。他们一般只是列出文献中出现的用字,并没有从定性或定量方面再做分析,这是比较可惜的。当然,用字问题并非词汇史关心的话题,不将其纳入自身研究范围也无可厚非。不过,假如不积极搜集新词的用字,在调查新词的使用情况时就会遗漏用例,结论也可能失之偏颇。比如要研究{躺}对{卧}的替换,就要收集{躺}的用例,也就需要了解其可能的用字(见表 1)。研究者在利用语料库进

---

① "跐"在意义上与{踩}相当,但语音方面与{踩}有别,将二者看作一个词是有争议的。

② 书中多处引用了本书的前身(笔者的博士学位论文)的相关结论。

行检索时，如果不能全面了解这些用字，那么结论的准确度和可靠性必然受到影响。可见，新词的用字问题是一直伴随着常用词演变研究的，我们借助文献记载来讨论新词的使用，了解新词的用字这一工作也就不能回避。要想确保结论的可靠性，就必须认真关注用字问题。

二、近代汉字研究界对用字的探索

俗语词的用字问题是文字问题，俗语词在近代汉语阶段（晚唐五代以后）表现得最为明显，因而把这一阶段的用字研究归入近代汉字研究符合一般认识。不过，从事近代汉字研究的学者更喜欢从俗字角度来看待问题。俗字和用字虽仅一字之别，但内涵有很大不同。俗字一般有对应的正字或通字，俗字不包括正字、通字，从这个角度看俗字的外延比用字要小。一个字的不同字例也可能存在正、俗之别，而这些不同的字例都可以看作是同一个用字，从这个角度看俗字的外延比用字要大。当研究者为某字贴上"俗字"的标签时，意味着他们心目中已经有了价值判断。相对来说，用字研究则尊重文献中出现的真实字例，对这些字例没有价值判断。一个字可以不是俗字，但它依然是某个词的用字之一；一个字可以是俗字，但它可以跟相近的字例一起被归纳而不必把它看作是独立的用字。这种理念的差异导致用字研究跟俗字研究又不完全相同。

俗字研究领域学者的关注焦点虽然不是用字问题，但他们的工作为用字研究提供了十分丰富的资料。如果把辑录字形也算作俗字研究的话，那么可以说俗字研究从唐代起就开始了。唐代的各类字书、韵书、音义书中陆续收录当时使用的俗字，如各种版本的《切韵》、玄应《一切经音义》、慧琳《一切经音义》《匡谬正俗》等，宋辽金的《广韵》《集韵》《龙龛手镜》等，明代的《字汇》《正字通》等。这些资料的编者虽然无意讨论用字的问题，但他们对当时用字情况的真实记载为我们提供了证据,让我们敢于放心地说当时存在某一用字。这种辑字的传统影响深远,直到 20 世纪人们依然延续这一传统并作进一步改进,出现了刘复、李家瑞编《宋元以来俗字谱》、潘重规编《敦煌俗字谱》、黄征编著《敦煌俗字典》等专书。

辑录用字是研究工作的起点,辑录工作花费了研究人员的大量时间和精力,但从文字研究本身来看这还是不够的。完成用字辑录的工作以后,接下来还有哪些工作要做?其中之一便是考察各代用字的特点。然而在相当长的时间里人们似乎并未措意于此。裘锡圭(1989)在回顾近代汉字研究时说,"对汉以后各代文字在字形和结构上的特点以及各代用字的特点,进行研究的人少得可怜。"并且指出,"见闻所及的只有一些研究敦煌卷子所用文字和其他唐代文字的论文,以及一本研究晚明刻本小说用字的薄薄的专著。"[①] 直到 20 世纪 90 年代俗字研究才突飞猛进,出现了一批有影响力的成果(以张涌泉、黄征、曾良、周志锋等学者的论著为标志)。

如果站在字形、字构、字用三个平面[②]的立场上来看问题,可以看到上述研究会把不同的字例放在一起讨论,并未有意识地把"字用"独立出来,导致字用本身的研究明显不足。此外,在辑录字例时求多、求全,有时又会把不同类型的字例平列在一起而不做分类(如上文"恶"字例),这就无法展示不同用字之间的关系。又以《敦煌俗字典》收录的{嘴}的用字为例,除"觜"外,还有"觜、嘴、觜"等。如果不考虑字用,我们看到的就是很多字例,好像没什么规律。如果考虑字用,并且已知"觜"是"觜"书写讹变,"觜"是"觜"的

---

① 裘先生说的这本专著就是《文字问题》。该书虽字数不多(只有六万余字),但内容广泛,方法独到,读之给人以无尽的启发。

② 王宁、李运富等提出并完善了汉字研究的三个平面理论,将字用跟字形、字构并列。

变体，那么就可以把{嘴}的用字分为三类："觜""嘴""紫"，我们对{嘴}用字的认识就深入了一层。之所以能够深入，是因为研究之初就有了"字用"的观念。

李荣先生很早便看到了传统文字研究的这一不足，他认为仅仅局限在传统的六书范围内就文字来研究文字很难有大的突破。1987年，他出版了《文字问题》一书。李荣（1987：70）明确提出了研究近代文字的若干原则，强调"研究文字，必须结合语言，从字形入手而又不拘泥于字形"，李荣（1987：7）还说，"文字是记录语言的，研究文字必须排除正俗的偏见，从文字的功用立论"。何谓排除正、俗的偏见？就是说在研究时不要预先贴标签，不要做价值判断，要尊重所有出现的用字。李荣用明清小说为材料向人们展示了用字研究的价值，这不仅拓展了文字学研究的范围，同时也是对既往研究在认识论上的"纠偏"。我们的讨论受其影响很深，可以看作是《文字问题》的延伸。

在摘录实际文本中的用字时，人们也有不同的选择。是仅把字形原样摘下来，还是带上该字形所处的上下文？什么样的字形需要摘录？什么样的字形不需要摘录？就一个字形来说，是逐例摘录还是选择性摘录？人们在早期倾向于举例性的摘录单字，随着研究的深入，摘句的必要性和重要性逐渐被意识到。蒋礼鸿指出：

> 辑录时最好用摘句的方式而不要摘字。因为有些材料由于字迹模糊而会辨识不清；有些字则和正字形体太远（如孃、奻），离开了上下文句就无从取信；尤其是要把同音通用字作为俗字辑录进去的时候更不能离开上下文；只有这样，才能给研究者以更多玩索的余地。（蒋礼鸿 2000）

这段话强调了摘句的重要性，目的是希望摘录人员能从读者角度考虑，让他们可以依据上下文分辨某字记录的是哪个词。这样做突出了字用的价值。此后,《汉语俗字丛考》《敦煌俗字典》等便已采用摘句的方式举例。此前略早,韩国学者李圭甲辑录藏经用字后编写了《〈高丽大藏经〉异体字典》一书,也是采用摘句的方式。国内外学者在这一问题上不谋而合。

要想表现出不同用字之间的关系及使用倾向,仅摘录三五条例句显然是不够的。这样做只呈现了文献中存在的现象,却不能判断不同现象所处的时间、地域或使用范围。除此以外,人们在辑录用字时习惯于辑录单字,对于复音词(不含联绵词)的用字一般不涉及。这都说明在辑字、摘句以外还有很多工作需要我们去做。

当原则和方法确立之后,下面就要展开具体的个案研究。张涌泉在"俗字研究的展望"部分特别强调"俗字的辨析考证",他指出:

> 在历代俗字辑录、整理的基础上,我们就可以进行更为微观的研究,勾勒出每一个具体俗字渊源演化的谱系来,比如……"娘""孃"是什么时候混用的?"偹""陪"是什么时候变为"赔"的?"花"字是什么时候出现的?等等。像这一类的问题都有必要逐个加以研究,作出有说服力的结论。(张涌泉 1995a:325)

文中提到的诸如"娘/孃""偹/陪/赔""華/花"之类的辨析,实际上就是口语词的用字问题。文中提到追究不同时代用字的特点,就属于字用研究。这类现象不仅仅是文字问题,更与语言密不可分,还会涉及人们的用字心理及信息的传递。以"娘/孃"为例,早期"孃"指母亲,"娘"指年轻女性。语音上"良"要比"襄"更接近于全字的读音 niáng,即在区别特征上 l 与 n 的差异要小于 x 与 l 的差异;书写方面"娘"的笔画数(10 画)远少于"孃"(20 画),对书写者来说更加便捷。此外,读者根据上下文就可以辨别 niáng 指称的是年轻女性还是母亲,因此"娘""孃"形体差异提供的信息量很低,这是二者得以合并的前提之一。

三、既往研究实践

在讨论记录同一个词的不同用字之间的关系时,前人使用的术语是"古今字"。第一人称代词的用字经常被人提及,作为说明古今字的例子。如《礼记·曲礼下》:"曰予一人。"东汉郑玄注:"余、予古今字。""古今字"这一术语点明了用字习惯的时代差异,是为了避免读者误解古书而做的标记。这个术语虽一直在用,但在相当长的时间里很少有学者明确地界定它的内涵。清段玉裁说:"凡读经传者不可不知古今字。古今无定时,周为古则汉为今,汉为古则晋宋为今。随时异用者谓之古今字。"① 段氏将其定义为"随时异用者",而没有进一步说随的是什么样的"时",因此这种关于时代差异的认识还是印象式的,也就很少有人再探讨"古"的下限、"今"的上限之类的问题。没有这样做一方面是因为材料太多,难以人工统计,另一方面也是因为他们还没有从时代角度深入讨论用字问题的意识。按照段玉裁的看法,古今是相对的而非绝对的。从他举例看,古今的界限是明晰的,这并不符合实际情况。只要稍微留意一下文献用例就会发现:"古"的时代只用古字(旧字),"今"的时代恐怕不一定只用今字(新字);在新旧字竞争的那段时间里,实际文本中往往表现为古今两字并行,也就是说古今之间并没有可以"一刀切"的分界。此外,"古今字"预设了同一词存在的用字有两个,二者互相竞争。不过文献用例表明实际用字可能不止两个。可以说,用"古今字"来囊括用字研究是把复杂的问题简单化、理想化了。

以上述认识为基础重新审视前人的个案研究,就会发现其中的不

---

① 《说文解字·言部》"谊"字段注。

足。兹举段玉裁｛仁｝的研究为例：

> 果人之字，自宋元以前《本艸》、方书、诗歌、纪载无不作"人"字。自明成化重刊《本艸》乃尽改为"仁"字，于理不通。学者所当知也。○仁者，人之德也。不可谓"人"曰"仁"，其可谓"果人"曰"果仁"哉！（《说文解字注·人部》"人"字注，365 页上）

段玉裁关注到｛仁｝并且指出其用字习惯有时代差异，揭示了不为人知的用字现象，这一点在当时值得肯定。后文中对｛仁｝的研究表明，南宋的一些医书中"人""仁"已经有很多混用的例子了。[①] 他将新字"仁"记录｛仁｝的文献始见时代定为明代成化年间，仍然嫌晚。虽然其断代有不少问题，但限于当时的检索条件，对其结论中涉及时代的部分不应苛求。他还严厉地批评了社会大众把"果人"写作"果仁"的做法，这就等于承认自己是从是非角度来判断文字的使用的。因此，他的这个个案虽然可以看作是"用字"的研究，但并不是严格意义上的"字用"研究。此外，"人"能不能写作"仁"讨论的是记录｛人｝的用字问题，"果人"能不能写成"果仁"讨论的是记录｛仁｝的问题。虽然字形两两对应，但讨论的基础（词）完全不同，他的这一类比是无效的，不能依据记录｛人｝时"人"不可以写作"仁"来证明记录｛仁｝时"人"不可以写作"仁"。从交际上说，既然"仁"能够被读写双方理解，那么批评"仁"字使用不当就是没有必要的。从今天看，段氏的研究虽然还有不足，但其他学者能够像他那样正面讨论这类问题的其实更少。他的这类研究在当时并不是主流，因此像这样以口语词的用字为研究对象的成果也就

---

① 如南宋乾道刻本《洪氏集验方》卷三记载了一种名叫"育肠圆"的药方。该处方中包括一味药"肉豆蔻仁【半两，粟米炒，以黄为度】"，用字是"仁"。

不多。

由于段氏主观认定以"仁"记录{仁}是大众写了别字,而写别字往往是随机的,因此他就不会关心造成"人""仁"用字变化的动因。在这种理念的影响下,研究者自然就不会关心用字变化的过程,也就更谈不上对用字变化的机制和规律等问题的探讨。

真正明确意识到用字习惯的差异并且提出了具有较强操作性的研究方法的,应该首推日本学者太田辰夫先生。1953年,他发表了《宋代语法试探》一文。太田辰夫(1953)讨论了两种用字现象:(1)复数词尾"们"的用字;(2)作为"的"前身的"底""地"等的用法。他将这类现象称为"用字法的差别"。该文首先对研究材料做了两分——可靠的"同时资料"和可能被后人改动过的"后时资料";然后从"同时资料"中归纳特征,总结了宋代{们}{的}的用字规律;最后用这些特征检验"后时资料",以"剥离"无关因素,呈现时间本身对{们}{的}用字的影响。其操作方法是,"首先从可靠的宋代资料[①]中(不用说必须包含口语在内的)抽出若干语法特征,再拿这些特征跟其他资料相对照,反过来推测那种资料的可信性。"(太田辰夫1953:153)"从这一点出发就可以了解同一资料的不同文本的优劣。"(太田辰夫1953:163)他还将这些规律应用到对作品的鉴别上,也取得了令人信服的结论。[②]此文立意高远,方法科学,堪称字用研究的样板。

由于语言障碍,在相当长的时间里太田先生的这篇文章没有受到

---

① 太田辰夫(1953)利用到的宋代"可靠的资料"(宋刊本、宋钞本)有五种,分别是《张子语录》《龟山语录》《挥麈余话》《诚斋集》《刘知远诸宫调》。检验对象有《三朝北盟会编》《朱子语类》《山亭儿》《张协状元》《宋六十名家词》五种。

② 文中还着重强调了版本异文所反映的用词、用字的时代差异,并利用了这种时代性推断"后时资料"的性质。

国内学界的关注。差不多四十年以后，此文才由江蓝生、白维国译成汉语（收入 1991 年出版的《汉语史通考》一书）。可以说，这篇文章在国内没有产生应有的影响，以至于文中特别强调的一些做法（如在研究伊始要区分"同时资料"和"后时资料"）仍被国内的很多研究者有意无意地忽略。

前文指出，20 世纪 90 年代以前关于用字的研究成果其实不多（裘锡圭语）。这一段时间的文字学论著中，李荣《文字问题》一书因涉及用字问题，最为引人注目。该书选取五种晚明刻本小说作为材料，专节讨论了四个俗语词的用字情况——"躺""挡""找""赚"（李荣 1987：66—71），归纳了各词用字的时代性；书中还讨论了"搬""蛋""坑（指坑害）""捆""厉害""抢""攒（钱）"等词的用字演变。① 这些讨论都非常深入，原因在于他准确看到了传统文字研究的缺陷。在他看来，传统做法是脱离语言来研究文字，又忽视刻板以后流行的印刷体，因此这类研究不论是在理念方法上还是在资料采集上都有改进之处。相应的，《文字问题》一书则立足语言讨论用字，从交际和信息传递的视角探讨文字的变迁。书中用以说明用字现象的例子几乎都是采自像小说这样的通俗文献，在引例时跳过整理本直接利用原始刻本。这些做法似乎都在与传统"决裂"，有点儿"拨乱反正"的意味，其理念和方法都令人耳目一新，因而受到学界佳评（苏培成 1989）。该书的例句都是手工检索得来，受人力限制，有些用字还可以增补进来，有的结论还可以表述得更加准确。以{躺}为例。

躺 tǎng 字 《集韵》作"䠀"，小说作"倘、搪、攩"，因此躺着的"躺"有时就跟倘或的"倘"同形。……现在的写法"躺

---

① 本书还深入讨论了文字演变的趋势（"繁化"与"简化"）。

着"跟"倘或"严格分开,"躺"不用"挡、攩"的写法。(李荣 1987:70—71)

在李著的基础上,我们还可以进一步指出记录{躺}时除"倘、挡、攩"三种外还有其他用字;元明时期主导用字一直是"倘"。今天的通行字"躺"是清代以后出现的。

此后,张涌泉(1995a)第四章"俗字的特点"部分讨论了俗字的"时代性""方域性"两个方面。①书中明确指出俗字具有"时代性",举"飰/飯""炮/砲"两组字为例说明各个时期的用字习惯不同。曾良(2002)也沿着相近思路,在其所著《俗字及古籍文字通例研究》一书中辟出专章讨论"文字的时代性",有意识地探寻"文字个案"的具体演变。这类研究站在俗字立场上叙事,所以更偏向字例形体本身的差异,对于同为用字之一的通行字着墨不多。

俗字个案研究方面的成果非常多,跟用字相关的成果还有:表示赔钱义的"赔"字的产生(谭耀炬 2001),"和尚"的语源及用字变化(储泰松 2002)。此外,周志锋(2006)《明清小说俗字俗语研究》一书讨论了很多常用词的用字问题,如"赚"等。曾良(2012)从用字角度分析了"甩""踩"的语源,认为前者源于"摔",后者源于"躧"。从其内容上看,字形(用字)的考辨主要服务于疑难词语考释,用字本身还没有获得完全独立的地位。

如果说在近代汉字研究领域关于用字习惯的研究比较清冷的话,那么在古文字领域人们对此类问题的讨论则热闹得多。有些论著在篇名直接标明"用字习惯",如朱力伟博士学位论文《两周古文字通假用字习惯时代性初探》(2013)、周朋升博士学位论文《西汉初简

---

① 张涌泉(1996b)指出,"俗字具有时代性。一定时期的俗字是相对于一定时期的正字而言的。……正俗之间的关系是随着时间的推移不断发生变化的。不同时期的字体如此,单个的汉字也是如此。"这跟我们讨论的"用字习惯"的时代差异还不完全一致。

帛文献用字习惯研究》（2015），以及其他十余篇期刊论文。为何用字研究呈现出前头热后头冷的现象呢？究其原因，一是受制于语料的获得，二是受制于人们对不同性质的语料的认识水平。出土的古文字资料其时代、地域相对比较明确，存真度很高，近似"同时资料"，用来研究用字习惯最为合适。对比来看，唐代以后的语料数量虽多，但"后时资料"远多于"同时资料"。我们知道，"后时资料"经过了很多人为的改动，其用字方面表现出的时代性、地域性往往比较模糊，存真度相对较低，也就呈现不出太规律的现象。如果研究者心中没有区分"同时资料"和"后时资料"的意识，或者研究中大量引用"后时资料"的证据，那么他就很难发现用字的规律性。也就是说，过多"后时资料"的存在使得研究者过分依赖"后时资料"，"后时资料"中的改动干扰了人们对真实情况的认识，虽然它们客观存在，但这样下来材料中呈现不出足够的现象使得人们转向用字习惯的研究。

总之，前人提出了用字研究这一话题，既有的研究实践涉及了用字的多样性和复杂性，取得了很多成绩。可是，相对于数量如此丰富、使用如此活跃的俗语词，这些研究还是很不够的。我们要做的工作，就是以个案研究为基础，弄清一个个词的用字流变，从字词关系的角度描述现象、总结规律，并应用于实践。

第三节 研究材料与方法

一、研究材料

（一）俗语词词项的筛选

俗语词的最大特点就是——"俗"，俗语词必然是口语词。区分某个词是"俗"还是不"俗"要有明确的条件，不能仅靠语感来确定。

说明历史上某个词的情况就更不能依赖今人的语感了。我们认为，满足了以下两个条件之一就是俗语词，就可以纳入本课题的研究范围。（1）如果两个词在意义上相当，在时代上一先一后，那么时代靠后的词往往就是俗语词。这一认识受到了常用词演变研究的影响，在存在替换关系的一组词中，新词往往是俗语词（如下文中提到的｛脖｝｛躺｝｛找｝｛嘴｝等）。（2）如果某词出现的上下文都是涉及日常生活的叙事，或者上下文的来源语料是小说、戏曲等通俗文献或汉语教科书等明确口语性质的文献且在比较正式的文献中不出现，那么它也可以算是口语词。

按照上述标准进行筛选，得出的词项也有上百条甚至更多。如果逐条描写它们的用字现象，无疑会显得冗长拖沓，因为这样做更像是在编字典。因此应当进一步缩小词项的范围，我们希望合格的词项应当满足三个条件：（1）用字不是单一的，至少有两个，越多越好；（2）语料中的用例数量尽可能多（数量太少不易说明问题），排除数量太少的词项；（3）不同用字之间应当表现并且最好表现出某些方面的规律性（从实践情况看，时代性是最容易呈现出的）。

从对语料的初步排查摸底看，满足以上条件的词项绝大部分都是单音节词，复音词也有满足这些条件的，但词条数量要少得多。这种差异很容易解释，因为"不管人受过书本上的教育没有，他平常说话，用的多半是单音词"（陆志韦 1956：9）。单音词数量很多，用例丰富，用字情况典型，因此它在个案研究中应该处于核心地位。

由于我们研究的是历史上的用字情况，更准确地说是历史文献中呈现出来的用字情况，是典型的"语料导向型"研究。也许有些词项从今天看是口语词并且很"俗"，也很值得研究，但因为文献中的用例相对较少，不足以支撑独立的章节。对于这些个案，我们会在后文的引例中列出它们，以示并无有意忽略之意。

（二）用字的发现

跟一般意义上的文字研究不同，用字研究的范围限于字形、字构、字用三个平面中的字用平面。要研究用字问题，就要知道记录一个词时有哪些用字，因此第一步工作就是尽可能全面地辑录某个词在文献中的用字。

对于今天的词，我们可以用内省或查阅辞书的方法了解它的通行用字。具体到历史上的俗语词，我们只知道它的一二种用字，要想进一步了解其他用字或者穷尽其所有用字，继续采用内省或查字典的方法就显得捉襟见肘了。因此，最好的（当然也是最"笨"的）方法就是去翻阅原始文献，从中钩稽出可能存在的用字。不过，这种方法有着不可避免的缺陷，一是人工检索不可能穷尽所有的语料，甚至说大部分都不会被人工检索到（这一问题将在"语料的确定"部分进一步说明）；二是没有办法保证已经检索出来的用字代表全部可能的情况，即会有遗漏。[①] 一般来说，人工检索出现遗漏是不可避免的。不过，如果对俗语词用字的分布规律有了更深刻的认识就会发现这种"不可避免"其实在很大程度上是可以避免的。因为俗语词并不是在不同类型的文献中都有用例，它往往集中分布在少量语料中。

我们的研究范围仅限于历史文献（语料）中呈现出来的用字情况。这些用字的分布是有规律的。换句话说，通过对一些典型语料的检索就能预测很多未被检索到的语料中的用字情况。这一点在实践中得到了反复的证实。就给定俗语词来说，其用字的发现过程不是线性的渐次增加的过程，而是先多后少。起初的检索会不断发现新的用字，当积累到一定程度后，新的用字便基本上不再出现了。这种现象可做

---

① 商务印书馆评审人指出，从"词"出发考察某个音义结合单位用了哪些字记录，检索起来是很困难的。不知作者在进行"手工检索与电子检索"时如何设定"检索项"或者"检索目标"。这些问题有助于作者深入思考，谨致谢忱。

如下解释：文字是用来传递信息的，在没能约定俗成时一个词的用字的确会因人们理解不同而有所不同，一旦有了相应的用字人们便会模仿使用它而无须另创新字。

具体操作上，我们从头至尾通读了数十种语料的早期刻本（影印本），以元明清时期居多，如《元刊杂剧》、《元典章》、《元曲选》、《雍熙乐府》、《金瓶梅词话》、《水浒传》、《西游记》、"三言"、《醋葫芦》、《海浮山堂词稿》、《醒世姻缘传》、《红楼梦》、《白雪遗音》、《儿女英雄传》以及朝鲜汉语教科书等。通过阅读原始材料，我们收集了很多用字。为避免遗漏，我们又利用了大型语料库检索（如中国基本古籍库），将这些用字作为关键词输入语料库进行检索以找到那些出现了这些用字而没有被人工检索到的语料。对于新得的这批语料，我们再次进行人工检索以期获得新的用字。① 对于新的用字，再次将其作为关键词输入语料库进行检索。如此"滚雪球"般反复再三，就不太容易错过比较常见的用字。对于所得用字，都会核实原始材料。在核实过程中，我们发现今人的整理本（包括电子本）多多少少都在做用字"当代化"工作，即把原始材料中不同于今天通行字的用字改成了今天的通行字。他们这样做虽然没有存"真"，但却给本课题提供了很大的便利，因为只要用今天的通行字作为关键词去检索语料并利用原始语料核实已有的检索结果，也能快速找到一批用字。这样做虽说有投机取巧之嫌，但也可以算是"歪打正着"了。

调查典型语料得到的用字情况往往能够成功预测没有被调查到的语料的用字情况，这在实践中已经得到反复验证。典型语料中出现的用字在其他没有被调查到的材料中可能会出现，即我有你也有，但更

---

① 之所以这样做是因为我们发现了某些"倾向"：不同的用字往往在同一文本中伴随出现。如果某一文本中出现一个词的用字甲，那么同一文本中很可能也出现该词的用字乙、用字丙等。

多的情况则是我有你无，也就是说典型语料呈现的用字比其他非典型语料呈现的用字更多、更丰富。随着收集到的用字越来越多，我们也就越来越接近真相。当调查的语料达到一定的量以后，所得结论就可以预测那些未被调查（或未发现）的语料中的用字情况。应当承认，随着新的口语片段的发现，现有结论在必要时应该做出调整或修正。虽然现有方法不能保证穷尽全部用字，但这不应该成为否定用字研究价值的理由。

在说到某个词的用字时，我们默认根据上下文就能判断语料中的某个字是否记录某个词。这在处理时代相近的语料时没有问题，时代相距越远这种判断就越不容易。比如同为第二人称代词的"尔"和"你"的关系，学界公认"尔"就是"你"的语源，由于二者读音差异较大所以不再把它们看作是同一个词。这是就书面记载说的，口语中的情况如何呢？社会大众（特别是那些没有接受过什么教育的人）从其父辈自然习得当时的口语，因此如果发生音变也是渐变的而非突变的，他们不可能前一段时间口中说 er，接下来就改成说 ni 了。也就是说，从古至今大众口中的读音都应该是跟 ni 接近，而非跟 er 接近。抛开书面读音仅就大众的口语立论，"尔""你"似乎没有必要分为两个不同的词。本课题涉及的与之类似情况有"膊"与"髈"、"负"与"偹"等，它们在操作层面也被看作是同一词的不同用字。

（三）材料的选择

研究俗语词的用字，意味着所调查的文本中要出现相应的俗语词。就给定俗语词而言，哪些文本中有？哪些文本中没有呢？假如不带任何先验认识去思考这一问题，无疑唐以后所有的文献都应纳入检索范围。这一时期文献数量非常多，可供取舍的余地也比较大。假如没有标准任意取舍，这显然是不合适的；假如完全不加取舍，那就意味着工作量非常大，最终事倍功半。既然蛮干是不行的，那就应当寻找俗语词分布上的特点，从最有价值的语料入手进行调查。

本书以唐代以后的俗语词为研究对象，这些词往往都是活跃于人们的口头且在文雅的书面语中极力避免的。既然是在人们口头上使用，那就是口语现象。研究口语现象所利用的语料原则上都有可能为俗语词研究提供素材，而近代汉语阶段（晚唐以后）的口语语料已经被学界挖掘得非常深入了。吕叔湘（1985）书末详细说明了从事近代汉语指代词研究可利用的文献，蒋绍愚（2005）《近代汉语研究概要》一书设有专章介绍近代汉语研究的语料。我们所使用的语料大致参照吕、蒋二人的目录，并在实践中补充了一批通俗文献（详见文末引用书目部分）。

说到字形研究，人们首先想到的会是出土文献（如简帛、石刻、敦煌文书等）。这些资料的价值在于"真"，即时代大体确定且没有经过后人的改动。这样的看法是正确的，不过具体到本课题则需要重新表述。我们立足语言研究文字，研究的对象是作为口语现象之一的俗语词。如果某个文本不反映口语，或者说其中没有口语词的记录，那么这样的材料哪怕再"真"也不能为我们的讨论增加或减少任何证据。比如石刻文献，其内容相对比较典雅，初步调查表明其中几乎就没有本课题涉及的俗语词，因此它们就不适合用来说明俗语词的用字。换句话说，讨论俗语词的用字问题时所依据的材料中必须出现相应的俗语词。如果没有出现，那么这样的材料就不可能出现相应的用字，也就没有必要花很多精力去调查它们[①]。从俗语词的分布

---

① 感谢商务印书馆评审人对本文所利用材料提出的质疑，让笔者进一步注意到了俗语词的分布特征。

看，传世的写本、刻本通俗文献的价值要远高于出土的文书、石刻等材料。也就是说，注意到了俗语词的分布规律就能以简驭繁、事半功倍。

就某俗语词而言，如果它存在对应的旧词，那么该俗语词往往会在比较俚俗的语境下使用，或在比较通俗的文献中出现；如果没有对应的旧词，那么它既可以出现在通俗文献中，在一些相当正式的文献中的俚俗片段（如法律文书中涉及口供的部分）中也会使用。通俗文献跟正式文献的区分就是语体，语体因素时时刻刻都在影响着作者的遣词（参陶红印1999）。一般而言，戏曲小说等通俗文献用词偏向于"俗"；诗文、奏议等比较正式的文献用词偏向于"雅"。前人对此虽未假论证，但借助直觉也意识到了这些。明代杨慎指出，"文人奇士多用古字，官府文移通用今字，吏胥下流市井米盐帐簿则用省讹俗字。"（《升庵集》卷62"古书俗书"，明刻本，基2546）。应当承认，这种区分只是一种趋势，对于具体文本中的某片段是否"俗"还要做具体分析。有些比较正式的书信中也会使用很"俗"的词，这当然就是当时口语的反映。如下面一段文字中出现了俗语词"肬膪"，意思就是事情或症结：

> 蔡家田价三月尽已交与四百三十两，如今同他转批，到七月再交得二百，又待明春结局也。今年当家，胸膈里有四个大肬膪。南雄为我解了一个田肬膪，尚有弥陀阁前斋堂一肬膪未解。常住吃用更无来处，五月内省城没得接济，便要封锅，这一个肬膪望公消息而解。和尚生日肬膪，直到江西回时发人下得省城乃解耳。解得此四个肬膪，澹归才能透气，不则闷死了未知在何处破费干柴也。（清金堡《与石吼直岁》，《遍行堂集》卷23，清乾隆刻本，519页下）

总之，本课题涉及的基本语料限于唐代以后的通俗文献，必要时适当引入正式文献的俚俗片段。为免"以偏概全",我们还利用了北京爱如生公司研制的"中国基本古籍库"检索(随文注明)以及《高丽大藏经》①。为了准确描写源流,个别词项的用例会向上溯及汉魏南北朝或向下延伸至民国时期。

此外,我们特别注重各类汉语教科书(如《老乞大》系列、《朴通事》系列、《训世评话》、《清文启蒙》、《语言自迩集》等)中的用字情况,并尽可能多地引用其中的用例进行立论。这是因为教科书编写的目的是为了语言(含文字)教学,自然是以编写时的实际语言为依据,用字也应该符合当时的实际情况。跟其他材料相比,它们能够更好地反映编写时代的用字,自然弥足珍贵。

(四)版本的选择

同一部书被反复抄写或刊刻,就会形成不同的版本。这些版本之间文字或多或少都有差异,因此在研究之初就要确定用什么样的版本。是选择今人的整理本还是古代的刻本?对古代的不同版本应如何选择?今人的整理本利用起来最为方便,但往往带有整理者个人的印迹。如果整理者本人在用字方面的素养不够,那么以这样的本子为据进行归纳就很可能犯错误。太田辰夫(1953)指出,"进行语言的历史研究最应注意的是资料的选择。万一弄错,得出的结果便不可信。这是不言而喻的,特别是中国的资料。按照创造当时的原形原封不动传下来的毋宁说是例外。"

既然资料选择如此重要,那么从求"真"的角度来说,如果一部书既有今人整理本又有古代的刻本,那么首选刻本;如果一部书有不同的刻本,那就应该优先选择时代较早的本子;如果较早的本子不便

---

① 《高丽大藏经》虽然是"后时资料"(刊刻时间大致相当于中国元代),却保存着很多用字的早期面貌。此据《金版高丽大藏经》,宗教文化出版社,2004年。

获得，无奈之下则选择学界公认的（也是质量较高的）那种版本。因此，个案研究中立论基本上都依据早期刻本而非其整理本。这是因为底本中会有一些跟整理者所处时代用字习惯相异的文字，整理者往往会把它们改为自己比较熟悉的通行字，因而造成文本的失真。这种做法可谓屡见不鲜。太田辰夫（2003：375）中谈到"版本"的问题时说，"也有人推许近代的校本，但被评为'校对精审'的版本也有不能相信的。这是由于缺乏语言变化的知识而把文字任意改成时髦的了。看来把文字改成时髦的这一点，从古到今所有的校订者无一例外地一直在做。"张涌泉（1995a：393）中也说，"传世古籍一经后人传抄翻刻，便打上了抄者或刻者所在时代的烙印，而不能反映古籍作者当时用字的实况。"为避免这种人为的改易，在同一语料的不同版本之间进行选择时自然是越早越好。[①]

二、研究方法

（一）"同时资料"与"后时资料"相结合，以"同时资料"为主。

将汉语史研究的资料分为"同时资料"和"后时资料"，这是日本学者太田辰夫先生的创见。他对各自的内涵分析如下：

> 所谓"同时资料"，指的是某种资料的内容和它的外形（即文字）是同一时期产生的。……不过即使不是这样严格地考虑，粗略地说，比如宋人著作的宋刊本，姑且看作同时资料也可以。语言的大变动大约是和朝代的更迭一起产生的，因此，可以认为，如果是同一朝代之内，某种资料外形即使比内容产生得晚，两者的差距也不会太大的。
>
> 所谓"后时资料"，基本上是指外形比内容产生得晚的那

[①] 有些文献的早期刊本无缘得到，只好利用今人的整理本（如《聊斋俚曲集》）。

些资料，即经过转写转刊的资料，但根据对同时资料不严格的规定，后时资料的内容和外形间有无朝代的差异就很重要。比如唐人集子的宋刊本就是后时资料。中国的资料几乎大部分是后时资料，它们尤其成为语言研究的障碍。（太田辰夫2003：374—375）

跟"同时资料"相比，"后时资料"或多或少存在人为改动的地方，而研究者又不清楚改动的地方在哪里，因此依据"后时资料"研究用字必然会影响结论的准确性。也就是说，在处理语料时必须严格区分这两种类型的资料。在归纳某一时代的用字时，原则上所据语料的写作时代跟其刊刻时代应当相同。比如要说明宋代的用字现象，那就只用宋人作品的宋刻本。时代略晚的刻本（如元刻本）只作为参考，明清刻本的用字不再作为依据。这一原则如能从头至尾贯彻下去，就可以保证结论的可靠性。在涉及唐代以前的用字时，因为这一时期缺乏比较能反映口语的"同时资料"，无奈只能根据其他语料（如汉译佛经等）进行推测。

这样做是不是意味着在用字研究中"后时资料"没什么价值呢？并非如此。"后时资料"中出现的用字改动情况，可以作为反面证据说明用字问题。

（二）字书记载与实际用例相结合，以实际用例为准。

如果记录给定俗语词的某个用字出现在真实的文本中（即有上下文可以判断它记录的就是该词），且这一现象又被古人收录到字书中（有明确记载），依据这两个方面就能证明该用字存在且仍在使用。不过，这样的情况并不适用于每个词。如果某个词的用字只见于字书而不见于时代相近的实际文本中，而字书往往不是共时现象的描写，也就不宜作为证据，因此以时代更晚些的文本中的真实用例为据，说明该用字的使用时代。如指嘴唇的{唇}，虽然字书中记载在某个遥远的时期有以"顾"字记录的,但因没有在文本中找到真实的用例也就不将其看作｛唇｝的用字。又如指用力挥动的｛抡｝,据字书载其用字"揰"已见于辽代。《龙龛手镜》卷2上声手部:"揰,音輪。手转也。"(210页)但同时期的文本中没有用例,所以用字"揰"的使用时代不能定为辽代。又据李荣(1985)研究,｛抡｝最初的用字是"輪",这一用字在元代出现,如《古今杂剧·公孙合汗衫记》:"说他善搠枪、快使刀、能輪棍。"(28页下)① 已知《古今杂剧》是"同时资料",可以作为依据;而《龙龛手镜》的记载因没有真实用例的支持就不宜作为依据。这样做的话,对某些用字的时代认定可能偏晚,但从实践看并非如此。因为很多用字现象只见于实际文本而不见于字书,实际文本比字书记载更有说服力。在实际文本中借助上下文,我们很容易判断某字记录了哪个词,相对来说字书是否收录就不那么重要了。

(三)手工检索与电子语料库检索相结合,努力全面地发掘记录口语词的各种用字。

手工检索的优点是,能够穷尽人力可及的小范围文本内的全部用字,缺点是不能获悉更大范围内的用字情况。电子语料库检索的优点是,能够在很大范围内穷尽已知用字的使用情况,缺点是发现不了新的用字。为此,我们先利用字书记载和小范围人工检索去搜集可能的用字,然后利用语料库搜集尽可能多的用例,再次根据语料库检索结果定向扩大语料范围做进一步的手工检索,如此循环往复,尽可能多地收集各类用字。

---

① 李荣(1987:59)利用《水浒传》推论"揰"是从"輪"分化出来的,新《辞源》引元刻本《朝野新声太平乐府》中"揰"的例子。

(四)参照域外借词。

结合域外借词来研究汉语词汇史这一做法,目前已成为该领域的共识(汪维辉2006b、2009)。因为域外借词的某些写法(或用法)代表了借入时代的汉语文字特点,相当于文字上的"化石"。比如{嘴}的用字,今天已经变为"嘴",但日语中依然是用"觜",这保存了五代以前的面貌。

第一章　事实篇：用字研究实例

1. 脖

白 / 孛 / 鈸 / 胈 / 頦 / 膊 / 脖 / 鵓

指人或动物的颈部时，今天通语中的用词是｛脖｝，对应的旧词有｛领｝｛颈｝｛项｝等。清吴谦辑《医宗金鉴》卷80"颈项"注："颈项者，……俗名脖项。"（四库本，618页下）｛脖｝在文献中的始见时代要晚至元代，元明时期用字不一（方云云2007）。^①方文指出，元刊本《古今杂剧》一书中用来记录｛脖｝时使用了"孛"（3次）、"鈸"^②（1次）、"頦"^③（1次）、"胈"（1次）等用字。除方文所举用字外，｛脖｝也可用"膊"来记录^④。"孛"属入声没韵，"鈸""胈"属入声末韵，韵尾均为塞音［-t］；"膊"属入声铎韵，韵尾为塞音［-k］。｛脖｝的用字差异表明，当时入声字的韵尾已经出现彼此相混的情况。元代"同时资料"中各用字的字例如下：

（1）见紧邦邦剪了臂膊，直停停舒着孛项。（《古今杂剧·诸葛亮博望烧屯》"雁儿落"，六页右）按，方云云（2007）已引此例。

（2）这厮则除了铁天灵，铜鈸项，铜脑袋，石镌就的脊梁。

---

① 方云云《"脖"的源流考》，《现代语文》2007年第6期。
② "铜鈸项"指像铜一样坚硬的脖子。
③ 朝鲜汉语教科书《原本老乞大》有1例，作"頦项"（30a）。
④ 《汉语大字典》"膊"条引《西游记》《儒林外史》用例（2101页）。

(《古今杂剧·尉迟恭三夺槊》"尾",11页下)

（3）将本妇脖项按上坑上，揭去衣服。(《元典章》卷42"刑部四·杀亲属·妇",元刻本,426页下）

（4）奉甘旨萱堂到白发，伴辘轳说一会挺脖子话。(《朝野新声太平乐府》卷8李罗御史"南吕·一枝花",元刻本,72页下）

（5）张弹压先抬了脖项，李弓兵强要了胸脯。(《朝野新声太平乐府》卷8姚守中"中吕·粉蝶儿",78页上）

刊刻时代稍晚的材料中也有用例，如：

（6）白睛青黑而眼小，服药而呕，伤痛渴甚，脖项中不便，音嘶色败者，是为五逆。(元齐微之《外科精义》，明古今医统正脉全书本，基58）

元代{脖}的用例基本上见于那些口语性强的通俗文献和部分专科文献，这说明它的确是一个地道的口语词。作为口语现象，它在文献中没有太多出现的机会，一般的字书中也不收录。当人们需要用文字把{脖}记录下来时，因为没有统一的规范可循，也就会面临选择（或创造）哪个用字记录{脖}的问题。"孛""鈸""頙""胈""脖"等的共同点在于，它们的构件"孛""専""发"都具有提示读音的功能；"月"（指肉）、"頁"（指头部）也具有提示意义的功能。"金"不能提示意义，"鈸"就显得有些不类。值得注意的是，"鈸"记录{脖}只在《古今杂剧》中见到1例。细审该例上下文就会发现"铜""鈸"紧邻，下字"鈸"很可能是受上字"铜"的形旁"金"的类化而产生的，这里的"鈸"跟指打击乐器的"鈸"偶然同形。如此看来，此例中写作从"金"的"鈸"并不是其本有的写法，更大的可能是原本写作从"肉"的"胈"。这一系列不同的用字既决定了{脖}的规范用字的形成必然是渐次实现的，也说明为{脖}寻找本字这种做法是没有必要的。也就是说，历史上人们的心中并没有一个记录{脖}的本字，后人也就不必强加给前人一个所谓的"本字"。

入明以后，{脖}的字例在数量方面有了很大的增加，主要见于词、曲、小说等通俗文献。在当时还是以方言词的形式出现，如明沈榜《宛署杂记》卷17"方言"："项颈曰脖子。"（明万历刻本，162页上）用字方面，出现了新字"脖"，跟既有用字"膊""頸""肶"并行；"孛""鈸"二字不再使用。此处选取比较典型的通俗文献进行统计①，结果如表2。

表2　明代通俗文献中{脖}的用字情况②

	水浒传	西游记	清平山堂话本	西洋记	金瓶梅词话	警世通言	醒世恒言	二拍	西湖二集	雍熙乐府	元曲选
脖	2			24	34			1			33
頸	14		1			2		7	6		
膊		1		2						5	1
肶			2③			4	2				

据表2，明代{脖}各用字的分布范围不一，数量从多到少排列如下：脖＞頸＞膊＞肶。"膊"还可指膀子、胳膊，在口语中广泛使用，语义负担较重。"肶"还可指腿毛，音bá，跟{脖}有别。二者并不是理想的记录{脖}的用字。"脖"可指肚脐，这种用法多见于一些医学类专科文献，口语中几乎不用。比较而言，为{脖}专门创造的字"頸"无疑就是最佳的了，例多不备举。"膊""肶"

---

① 应当指出的是，出现{脖}的文献大多口语性很强，这也与{脖}口语词的特点一致。

② 为醒眉目，图表中引用的文献不再标注书名号。下同。

③ 《清平山堂话本·简帖和尚》："那汉见那妇人叫将起来，却荒就把只手去㧟着他肶项，指望坏他性命。"（8页下）按，张涌泉（1995a：155—156）"肶"条已经指出这里"肶"记录的就是{脖}。《简帖和尚》一篇又见于《古今小说》卷35，录文作"脖项"（470页下），对照来看《清平山堂话本》的录文所反映的时代要早于《古今小说》。

的用例如：

（7）他开开门，搂着俺那黑脖子叫道："我那满堂娇儿也！"（《元曲选·梁山泺李逵负荆》第三折，439页上）

（8）搂过脖子来，就亲了个嘴。(《金瓶梅词话》第38回，十二页右）

（9）砍讫九刀内，脑后脖项五刀，右肩甲一刀，头前顶门二刀……（明余子俊《余肃敏公奏议》"巡抚类"，明嘉靖刻本，563页下）

（10）用手摸卯奴胶项，上有毛衣。(《清平山堂话本·西湖三塔记》，12页下）

（11）当初白鹞子胶项上带着一个小铃儿。(《警世通言》卷19，29页上）

这一时期的{脖}除指人的脖子外，还可指外形或功能跟脖子相关的事物，如"大颏子拳""围颏""歪脖""鸡脖壶"等。

（12）那汉道："我借与你，你若使不动时，且吃我一顿大颏子拳了去。"(《水浒传》第54回，28页下）

（13）教琴童拿过团靶钩头鸡脖壶来。(《金瓶梅词话》第49回，十五页左）

（14）围颏昨在小儿处，遣人送上，不意尚尔未达。（清倪涛《六艺之一录》卷398"文三桥与高阳札"，四库本，396页上）

（15）夫利之所在，奸民遂走死地。如鸳鸯故、金灯、胖头、歪脖、宽边、尖脚等项，皆系私铸插和以射利耳。（明毕自严《度支奏议》新饷司卷30《覆钱法堂条议钱法事宜疏》，明崇祯刻本，364页上）

元明时期汉语教科书用字均作"颏"，其中《训世评话》2例，《老乞大谚解》1例，《朴通事谚解》1例。据此可知到15世纪晚期，"颏"

已经成为社会生活中的通行用字。但表 2 中"脖"的字例数量比"䪶"还要多,这似乎推翻了"䪶"作为通行字这一结论。不过细审出现"脖"的材料就会发现,它们大多集中在明末的通俗文献中,时代要晚上一百多年。不仅如此,清代编写的《老乞大新释》《重刊老乞大》中{脖}的用字也作"䪶",依然保留明代用字未加改动。这说明明代后期"脖"即便有了较强的势力,但最多不过是以"俗字"的身份存在,还没有力量取代"䪶"成为通行字。

如果{脖}有了一定的势力,那么它的用字就有很大可能被字书记录下来。不过,明代《字汇》《正字通》等收字较多的字书均不见"䪶""脖"等记录{脖}的记载。字书没有及时反映当时的语言文字,这无疑是其本身的遗憾,自然也会被后人诟病。清徐文靖批评了《正字通》不收{脖}这种做法,他指出:

> 旧本阙者,《正字通》仍阙不补;旧本误者,《正字通》仍多所误。今于经史中所习见习闻者,约略记之。……《明史》:"万历十五年,秀水思贤乡有异鸟,人头鸟身,䪶下有白须。"无"䪶"字。……此见于正史者也。(《管城硕记》卷 21"《正字通》一",四库本,294 页上)

入清以后,"脖""䪶"二字成为记录{脖}的主要用字,其他用字或式微或废弃。比较而言,"脖"又比"䪶"表现出了更强的生命力(特别是在北方话中),如清桂馥《札朴》卷 2 "眛":"今俗谓刎为抹脖子。"(清嘉庆刻本,42 页上)这一时期{脖}的主流用字"脖""䪶"使用情况及用例如表 3:

表 3 清代小说中{脖}的用字情况

	醒世姻缘传	红楼梦	儿女英雄传	侠义传	官场现形记	孽海花
䪶	56	1			3	6
脖		24	30	20	4	

（16）四更天了，我想此时他们的事也完了，搂着脖子睡了。他们两个乐了，我这忘八也定了。(《灯月闲情·天缘债》卷上第6出，529页)

（17）所以我的火上来，性子到了脖梗子上了，要作什么就作罢咧！(《清文指要》第一册，十八页右)

（18）差人就往鹅项上套锁。(《醒世姻缘传》第20回，554页)按，以"鹅"记录｛脖｝罕见，可能是写了同音字。

这一时期还可以用｛脖｝指称与其形状相近的事物，如"歪脖菜""鹅颈""龙脖子（路）"等。

（19）歪脖菜，似杏叶菜而大，叶圆，其梗至顶稍弯，故名。(《佩文斋广群芳谱》卷17引《盛京志》"歪脖菜"，清康熙刻本，基1106)

（20）至药王行宫前，河形拗折，土人谓之鹅颈，所谓咽喉已通而胸膈未利也。(清陈仪《直隶河渠志·赵北口》，四库本，792页上)

（21）贼败退，自龙脖子至莫愁湖尸相积如稿捆。(清杜文澜《平定粤匪纪略》卷7"五月"，清同治刻本，91页上)按，该书卷18"六月"有"占取龙膊子山"语（232页下）。"龙膊子"即"龙脖子"，今南京紫金山西南、明城墙外还有一条路，叫做"龙脖子路"。有时写作"龙膊子"，有时写作"龙脖子"，这说明记录者对其命名理据并不清楚且没有成文可循，也说明这个名称非常土俗（为该事物命名时使用的用语自然就是当时的口语）。

对｛脖｝的不同用字梳理，还可为探求其来源提供依据。关于｛脖｝的来源，有"自源说"和"异源说"两种。方云云（2007）支持"自源说"，她指出｛脖｝最早在北方方言中兴起，又据今天杭州方言中"同时使用'脖子'和'胫颈'，而周围的吴语中都使用'颈'"推知南宋时期｛脖｝已经用于口语。由此可见，｛脖｝的语源应该还是汉语本身。既然南宋时期已经用于口语，那么应当有相应的用字记录它。盛益民（2010）支持"异源说"，他从指出｛脖｝是"来源于突厥语的语素"[①]，是元代语言接触的结果。这两种看法都承认元代起有可靠的用例。侧重于元代是少数民族政权这一性质，就会倾向于从语言接触角度进行分析因而赞同"异源说"；侧重于元代｛脖｝出现的材料有北方方言背景，就会倾向于从汉语自身观察因而赞同"自源说"。我们认为，这些都是立足于既有的用字来讨论的。如果不拘泥于用字的限制，则宋金时期已经有｛脖｝的用例，只是用字作"白"。清代李文田指出：

> 《金史》："易州宝山县北五百余里，有日月山。大定二年改名抹白山……"云云。【按】抹白者，汉语刎脖二字。本奚地。故金人更名为厌胜计。（李文田《元史地名考》"日月山"，清胡玉缙钞本，29页下）

大定二年即1162年，相当于南宋前期。如果李文田"白"就是"脖"的判断正确，那么金人将河北省的日月山更名为抹白山这一做法说明北方地区｛脖｝已经在口语中广泛使用。只是当时记录｛脖｝时还没有可循的规范字，所以就写了音近的"白"。如此说明，宋代北方地区的口语中的确出现了｛脖｝，宋室南渡后将这个词带入杭州方言并保留至今也就顺理成章了，因此从来源上看｛脖｝就是来自汉语的北方方言。既然"自源说"能够很好地解释｛脖｝的来源，就无须将其始见书证推迟到元代了，也就没有必要再从非汉语中找个容貌相近的词作为其语源。

由于"颈""项"等近义词的存在，宋代｛脖｝缺少在文献中出

[①] 盛益民《论"脖"的来源》，《语言研究》2010年第3期。

现的机会。① 既然宋代文献中没有提供足够多的信息，那么分析它更早的情况就应另寻他途。从语音角度运用历史比较法进行分析就是其中一种。今天，{脖}在北方通语中一般是开韵尾、不送气的阳平字[po]，晋语中有的是送气的入声字（神木方言贺家川话中{脖}读[phaʔ]② 邢向东（2002：71））。如果认可"晋语与北方话同源"，那么据[p-]、[pʰ-]构拟的古声母应该是浊音[b-]；神木方言中{脖}有塞音韵尾[-ʔ]而北方通语中一般没有，据此构拟的古读应该存在塞音韵尾；今天有[-o-][-a-][-ə-]等作为主要元音，那么它在古代应是具有[+低]特征的不圆唇元音。通过构拟可知，{脖}在古代是浊声母的入声字，后在普通话中转为阴声韵、不送气的阳平字，这是符合一般音变规律的。

从用字方面看，{脖}以"发"（胈拔跋魃）、"孛"（勃脖鹁）、"尃"（膊博搏）等入声类字作为声符而没有取相应的舒声字如"皮"（波坡）作为声符，说明在记录它时人们能够感知到韵尾的有无。"胈"的中古拟音为[buɑt]，"孛"拟音为[buət]，"膊"拟音为[pʰuɑk]③，"白"拟音为[bɐk]，各字均有塞音韵尾但韵尾有别。采用不同韵尾的字记录{脖}，说明人们能感知到韵尾为塞音却无法区分到底是哪一类塞音，也就是说在宋元时期北方方言中入声字的韵尾发生了归并（可能"退化"为[ʔ]）。

有了上述认识，我们可以说"抹白山"一词中的"白"记录的就是{脖}。"抹白山"就是"抹脖山"，更名为"抹脖山"就是要用刀

---

① 承董志翘先生告知，凡从"孛"的字往往具有凸出义。{脖}有可能是得义于人体上身凸出的一部分。这种方法应用的前提是人们已经知道用"孛"或以"孛"为构件的字记录{脖}，但这跟实际情况不符，因此不取。谨致谢忱。

② 邢向东（2002：702）还指出，晋语吕梁片"古全浊仄声字（尤其入声字）部分送气"。

③ 此处均据李荣先生拟音，参东方语言学网"中古音查询"栏目。

去割脖子①以在金人心中达到"厌胜"的目的。"抹白山"一例证明南宋前期{脖}在口语中已经使用,也说明它在口语中应当有了相当的势力且为社会大众所理解,这样才会被金人拿来使用。借助{脖}的用字分析,我们就能做到以分析各用字的读音为手段来推测其早期来源。

2. 唇

脣 / 𦝯 / 唇

现代汉语中,指嘴唇的{唇}是日常生活中的口语词。它有着悠久的历史,最初以"脣"字记录,《说文·肉部》:"脣,口耑也。从肉,辰声。𦝯,古文脣,从頁。"许慎认为从"頁"作"𦝯"是"古文",代表的应该是更早的用字。由于尚未发现文本中的真实用例,我们只能付之阙如。②从"肉"的"脣"既有字书记载又有真实用例,它在先秦时期是记录{唇}的习用字,作为主导用字前后持续了一千余年。如成语"唇亡齿寒",最初作"脣亡齿寒"。《左传·哀公八年》:"夫鲁,齐、晋之脣。脣亡齿寒,君所知也。"反映西汉初年语言现象的《张家山汉墓竹简》(二四七号墓)中皆用"脣"而不用"唇",如《脉书》:"凡视死征,脣反人盈,则肉先死。"(124页)

今天,从"口"的"唇"是记录{唇}的习用字。"唇"跟嘴唇原本无关,《说文·口部》:"唇,惊也。"即便发生语义引申也难以从"惊"引申出嘴唇的意思。可以说,以"唇"记{唇}是写了音、义皆不同的别字,从规范字角度看这是不正确的。前人对此或有批评,北

---

① "抹"字在当时是否有杀或刎义,这是另外一个问题了。
② 目力所及,从"頁"的"𦝯"在唐代以后的材料中尚未发现用例,因此不再将其作为这一时期的字头列出。

宋张有指出：

> 脣，口耑也。从肉、辰，食伦切。古作䫃。别作唇，非。唇音侧邻切。（《复古编》卷上"脣"，四部丛刊三编影宋钞本，基53）

《复古编》一书有宋人陈瓘序，作于北宋大观四年（1110）。从张有的话中可知，12世纪初日常生活中就已经有不少以"唇"字来记录{脣}的现象了。这也可以从官修韵书的释义中得到印证。南宋前期组织编写《礼部韵略》，《增修互注礼部韵略》平声十八谆"脣"字："脣，口脣。俗作唇，误。唇音之人切，惊也。"（元刻本，基106）① 对照看，《广韵》"脣""唇"二字下都没有"俗作唇"之类的记载。"俗作唇"可以看作是《礼部韵略》与时俱进根据实际语言进行修订的证据。作为科举考试标准的韵书把"脣"写成"唇"这一误书拿出来说事儿，说明当时有相当数量的读书人笔下已经用"唇"记录{脣}了，这显然是受到了社会大众用字的影响，也就说明用"唇"记录{脣}在社会大众的笔下已十分普遍。

"脣"到"唇"的变化从什么时候开始的呢？要回答它必须以一定数量的"同时资料"为依托来分析其中的用字情况。"同时资料"的大量出现是从宋代开始的，遗憾的是两宋之交"脣""唇"二字已经混用，这样即便是宋刻本也很难说明什么。不过有一点值得注意，"脣""唇"在人们心目中的地位并不相同。"脣"作为规范字已经通行了很长时间，是正字；"唇"作为大众笔下的用字，比较"俗"。宋人在刊刻或抄写中碰到{脣}时，虽然写作"脣""唇"都能表意，但"唇"字当时已经有了强大的势力，因此他们会将不怎么习用的"脣"字改成通俗的"唇"字，而一般不会把"唇"改为"脣"。证明这种

---

① 此书卷首有毛晃序，作于南宋绍兴三十二年（1162）。四部丛刊续编影宋本《附释文互注礼部韵略》平声十八谆韵"脣"字下仅作："船伦切。释云：口耑也。"没有对"唇"的记录。

看法的最佳材料就是"脣/唇"的版本异文。哪些材料在宋代版本较多且又出现较多的{脣}呢？杜诗在宋代反复刊刻，广泛流传，有不少宋刻本保留到了今天，因此它适合作为分析对象。杜诗的三种宋刻本中异文情况如表4。

表 4　杜诗中{脣}的异文①

	诗题	所处上下文	杜工部集	分类集注杜工部诗	杜工部草堂诗笺
1	丽人行	翠微匎叶垂鬢～	脣（128页上）	脣（83页下）	脣（基70）
2	曲江二首	莫厌伤多酒入～	脣（225页上）	唇（84页下）	脣（基287）
3	茅屋为秋风所破歌	～燋口燥呼不得	脣（167页上）	脣（132页上）	唇（基1094）
4	拨闷	当令美味入吾～	脣（266页上）	脣（240页上）	脣（基576）
5	观公孙大娘弟子舞剑器行	绛～朱袖两寂寞	脣（189页下）	脣（293页上）	唇（基849）
6	戏赠友	一朝被马踏～裂	脣（168页上）	脣（315页上）	唇（基1132）
7	赠王二十四侍御史	琴台隐绛～	脣（262页上）	脣（325页上）	脣（基559）
8	赠李八秘书别	战连～齿国	脣（280页下）	脣（328页上）	脣（基835）

表4共录8处{脣}的字例，除第1、4条无异文外，其余6条均有"脣/唇"异文。另外，《杜工部集》中均用"脣"，其余二种则"脣""唇"并用。如何看待这些异文呢？这必须从用字的时代性说起。

记录{脣}时，用字"脣""唇"时代有别，"脣"先而"唇"

---

① 所据版本如下：《杜工部集》据《续古逸丛书》影宋本配毛氏汲古阁本；《分类集注杜工部诗》据《四部丛刊》初编缩本影宋刊本；《杜工部草堂诗笺》据《古逸丛书》覆宋麻沙本。

后。早期人们习惯用"脣"字,在"唇"没有被大众接受以前,人们笔下是不会用"唇"记录{唇}的。当新用字"唇"被接受后,早期文献中的"脣"在后人看来就不合规范了,因而可能被改成"唇"(用字的当代化)。如果"脣"字较多,改还是不改、多改还是少改都是问题,都无先例可循。这样人们在"求真"(保存原貌"脣")和"求是"(改成习用字"唇")之间摇摆而不能一以贯之,这种做法表现在材料中也就是"脣/唇"的异文。具体而言,全部用"脣"反映的是早期面貌;"脣""唇"混用时,"脣"越多越能保持早期面貌,"唇"越多则改动越大。以这一标准看杜诗,《杜工部集》(均用"脣")最为接近原貌;《分类集注杜工部诗》(6"脣"、2"唇")改动幅度次之,《杜工部草堂诗笺》(4"脣"、4"唇")改动最大。

如果认可上述分析,那么《杜工部集》反映的就是最真实的情况,也就是说唐代的习用字依旧是"脣"。这一时期有限的"同时资料"也证实了这一点。以隋唐碑刻^①为例,碑文中{唇}比较常见。其中隋代"脣"的可靠用例1例,唐代15例,没有发现"唇"的用例。如颜真卿《多宝塔碑》(唐天宝十一年,752年):"其皃(貌)也,岳渎之秀,冰雪之姿,果脣贝齿,莲目月面。"(《金石萃编》卷89,清嘉庆刻同治补修本,20页上)这16条例子中,最早的是隋开皇年间(7世纪初),最晚的是唐天宝年间(8世纪后期)。作为"同时资料",碑刻资料证明了7世纪到9世纪人们的用字习惯是"脣"。南北朝的碑刻中也有少量{唇}(4例),用字均作"脣"。据此可知,自先秦起至唐代中期,{唇}的用字均无变化。用字"唇"应该是9世纪以后才出现的。

9世纪到10世纪这二百年中的"同时资料"或有一些,但能反

---

① 据《中国历代石刻资料汇编》检索结果并复核原件拓片。

映｛唇｝用字情况的实在罕见。无奈只好利用字书记载来推测当时的情况，我们选择慧琳《一切经音义》[①]进行调查。书中出现"脣"的词条（不含释义）共17处，其中有13条未做任何解释，有4条注明读音。只有1条注音并释义，见于卷40"拭脣"条。该条释义为："下顺伦反。《说文》：'脣，肑也。'从月，辰声。"（189页下）这大概也只是抄录《说文》，没有提供新的信息。我们知道，慧琳在注释时注重经书中的错字、别字、异体字现象，他在书中往往反复对这类现象加以辨正。在涉及｛唇｝时，他只字未提。这就等于说他目及的众多经书中没有用"脣"以外的字记录｛唇｝的现象（如果看到，他会在书中说明），也就是说这一时期"脣"是记录｛唇｝的习用字，也可以说是唯一用字。

晚唐五代依旧延续"脣"作为习用字的习惯。以变文为例，《敦煌变文校注》一书中"脣"字多见（约8例），如《维摩诘经讲经文（三）》："脣骞耳返，齿黑爪青。"（833页）另有10处作"唇"。仅据整理本，似乎可以说从"口"的"唇"在晚唐五代已经出现了。不过《敦煌俗字典》"脣"字条（64页）下却没有收录从"口"的"唇"，而仅收录六种均从"肉（月）"的"脣"。二书利用的材料一致，结果却不同，那么必然有一个是有问题的。或者《敦煌变文校注》录文"唇"有问题，或者《敦煌俗字典》失收了"唇"的用例。核实原卷就会发现，整理者在录文时把一部分"脣"都无意识地改作"唇"了。[②]

[①] 《慧琳音义》是据当时的佛经写本编写而成的，写本中出现较多的字在其书中会有很多呈现的机会。写本中有很多都是唐代译者译写的，它们在很大程度上代表了唐代人的用字习惯。当然，写本中也有很多是先唐佛经，而9世纪以前用字习惯没有变化，可以把它们放在一起进行考察。

[②] 在不了解"脣""唇"的时代性时，由于受到了今天用字习惯的强大影响而把底本的"脣"改作"唇"是不可避免的。如《睡虎地秦墓竹简·法律答问》："啮断人鼻若耳若指若脣。"（释文113页）图版第83支简作"脣"，下方为"肉"。

如下：

(1)《燕子赋（一）》："更被唇口啜嚅，与你到头尿却。"（376页）按，底卷 P.2491 作"𠃊"（《法》①14 册 285 页上）；P.3666 作"𠃊"（《法》26 册 265 页下）；P.3757 作"𠃊"（《法》27 册 257 页下）。

(2)《破魔变》："扼腕扬眉，铺唇巨耐。"（534页）按，底卷 P.2187 作"𠃊"（《法》8 册 179 页）；S.3491 作"唇"（《英》5 册 111 页）。

(3)《降魔变文》："船因水而运行，唇附齿而相诋。唇疏齿路（露），水涸船停。"（557页）按，底卷作"𠃊附齿而相诋𠃊疏齿路"（《王向》30 册 11415 页）。

(4)《降魔变文》："面色粗赤粗黄，唇口异常干燥。"（565页）按，底卷作"𠃊"（《王向》30 册 11427 页）。

(5)《维摩诘经讲经文（一）》："丹唇似果频婆色。"（767页）按，底卷 S.4571 作"𠃊"（《英》6 册 141 页下）。

(6)《维摩诘经讲经文（一）》："朱唇启处红莲坼。"（767页）按，底卷 S.4571 作"𠃊"（《英》6 册 142 页上）。

(7)《金刚丑女因缘》："上唇半斤有余。"（1103页）按，底卷 S.4511 作"𠃊"（《英》6 册 121 页下）；P.3048 作"𠃊"（《法》21 册 167 页上）；S.2114 作"𠃊"（《英》4 册 11 页上）；P.3592 作"𠃊"（《法》26 册 32 页下），字迹模糊。

(8)《䶉䶉新妇文》："斗唇合舌，务在喧争。"（1216页）按，底卷 P.2564 作"𠃊"（《法》16 册 14 页上）；P.2633 作"𠃊"（《法》

---

① 为行文简便，此处使用简称。《法》指《法藏敦煌文献》；《英》指《英藏敦煌文献》；《王向》指《王重民向达所摄敦煌西域文献照片合集》。

17册16页上），中间残，下部可以看出"肉"字轮廓。

（9）《庐山远公话》：□(唇)干舌缩，脑痛头疼。（260页）按，此处"唇"系整理者补缺字。

除最后一例外，底卷用字均为从"肉"的"脣"。这说明，晚唐五代记录{唇}的习用字依旧是"脣"。在需要补出缺字时，无疑补出来的字应该符合当时的用字习惯，因此《庐山远公话》中的空缺之字应当补从"肉"的"脣"①。如果补了从"口"的"唇"，拿着这样的材料对照可能存在的底本，一定不会一致。

以上梳理说明"脣"在晚唐以前一直是习用字，南宋以后混用增多，那么{唇}用字的变化应该是在五代以后至南宋这一百多年中发生的。这百余年中的情况又是怎样的呢？以北宋初年所编《太平御览》（四部丛刊三编本）为例，全书出现"脣"120余例，"唇"12例，前者是后者的十倍。最有代表性的是卷368人事部"脣吻"类，该类收录的都是与唇吻相关的材料。编者以"脣吻"作为小类类目，"脣""吻"都是关键词。受其影响编者明确意识到"脣"是规范字，因而该条目下所征引的历代材料（计24条）中用字均为"脣"。如果"脣"不是关键词，那么可能就从俗作"唇"了。比如《左传·僖公五年》"辅车相依脣亡齿寒"句，卷368"脣吻"类引作"脣"（1695页上），相邻的卷367"颊"类同引该句，用字却作"唇"（1689页上），这无疑是改动了的。如果认可《太平御览》反映北宋初期的用字，那么可以说当时"唇"已经有记录{唇}的情况了。

《太平御览》现存宋代残本，距离成书时间不远，改动幅度相对会小些。明嘉靖刻本《太平广记》一书中，"脣"有17例，"唇"有

---

① 本篇另有两处提到远公相貌，文句大致相同，如"发如塗漆脣若点朱"（《敦煌变文校注》，255页），可证。

30例，后者是前者的1.7倍。《太平广记》和《太平御览》成书时代相近，按理说"唇/脣"比例应该差别不大，但两者比例悬殊。这种数量差异只能用时间因素解释，也就是说，刊刻时代越晚人们越会把底本中的"脣"改作"唇"。已知前者刊刻时代（明嘉靖年间）比后者晚很多年，因此《太平广记》的改动幅度要比《太平御览》大得多。

南宋以后，"唇"已经获得大众认可成为记录{脣}的习用字；"脣"并没有被弃之不用。既然二者都在使用，又是怎样分工的呢？简单地说，文献性质不同，用字就不同。元代通俗文献基本上习用"唇"了，"同时资料"（如《古今杂剧》《乐府新编阳春白雪》《朝野新声太平乐府》《梨园按试乐府新声》等）中均用"唇"字；比较正式的文献中往往"唇""脣"并用。明代刻本的通俗文献中往往用"唇"字（如《元曲选》、明万历本《牡丹亭》《水浒传》《平妖传》《警世通言》等）。时代晚了反而用较古的"脣"，这显然是不合常理的。其实这就是李荣（1987）提到的小说中用古字的现象，反映的并不是社会上的实际用字情况。

{脣}的用字由从"肉"转为从"口"，这一变化反映了人们对于嘴唇的认识。从"肉"是看重嘴唇是肉做的，从"口"则看重嘴唇是口的一部分。将形符调整为"口"，笔画减少，意味着"口"比"肉"能更好地提示意义。如果仅为了用"口"来提示意义，那么最简单的方法就是直接加"口"作"嚼"。[①]历史上也的确出现了这个字，《碑别字新编》"脣"字下收《魏司空穆泰墓志》中的"𠯗"字（180页）。辽希麟《续一切经音义》卷4"䑃脣"："下食伦反。《切韵》：'口脣也。'字书亦作嚼字也。"（379页下）直接加"口"作"嚼"的代价就

[①] 《集韵》平声谆韵"脣"字下收入了一些别的字形，但书写文本中缺少用例证明，在此不予讨论。

是笔画增加了，不利于书写。更好的处理办法就是替换形符，直接将"肉"改为"口"作"唇"，提示意义的目的达到且笔画也相应减少。①这样做的代价就是跟指"惊也"的"唇"同形。所谓的同形，实际上是说它跟字书中一个冷僻字同形（因为指"惊也"的"唇"极少出现），在现实生活中没有影响。因此，表面上"唇"鸠占鹊巢，实际上是创造了新字。

怎样看待"脣"变为"唇"这一现象呢？有些人从规范角度认为作"唇"不正确，如明初《洪武正韵》八真"脣"字注、明杨慎《转注古音略》十二震"脣"字注、清胡鸣玉《订讹杂录》卷10杂字音义"脣"字等。有些人则从众从俗，认为这样做无可厚非，如元代《六书故》、明代《韵略易通》《正字通》等。接受写作"唇"的材料如：

> 唇，口唇。（明兰廷秀《韵略易通》卷上真文韵平声，142页下）

> 唇，同脣。《六书故》："唇，即脣。"字义通。从口、从肉一也。《说文》："顉，或作脣。口喎也。""唇，惊也。"孙恬侧邻切，分唇、脣为二；《篇海》又作喺，义与《说文》"唇"同，并非。旧注谓俗不当以唇为口脣字，亦非。（明张自烈《正字通》卷2口部"唇"字注，178页下）

在兰、张等人看来，"唇""脣"是一回事，前人所谓的不应该用"唇"记录｛脣｝的看法是不对的。"唇"用得多了，即便是一些文字学家也不能再说这样做不对了，只能指出这是"今俗"。如清朱骏声《说文通训定声》屯部第十五"唇"字注："今俗用为脣齿字。"（三十三页左）当"唇"记录｛脣｝被社会大众接受以后，再进一步人

---

① 指桌椅的"桌"也经历了类似的变化，最初作"卓"，后又作"棹""槕""櫈"（见事实篇｛桌｝条）。

们会站在"脣"的立场上觉得"唇"字有些怪异了,于是会把一些本来规范的"唇"改作"脣",这种情况数见不鲜。不管怎样改,人们都是以其所处时代的习用字为标准去批评、改正那些同样记录同一词的非习用字,而不太在意这样做是否符合历史真实。

3. 蛋

弹/䳚/蛋/旦

｛蛋｝是现代汉语口语中的常用词,用来指禽类的卵,如鸡蛋、鸭蛋等,对应的旧词是｛卵｝。今天的通行字作"蛋"(范常喜 2006)[①],历史上还有"弹""䳚""旦"等。李荣(1987:34)指出,"鸡蛋的蛋本作弹。"[②]禽卵何以被称作"蛋"呢?前人多有讨论。

> 男人之阴曰势,又曰阳,今吴中人却以鸟卵之卵呼之,而遂多讳其字。通海内名鸟卵曰弹【去声】,何也?(明王世贞《弇州山人四部稿》卷168"宛委余编十三",明万历刻本,基7655)

> 禽卵曰弹。○"弹"字见《大明会典》:"上林苑鸡鹅鸭弹若干。"皆用"弹"字,言卵形之圆如弹也。俗用"蛋"字,非。考字书有"蜑"字,从虫,延声。南方蛮也。渔蜑取鱼,蠔蜑取蠔,木蜑取木。若从疋,疋音疎,并无此字。想因"蜑"字讹为"蛋"字耳。(明李实《蜀语》,丛书集成初编本,39—40页)

> 蜑,坛上声。……俗以禽卵为蜑,不知误自何时,且变文作蛋,尤非。字书无蛋字。《宛委余编》谓通海内名鸟卵曰弹,何

---

① 范常喜《"卵"和"蛋"的历史替换》,《汉语史学报》第七辑。该文探讨了"卵""蛋"的历时替换并解释了替换原因。其中牵强之处颇有。

② 许政扬《宋元小说戏曲语释(续)》(《南开大学学报》1979年第1期)"弹"条指出:明代以后,"蛋"字渐渐流行,代替了"弹"字。王学奇《释"弹"》(《中国语文》1984年第4期)也指出宋元时期以"弹"指禽卵。

也？案此当作弹丸之弹，因其形似而名之，是亦一说。（清胡鸣玉《订讹杂录》卷3"蜑"，四库本，455页上下）

前人一方面注意到了指称鸟卵的词由"卵"变为"弹"，另一方面也看到用"弹"记录{蛋}是基于外形圆这一特点。如果只看用字，是从"弹"到"蜑（蛋）"。"蜑""蛋"是异体字，但在记录{蛋}时基本只用"蛋"。要了解{蛋}的用字情况就要从{蛋}的早期用字"弹"开始梳理。

《说文·弓部》："弹，行丸也。""行丸"指使丸飞行，也就是把丸发射出去。"弹"是动词，折合成今音是 tán。弹丸具备圆形、个头较小、可旋转、无生命的特点，可引申指其他圆形物。[①] 用"弹"来指称禽卵是"因其形似而名之"（胡鸣玉语）。

从先秦到宋代，"弹"多指弹丸或药丸。宋代医药类文献中出现很多用例。[②] 如：

（1）右为末，［炼］蜜圆，弹子大，用无灰酒一升浸。一员分二十服，伤风鼻塞分三十服。（《三因极一病证方论》卷2"铁弹圆"，基107—108）按，此处"圆""员"就是"丸"[③]。

（2）每服肆钱，水壹盏半，入生姜弹子大一块，拍破同煎至柒分，去滓，温服。（《卫生家宝产科备要》卷3"人参散"，基96—97）

"弹子大"究竟有多大，恐怕不好准确测量。用它来描述的对象有"蜜圆""姜"，可见应该是比较小的。又因鸡蛋、鸭蛋等禽类的卵

---

① 感谢商务印书馆评审人指出《说文》"弹"字的正确解释。
② 如宋陈师文《太平惠民和剂局方》（元刊本）、宋陈言《三因极一病证方论》（南宋刊本补元刊本）、宋洪遵《洪氏集验方》（宋乾道刻本）、《证类本草》（四部丛刊景金刻本）、宋朱端章《卫生家宝产科备要》（宋淳熙刻本）等。
③ 从版本异文看，早期的很多药物都是以"～圆"命名，有的几乎难以看到"～丸"，后来大都改作了"～丸"，改名动机值得探讨。

在外形和大小上与弹丸也有相似之处,所以像"鸡弹""鸭弹""鹅弹"这类例子①在宋元时期也能看到。如:

(3)子亦尝披舆地图乎?鸡弹剖而五星垂,鳌股刲而五山彰。(宋陈仁子《牧莱脞语》卷1《南岳赋》,清初景元钞本,260页上)按,《礼记·月令》唐孔颖达疏:"二曰浑天,形如弹丸。地在其中,天包其外,犹如鸡卵白之绕黄。"(北大版整理本513页上)

(4)次日漉起,于臼内捣为粉,就做成块,如鸭弹大。(宋杨士瀛《仁斋直指》卷16"针砂圆",明嘉靖刻本,基749)按,范常喜(2006)亦引此例,唯录文作"鸭蛋",不确。四库本录文为"鸭蛋",可能是范文所据。四库本改"弹"为"蛋",是抄手将比较陌生的"弹"改成了清代的习用字"蛋"。

(5)鹅弹补五藏,益气,有痼疾者不宜多食。(元忽思慧《饮膳正要》卷3禽品"鹅",明景泰七年内府刻本,591页下)

虽然"鸡弹""鸭弹""鹅弹"都有用例,但"鸡弹"见于文献的次数远多于后二者。这是因为禽类中的鸡跟人类生活关系最为密切,鸭、鹅则要远些,因此"鸡弹"有更多的机会得到表现,用例自然更多。"鸭弹""鹅弹"只在一些专科文献中出现,"鹅弹"尤其少见。

入明以后,"蛋"记录{蛋}的情况多了起来。明中期(正德年间)以前的文献中{蛋}的字例很少,难以说明什么。为此我们归纳了明代后期文献中的用字情况(统计时依据时代相近的刻本,并注意区分不同类型的材料)如表5、表6。

---

① 范常喜(2006)举《太平圣惠方》《仁斋直指》《梦粱录》例子,其中《仁斋直指》的例子文字有问题。

表 5 明代后期农学、医学类文献中 {蛋} 的用字分布

	医学类			农学类	
	外科正宗（明万历刻本）	审视瑶函（明崇祯刻本）	万氏秘传片玉心书（清顺治刻本）	农政全书（明崇祯刻本）	花史左编（明万历刻本）
弹				3	
蛋	7	2	2	1	2

表 6 明代后期通俗、正式文献中 {蛋} 的用字分布

	通俗文献					正式文献	
	西游记	西洋记	金瓶梅词话	六十种曲	山歌	大明会典（明刻本）	南京都察院志（明天启刻本）
弹			5			10	3
蛋	3	36	2	4	3		1

表 5、表 6 中，《大明会典》《南京都察院志》是官方编写的，内容比较严肃。其用字为"弹",偶尔用"蛋"。这跟范常喜(2006)对《明实录》的调查结果一致。[①]16 世纪中期(明万历年间)以后小说、词曲、医学、农学等文献中"蛋"已经广泛使用。可以说,这一时期"弹"是规范字,"蛋"是俗字。当时人也注意到了用字的变化,如明崇祯刻本《梦林玄解》[②]卷 17"食蛋吉"下注:"鸡鸭鹅之卵,俗称为蛋。"(基 1296)略显例外的是小说《金瓶梅词话》中,"弹"多于"蛋",前者用例如:

(6)苍蝇不钻那没缝的弹。(《金瓶梅词话》第 19 回,七页右)

[①] 范文指出,《明实录》中"蛋"有 344 例,"蛋"大都写作"弹",少数写作"蛋"。

[②] 此书前有何栋如崇祯丙子序:然原本仅有占耳,占仅八卷,亦略而不备者耳。……复得唐雍氏所载《禳编》,及张孝廉伯起所辑《类考》二书,合并录成,仍名《玄解》,而冠以"梦林"。(基 16—17)

（7）见熏被的银香球，说道："李大姐生了弹。"（《金瓶梅词话》第21回，五页右）

此外，某些"弹/蛋"异文也能说明"蛋"字的流行。如：

（8）以蜜少许入鸡弹内，搅匀浇遍，次以膏腴铺鸡弹上蒸之，鸡弹才干凝便啖。（元倪瓒《云林堂饮食制度集》"蜜酿"，清初毛氏汲古阁钞本，基3）按，此条又见于元倪瓒《清闷阁遗稿》卷14"饮食"，其中的3例"弹"字均写作"蛋"（明万历刻本，基513）。这既说明万历后"蛋"字的流行，也可推知汲古阁钞本作"弹"应该是有更早的来源。

明代《朴通事谚解》《训世评话》等汉语教科书中，另有用字"鴠"记{蛋}。① "鴠"是从鸟、旦声的形声字，表音、表意两个方面都很恰当。《中朝大辞典》引《单字解》"弹"字注："俗呼鸡子曰鸡弹，通作鴠。"朝鲜汉语教科书作为汉语教材，它采用的是编写时代的用词用字，"通作鴠"说明当时"鴠"在社会上广泛使用，被大众认可，流传范围应该相当广。只是这个字在教科书外的文献中缺少被记录的机会，只有少量用例。如：

（9）其余几碟都是鸭鴠虾米。（《金瓶梅词话》第50回，七页右）

（10）拼死在连理树儿边，愿生在鸳鸯鴠儿里。（《词林摘艳》卷10明张明善《金蕉叶·怨别》② "尾声"，320页上）

入清以后，"蛋"在小说中得到了更为广泛的应用，成为记录{蛋}的习用字；个别情况下也可以用同音字"旦"记录。较古的用字"弹"虽仍出现，但数量上比"蛋"少得多。"弹""旦"的用例如：

---

① 《朴通事谚解》另有1例"鸽子弹"。
② 《汉语大字典》《汉语大词典》"鴠"条均引此例，作者署为元张鸣善。《录鬼簿》著录此人小传。

（11）禽卵曰弹。（《（道光）遵义府志》卷20"风俗"，清道光刻本，616页上）

（12）半体形已呈，忽焉混沌死。他邦尽弃掷，吾党独见喜。【注】乡人目曰喜弹。（《曝书亭集》卷22朱彝尊《赋鸭馄饨》诗，四部丛刊影清康熙刻本，缩本204页上）按，诗题为赋"鸭馄饨"。鸭馄饨指的是孵化过程中止的鸭蛋，因其外形圆与馄饨相似故名之。

（13）【花旦白】你敢是醋磲子泡鸡子吓？【生白】啊，大姐这话怎庅讲？【花旦白】你是个酸旦吗？（车王府曲本《红鸾喜》，9册247页下）

指称鸟卵时，"蛋"在清代替代了"弹"成了习用字。那些与卵意义无关、只是在外形上相似的事物（如脸蛋、铁蛋、泥蛋等），其用字也发生了由"弹"到"蛋"的变化。

【脸弹/脸旦/脸蛋】

"脸弹""脸旦"①主要见于有山东方言背景的《金瓶梅词话》《醒世姻缘传》等。"脸蛋"则见于《霓裳续谱》《白雪遗音》《儿女英雄传》《官场现形记》等文献。如：

（14）春梅道："那瞵脸弹子，倒没的龌龊了我这手。"（《金瓶梅词话》第73回，十八页右）

（15）浑身上下是绯红脸弹子，就是焌紫。（《醒世姻缘传》第48回，1327页）

（16）一个男子汉的脸弹。（《醒世姻缘传》第91回，2480页）

（17）后二哥学礼，怕丢了皇上的脸旦子。（《梨园集成·凤

---

① 章太炎《新方言》卷4："人面见处莫如两颊，故直隶谓颊为脸𩑔子。音如旦。"（224页上）从面、旦声的字也是章氏在线造出来的，只是没能通行开来。

云会》第 1 回 "金殿"，清光绪刻本，基 1365）

（18）脸旦又白又姣嫩，连个麻子每（没）有家。（绥中吴氏戏曲丛刊《五虎传》，40 册 135 页）

（19）一见情人朝后退，十指尖尖用手儿推。为什么皮着个脸蛋在我的跟前跪？（《霓裳续谱》卷 4 "寄生草"，585 页上）

【泥弹 / 泥蛋】

（20）缘舍利弗身居小果，与佛及菩萨所见不同。似甚？似营（萤）火对于日光，泥弹同于月爱。（《敦煌变文校注·维摩诘经讲经文（三）》，828 页）

（21）你捣的鬼，如泥弹儿圆。（《金瓶梅词话》第 82 回，九页左）

（22）无奈到了船上，一个个都跌得头晕眼花，到官舱里禀见时，没有一个不是泥蛋似的。（《二十年目睹之怪现状》第 93 回，566 页）

{蛋}用于指称鸟卵、圆形物、人的脸，这一引申过程是基于外形的相似性。意义不同，用字就会有异。{蛋}各义项用字的变化可总结如表 7。

表 7 {蛋}不同义项的主导用字

	宋	明末清初	现代	举例
圆形物	弹	弹	弹 / 蛋	炮弹，地蛋，山药蛋，泥蛋
禽卵	弹	蛋	蛋	鸡蛋，鸭蛋
人脸	—	弹	蛋	脸蛋

表 7 说明，早期通行的习用字 "弹" 被淘汰了。这大概跟其关注点有关，"弹" 往往是指无生命的弹丸，与禽卵外形相似。禽卵一般都是有生命物，生命度的差异是人们认知时的重要关注点。以无生命的 "弹" 指称有生命的卵，可能并不是最合适的。为了更好地提示意义，

有必要更换用字。与"弾"同音的字有一些，它们在意义上跟卵关系较远，比如"旦"在读音上合格，然而不表意，且存在元旦、早晨等意义，语义负载过重。人们就创造了"鴠"字，它在音、义方面都是合格的，但笔画较多且与既有字同形①，人们只好再换用新字"蛋"来记录。"蛋"与"蜑"关系密切。"蜑"本指南方某民族，是一个文化词，在实际社会生活中一般很少用到，语义负担较轻。且将"蜑"改为"蛋"，笔画减少，也与原字分开，用它来记录{蛋}不会增加交际双方的负担，因此"蛋"最终胜出。②

前文所举的"蛋"字的早期用例都是明代的，这是依据"同时资料"得出的结论。这种看法会不会太晚呢？如果不看版本，那么传世文献中"蛋"记录{蛋}在宋代已经有少量用例。范常喜（2006）已经举《梦粱录》《太平圣惠方》例，此外另有若干用例。

（23）鸭蛋。（苏轼《物类相感志》"饮食类"，民国影明宝颜堂秘笈本，基10）。

（24）三日，女家送冠花采段鹅蛋。（《梦粱录》卷20"嫁娶"，四库本，165页下）

（25）以采画鸭蛋一百二十枚……（《梦粱录》卷20"育子"，166页上）③

《物类相感志》《梦粱录》《太平圣惠方》的刊刻时代都在明中期以后，远晚于写作时代，属于"后时资料"。已知明代中期以后"蛋"已经广泛使用了，因此没有办法判断上述材料中的"蛋"是宋代面貌

---

① 明代《字汇》《正字通》等沿袭旧义，将"鴠"释为一种鸟。
② 范常喜（2006）认为，"蛋"和圆球状且高贵的"珍珠"联系起来……以实现避其指"睾丸"的目的。这种看法过于主观，得不到材料上的支持；更重要的是"蛋"本身就能自然引申出睾丸义，也就达不到避讳的目的。
③《梦粱录》中2例"蛋"字，清学津讨原本、知不足斋丛书本同。

的保留还是刊刻过程中改动的结果。也就是说，这些所谓的宋代"蛋"的例子不能证明宋代"蛋"可以记录｛蛋｝。如果"蛋"在宋代能记录｛蛋｝，意味着当时"蛋""弹"同音。然而宋代二字的读音是不同的。《广韵》中，"弹"做名词时是定母翰韵去声；"蜑（蛋）"字是定母旱韵上声①。韵母、声调均有差异。《礼部韵略》记载与《广韵》相同。如果韵书记载反映当时的口语读音，即"蛋""弹"读音有别，那么宋代就不应该有"蛋"记录｛蛋｝的情况。

"蛋""弹"变成同音字是元代以后的事。《中原音韵》寒山韵去声下有"旦""诞""弹"三字，不收"蛋"字。《广韵》中，"蜑""诞"均属上声旱韵，读音同。"弹"与"诞"同音，"蜑"与"诞"同音，可证元代北方话中"弹""蜑"同音②；"蜑"与"蛋"又是异体字，可证"弹""蛋"读音无别。③既然"弹""蛋"在元代已经同音，那么用它们记录北方话的口语词｛蛋｝就顺理成章了。

4. 挪

那 / 挪 / 挪

现代汉语中，｛挪｝是表示位移的口语词，指挪动、转移。"位移"是一个运动事件，涉及位移主体、移动对象、移动方式等，这样的词很多。如果选一个与｛挪｝对应的旧词，｛移｝在大部分情况下勉

---

① "弹""蛋"的读音差异，承汪维辉先生见告，谨致谢忱。
② 南方情况要复杂些。明金尼阁《西儒耳目资·列音韵谱》第九摄 an 去声"德叹～tan"下收字有：旦，鴠，弹等（522页上）；又同摄上声"德毯～tan"下收字有：胆，淡，诞，但，蜑等，不收"蛋"字。可见明代晚期南方方言中"弹""鴠"跟"蜑"在读音方面仍然有别。
③ 《中原音韵》不收"蜑"，大概是因为这个字过于冷僻，作曲时不会用到，且《中原音韵》本身篇幅也很小，收字自然有限。

强可以与之对应,如"人挪活,树移死"。

{挪}的产生时代是比较晚的,最初用"那"来记录。因为有"移"表达对应的意思,所以{挪}很少有见诸记载的机会。宋以前有一条"那"记录{挪}的疑似用例,如下:

(1)东南荒中有邪木焉,高三千丈。或十余围,或七八尺。其枝有乔直上。不可那也。①(《太平广记》卷410"绮缟树实",出《神异经》,3326页)按,此例描述的是一种极高极粗的巨树,因树形过大"不可那"。"不可那"似指难以移动,所以目之为"邪木"。②

11世纪(北宋前期)起,"那"已经比较广泛地见诸文献了。文献来源主要是官员札子、状、尺牍等;使用者基本是上层官僚。以《诸臣奏议》(宋淳祐刻元明递修本)一书为例,其中收录了包括北宋寇准、富弼、司马光、范仲淹、包拯、王岩叟、程颐、张舜民、陈瓘等人奏议在内的一批文章。诸人笔下{挪}的用例很多,用字均作"那"。如:

(2)游骑渐更南来,即须那起定州兵马三万人骑,令呼延赞等结阵南来镇州,及令河东雷有终手下兵士出土门路,与定州兵马会合。相度事势紧慢,那至洺州以来方可。(《诸臣奏议》卷130寇准《上真宗议澶渊事宜》,基4153—4154)

(3)又有担负之夫,微乎微者,日求升合之粟以活妻儿,尚每日那一二钱令厥子入市学,谓之学课。(《诸臣奏议》卷135富弼《上仁宗河北守御十三策》,基4342)

用字"那"记录{挪}最初见于书面语色彩很强的奏议,这依然

---

① 《齐民要术》卷10"椰三二"同引《神异经》,文字多有不同。引张茂先注:"骄,直上不可那也。"(《齐民要术校释》,734页)此例存疑。

② 此例为孤例,且上下文费解,有待继续考察。

是口语现象,是口语成分融入书面语的表现。原因在于,除奏议外两宋时期很多文人(如苏轼、蔡襄、李纲、叶梦得、朱熹、魏了翁等)的作品中也经常用"那",并且一些杂史(如《三朝北盟会编》《续资治通鉴长编》《建炎以来系年要录》等)中口语色彩较强的部分也用"那"。换句话说,"那"可以用于书面语但不限于书面语。"那"表现口语还因其显示出很强的能产性,已经见到的组合有"那拨、那兑、那动、那减、那融、那移""拨那、差那、辍那、抽那、兑那、移那、攒(趱)那"等,顺序形式和逆序形式均有。"那"有时带方位补语("那起"),有时直接带宾语("那一二钱"),"起""一二钱"都是典型的口语,与典型的口语成分组合的往往都是口语。与"那"搭配的对象主要有官员、军马、钱粮物资,其他的少见,这是它在用法上有别于今天之处。这可能是受限于上下文所讨论的话题,如果排除奏议类材料则"那"所处的上下文就很接近口语了。如:

(4)不肯那钱买珠翠,任从堆插阶前菊。①(《韵语阳秋》卷15"欧阳永叔见杨直讲奴女"引梅圣俞诗,宋刻本,基202)

(5)诸尸应牒邻县验覆而合请官在别县……无官可那者,受牒县当日具事因保明。(《洗冤录》卷1"条令",元刻本,235页上)

(6)周子二程说得道理如此,亦是上面诸公那趱将来。……理会政事,渐渐那得近里。(《朱子语类》卷120,基4720)

元代,"那"依旧是记录{挪}时的习用字。以《吏学指南》(元刻本)为例,它既是"同时资料"也是吏员手头备查的工具书,能够反映当时的用字。该书共出现3例{挪},用字均作"那"。如卷7"钱粮造作":"那换:时暂移用曰那,变改元物曰换。"(307页上)

---

① 此诗本名《依韵和永叔戏作》,又载梅尧臣《宛陵先生文集》卷55,文字同(明正统刻本,基1555)。

这跟《元典章》《新集至治条例》《通制条格》等"同时资料"用字完全一致。

如果说元代"那"的用法与此前相比有什么变化，那么这种差异就是"那"可以指脚步轻微移动。这种用法集中在通俗文献中，"同时资料"（如《古今杂剧》《朝野新声太平乐府》《乐府新编阳春白雪》《梨园按试乐府新声》等）和部分"后时资料"都有用例。如：

（7）教太公往前那，不敢往后那；抬左脚，不敢抬右脚。（《朝野新声太平乐府》卷9杜善夫"般涉调·耍孩儿"，80页下）

（8）球儿基上安定，或被风吹动，当称"风落"。如不称"风落"或自那动者，亦算打了。（元佚名撰《丸经》卷上"承式章第一"，明津逮秘书本，基10）

今天记录{挪}的通行字"挪"虽很早便已见诸记载，但它起初不是{挪}的用字。"挪"表示用手揉搓，如玄应《一切经音义》卷5"搓摩"："搓，挪也。挪音那。"① 这种用法的例子如：

（9）相引溪畔，有稻百余穗，收谷手挪三匊黄粟，挑野蔬和煮与食。（《宋高僧传》卷30"晋宣州自新传"，宋碛砂藏本，基555）

由于看不到揉搓和移动之间的语义引申关系，以"挪"记录{挪}就是同音借用。② 记录{挪}时，"那"在先，"挪"在后。"挪"记录{挪}宋代仅见一例，元代未见。如：

（10）大凡移尸别外吊挂，旧痕挪动，便有两痕。（《洗冤录》卷3"十九自缢"，元刻本，244页上）

此例上下文描述的是尸体被人为移动后会产生新痕，因此出

---

① 《汉语大字典》引《玉篇》释义（1876页）。

② 曾良（2009：368）"挪"条指出，"'那'字用来表示移动义，是其假借义。"并引用了明清小说中的用例，时代偏晚。

现两道痕迹。跟宋代"那"的对象（军马物资等）相比，《洗冤录》中的"挪"口语色彩明显。不过由于该书是宋人作、元人刊，属"后时资料"，因此据此孤例很难断言宋人笔下已经出现从"扌"的"挪"。

明代｛挪｝的用字比较复杂，"那""挪"均见用例。新字"挪"在 15 世纪前期已经见于字书记载，明兰廷秀《韵略易通》卷下十七戈何韵平声："挪，移也。"（168 页上）说明当时以"挪"记录｛挪｝的现象已经比较多了。总体上看，当时人们认可的用字依旧是"那"。既然二字并用，又有什么区别呢？这种区分跟语体有关。比较正式的文献（如奏议、典章等）基本上只用旧字"那"，不用"挪"。通俗文献（如小说、戏曲等）中的用字又跟时代有关，前期（如《水浒传》《西游记》等）用"那"，不用"挪"，跟正式文献相近；后期则"那""挪"并用，以"那"为主，如《元曲选》《金瓶梅词话》《目连救母劝善戏文》《拍案惊奇》等；后期另有一些只用旧字"那"，如"三言"、《型世言》等。如：

（11）门儿外帘儿前将小脚儿那，我则见目转秋波。（《雍熙乐府》卷 12"五供养"，85 页上）

（12）天也！我如今整三十，可着我半路里学那步。（《元曲选·包待制智赚生金阁》第一折，627 页下） 音释：那，音挪。

（13）那身离殿宇，信步下亭皋。（《元曲选·唐明皇秋夜梧桐雨》第四折，638 页上） 音释：那音挪。

（14）妇人把座儿挪近西门庆根前。（《金瓶梅词话》第 37 回，九页右）

（15）我这里笑吟吟挪身来宅内。（《元曲选·桃花女法嫁周公》第三折，617 页上）

数量方面，"那"多而"挪"少；分布方面，"那"广泛，"挪"

受限。这说明明代"那"依旧是当时的习用字,"挪"虽然出现但还没有很强的势力。"挪"可能是在"那"的基础上增加"扌"旁,作为补充,是临时性的。"那"在人们的笔下具备很强的书写惯性,轻易不会改变。如:

> 那,何也,又多也,安也,又语绝之韵也。今谓移趾者曰那步,设法备用物曰腾那,转假曰那借……凡此皆习而用之,与本义乖者也。(明顾起元《客座赘语》卷1"辨讹",明万历刻本,78页下)

顾起元是明代后期人,据其记载当时{挪}引申出了众多新义,说明它已经是很活跃的口语词了。不管是"那步""腾那"还是"那借"用字均作"那",证明"那"是人们认可的习用字。这跟当时真实语料中{挪}的用字保持一致。至于他说用"那"表示移动"与本义乖",这其实又是"尽信书则不如无书"了,不足为凭。

明代后期"挪"字记录了两个词:一是指揉搓,记为挪$_1$;二是指移动,记为挪$_2$。二者可以看作是一组同形字,有时人们会将二者混而为一。

> 挪移财物曰搓【急何切】,俗呼搓挪是也。(明陈士元《古俗字略》卷7"俗用杂字",165页下)

这儿,"挪移财物"之"挪"是挪$_2$,"搓挪"之"挪"是挪$_1$,"挪移财物"不是"搓挪"。"搓挪"一词用例不多,如《型世言》第1回:"他须是个小姐性儿,你可慢慢搓挪他。"(十六页右)"搓挪"的目的是使之改变。目前尚未发现用它来指"移动财物"的。

入清以后,新字"挪"得到了更加广泛的使用。通俗文献(如《儒林外史》《红楼梦》《儿女英雄传》等)已经认可"挪"的习用字地位。汉语教科书《语言自迩集》第三章第767条:"挪no2,从一处转移到另一处。"(140页)旧字"那"用例较少,偶然出现,如《歧路灯》第99回："咱就坐数兄车，把娄史贵纪那移在咱两个车上。"（1999页）个别情况下又可以用"跢"①来记录{挪}，特指移动脚步。用例仅见于蒲松龄作品，蒲氏编《日用俗字》："孩童跢步识天伦。"（734页）对照蒲松龄编的《聊斋俚曲集》，其中经常会提及挪步之类的动作，用字均作"挪"。②可知"跢"在指挪动脚步时从"足"旁这一现象大概是受到了意义的影响，是小范围的创新，因而没有太多机会在文献中表现出来。

清代比较正式的文献中呈现出"那""挪"共存的现象。二者的差别还是与时代有关，大致以道光为界用字习惯发生了较大的变化。此处选择前后时期的奏疏类、法律类文献进行调查，结果如表8。

表8　清代前后时期文献中{挪}的用字情况

类别	时代	书名（版本）	那	挪
法制类	前期	大清律例（四库本）	约60例	
	后期	新增刑案汇览（光绪刻本）	1例③	约37例
奏疏类	前期	日怀堂奏疏（康熙刻本）	3例	
	后期	曾文正公奏稿（光绪刻本）		约20例

表8说明，在记录{挪}时前期用"那"不用"挪"，后期则相反。刊刻时代的先后与用字的差异呈现出明显的相关性。跟清代通俗文献相比，正式文献中用字的变化要晚了半拍。这既说明{挪}用字的归一化是一个渐进的过程，也说明文献本身性质、刊刻时代都与用字变化密切相关。在归一化的过程中，没有一个供人们直接学习的用

---

①《汉语大字典》"跢"条引例亦为蒲松龄所编俚曲（3710页）。
② 由于没有看到《聊斋俚曲集》的底本，有待进一步调查整理本中的"挪"是否完全与底本一致。
③ 此处"那"字，系小节标题"那移出纳"，属沿袭旧例。又本小节正文部分十余处均用"挪移"，反映了当时的用字习惯。

字样板，因而规范化的力量是缺失的。也就是说，{趴}用字的归一是自发性的结果。不同类型的文献、不同时代的文献表现的情况各有特点，且具有内部一致性。通俗文献本身受到的限制较少，归一过程结束得较早；那些书面语色彩重、内容正式的文献往往沿袭旧例，归一过程就晚些。

5. 趴

爬/扒/跁/趴/叭/趴/踣/邑

现代汉语中，{趴}是日常生活中的口语词。据《现代汉语词典》，它可以表示：①胸腹朝下卧倒；②身体向前靠在物体上。概括而言，就是指身体（或其一部分）向下或向前接触到物体上，对应的旧词是{伏}。{趴}可以表示动作（动态过程），如"趴下"；也可表示状态（静态位置），如"趴在""趴着"。

今天，"趴"是记录{趴}的习用字，历史上并非如此。{趴}产生之初往往跟动词{爬}在用字方面纠缠不清，以"爬"记录{趴}的用例存在不少。如：

（1）好大圣，轻轻飞到柜上，爬在那柜脚之下。（《西游记》第46回，140页上）

大圣化作虫后飞到柜上又移动到柜脚处，如果着眼于虫的位移过程（动作），例中的"爬"就是爬行的意思，如果着眼于虫落脚后不再移动（状态），例中的"爬"就是{趴}。对这两种解释进行取舍的关键取决于"在"的性质。《西游记》中动词后接"在"往往表示状态，如"落在面前""堆在山前""执在手中"等。因此"爬"记录的应该是{趴}。

如果以某个平面（或近似平面）作为参照，爬行、趴下等动作可以分为三类：一是身体沿着平面移动，记为 {爬}$_1$①；身体离开平面，记为 {爬}$_2$，如"从床上爬起来"；身体靠向平面，即 {趴}，如"趴在床上"。在表示动作时，{爬}$_2$ 跟 {趴} 位移方向相反。为了形象地说明，{爬}{趴} 表示的动作如图 3 所示：

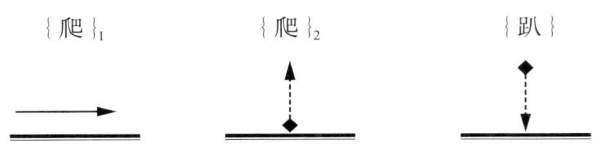

图 3　"爬""趴"方向示意图

"趴""跁"可以记录 {爬}$_1$ 和 {爬}$_2$，这已见于前人记载。如《韵略易通》卷下十八家麻韵平声："趴，小儿手行。"（168 页下）《正字通·足部》"跁"字按语："跁为俗增，无意义。今俗谓小儿匍匐曰跁。"②《证俗文》卷 17 "方言"："小儿匍匐曰跁。"（587 页上）这些材料描述的都是同一动作，即（幼儿）用手向前爬行。"扒""爬""趴""跁"等字还可记录 {趴}，只有结合上下文才能说明某字究竟记录了哪个词。如：

（2）两相又攀援上去，正扒到岩壁崎岖之处、悬崖险峻之中。（《水浒传》第 96 回，363 页上）

（3）却说时迁一步步摸到关上，扒在一株大树顶头，伏在枝叶稠密处。（《水浒传》第 98 回，375 页下）按，这儿的"扒"应该是指爬到大树顶上，即 {爬}$_1$。

（4）只说那鲁智深，双手把山门尽力一推，扑地撷将入来，吃了一交，扒将起来。（《水浒传》第 4 回，293 页上）按，这儿的"扒"指从地上爬起来，即 {爬}$_2$。

---

① {爬}$_1$ 跟 {趴} 关系较远，此处不详论。
② 《汉语大字典》"跁"字条已引《正字通》。

（5）忽有两三岁自生女在舱中趴出，呼爷云："汝明日死！"（清李光地《榕村语录续集》卷6"吾乡有黄勿"，基208）

（6）被丹桂姐推了一交仰马踏，好一似癞虾蟆吃苍蝇，前合后仰，通趴不起来。（《隔帘花影》第34回，基587）

（7）可是说的，还没有会跁就学走广？（《清文启蒙》卷2，270页上）

（8）往常时打他，死也不敢动。今日才打得不上一二百棍子，他竟跁起来跑了。（《灯月闲情·芦花絮》第3出，清乾隆刻本，197页）

既然一个字记录两个词的现象反复出现，这无疑就会对阅读形成很大的干扰。殷焕先（1962）在谈到"用义符不同来调整"时就举了"趴""爬"的例子来说明这种区分的必要性。他指出：

> 这可以比照"趴 pā、爬 pá"的例子来类推。"趴""爬"照其现代汉语的意义都可以用"扌"旁的，（"扌"旁另有"扒"读 bā），现在可以姑且不动它们原来的义符，让义符替它们定型，而统一其声符。①

殷焕先之所以举这个例子，是因为{趴}的用字在相当长的时间中一直没有确定下来。直到民国时期{趴}与{爬}₁仍可使用相同的用字，而未再做出区分（详下文）。要了解{趴}的用字情况、分布情况及变化过程，只能立足真实语料、依据上下文进行判断。

由于旧词{伏}的存在，{趴}见诸文献的时代是相当晚的。元代文献中出现个别用例，用字作"扒"。目前仅有一例，见于"同时资料"《古今杂剧》。

（9）便与我放开沟渠，交淹了军卒；向浪涛中波面上狗扒

---

① 殷焕先《汉字的形体结构和形声原则》，《语文建设》1962年第11期。

伏，便休夸壮士，都偎（喂）了虾鱼。(《古今杂剧·诸葛亮博望烧屯》"感皇恩"，81 页下）按，"狗扒伏"就是像狗一样凫水，"扒""伏"同义连文。"伏"的出现是为了满足与"辛""鱼"押韵的要求。

明代反映口语的小说、词曲等通俗文献中，{趴}的用例较多。"扒""爬""跁"等用字均有。如：

（10）猛可见了一个汉子，扒伏在院墙下。(《金瓶梅词话》第 10 回，一页右）

（11）见了那扒的扒，睡的睡，这的是苟且因循不整齐。(《海浮山堂词稿》卷 1 大令"南吕一枝花·月食救护"，615 页下）

（12）一家女子百家求，九十九家不罢休。只有一家不求得，扒在屋上打砖头。(《六十种曲·荆钗记》卷上第 8 出，617 页下—618 页上）

（13）行者见了，将身一变，变作一个黄皮虼蚤，跳上石床，钻入被里，爬在那怪的肐脖上，著实一口。(《西游记》第 52 回，183 上）

入清以后，{趴}依旧多见于小说之类的通俗文献，正式文献中少见。代表文献（如《红楼梦》《儿女英雄传》等）用字以"爬"为主，用例十分丰富。除"爬"外，其他用字另有"趴""叭""跁""扒""㞎""蹈""舥"等，如：

（14）那人临去，还趴在地下，与那猫磕了两个头。(《醒世姻缘传》第 6 回，151 页）

（15）程谟叭倒地，替众人磕了顿头。(《醒世姻缘传》第 51 回，1388 页）

（16）承思走到太太跟前，跁倒地磕了个头。(《醒世姻缘传》第 70 回，1905 页）

（17）只见赵姨娘还爬在地下不起。（《红楼梦》第112回，616页下）

（18）解官吓得拨回马头全跑，那些骡夫脚子一个个爬伏在地。（《儒林外史》第34回，297页下）

（19）他二人却好，虽则一个爬着，一个躺着。（《侠义传》第49回，420页下）

（20）他望天上一看，见墙上扒着一个蓝大脑袋，瞪着两支眼望下睄。……抬头望上一看，仿佛相有一个人在墙上趴着。（《永庆升平》第64回，基886—887）

（21）这个乡下糊涂老儿，见了胡举人，扒下地就磕头。（《老残游记》第16回，577页下）

（22）不着几日身德（得）病，忽忽（忽忽）悠悠床上邑。（绥中吴氏戏曲丛刊《五虎传》，39册148页）

（23）绕到花园，伵（俩）手扒拉。睄见一人，地下横跪。进前一看，巴（把）人吓杀。原是老尸（爷），每（没）了脑瓜。（《五虎传》，40册，40页）

（24）依我说，你乖乖在那屋里床下趴趴。你要是走啦，可别说我翻脸无情！（绥中吴氏戏曲丛刊《施公新传》，34册153页）

（25）哎呀！地下怎们（么）扒着两个人？快拿亮子来看看。（车王府曲本《盗御马》，11册374页下）

以"爬"作为记录{趴}的习用字这一习惯经历清代持续至民国。老舍作品中依旧如此，如其短篇小说集《赶集》[①]中出现3例{趴}，用字均作"爬"。[②]如下：

[①] 上海良友图书印刷公司1934年版。
[②] 近年来出版的老舍作品，已经将早期的"爬"改为了通行的"趴"。

（26）呆了半天，他似乎爬在我的耳边说的。(《热包子》，13页）

（27）他听了几句话，能老实一天，爬在桌上写小楷。(《大悲寺外》，64页）

（28）老林四就那么爬着，好像死了过去。(《也是三角》，251页）

与真实语料的用字情况不同的是，描写19世纪中期北京话的《语言自迩集》一书中用字作"趴"，与今天的情况相同。

趴下　p'a¹ hsia　……蹲伏，像狗那样，双手双膝着地。（第七章声调练习"趴扒○怕"注释，377页）

假如《语言自迩集》关于"趴"的记载反映了当时北京人的实际用字情况，为何半个多世纪以后同样生长于北京的老舍却要舍弃它而采用另外的用字"爬"呢？应该来说，当时"爬""趴"都是通行用字。在没有规范性力量作用时，当时的习用字可以不止一个。威妥玛和老舍都是根据自己的所见掌握了{趴}的用字。这就意味着，没有规范力量作用时同一个词的几种用字要持续相当长的时间才会实现用字的归一，用字的归一化并不是此消彼长的线性过程，中间可能存在反复。①

6. 赔

陪/倍/赔②

{赔}是现代汉语中的口语词，表示由于实施了某种行为而损害

---

① 准确回答这个问题有待于对19、20世纪的文献做更细致的调查。

② 我们把"赔""赔"看作是同一用字，因历史文献中均用"赔"，以下提及时沿袭底本形式"赔"。

了他人的利益。该词受到了古人和今人的密切关注。前代学者有杨慎、杨时伟、张自烈、梅膺祚、钱大昕、翟灏、沈家本等，现当代学者有陈垣（1959）、李荣（1987）、张涌泉（1995a）、谭耀炬（2002）、曾良（2009）等。研究者尝试发掘"赔"的始见书证以探测"赔"的来源，指出"陪""倍"也可用来记录{赔}。这些研究没有穷尽{赔}的用字，也没有对各用字之间的关系进行深入分析。以下我们将梳理{赔}的用字"陪""倍""赔"的使用情况，再探讨"偹""偝""负"与{赔}的关系。

隋唐起至明代中期以"陪"记录{赔}的情况非常多，有时候也用"倍"。隋唐佛教文献中这一现象较为常见，见于隋灌顶、唐道宣、玄奘、义净、不空、输波迦罗、法藏等人的译经。可以说自七世纪前期"陪"就是记录{赔}的习用字。如：

（1）同学照禅师于南岳众中，苦行禅定最为第一。辄用众一撮盐作斋饮，所侵无几不以为事。后行方等忽见相起，计三年增长至数十斛。急令陪偹，仍卖衣资买盐偿众。此事非久，亦非传闻，亦以为规。（隋灌顶《国清百录》卷1"训知事人第七"，中华藏影明永乐南藏本，191页下）

（2）又如烧村，火焰相续，谓如有一欲燎他村，持火烧他草室。少分，火焰相续，乃至总烧，举村屋宇并成灰烬。村人擒获，捶挞令陪。彼自雪言："我持少火烧少舍已，我火即灭。故我但应陪一握草。"（唐玄奘译《阿毗达磨顺正理论》卷34，丽藏本，118页中）

（3）守寺之人被贼偷物，大众共议令守寺人陪所失物。时诸苾刍以缘白佛。佛曰："汝等应知，凡授事人闭寺门时有其五别……若掌寺人存心守护五并不阙者，设令损失，并不应陪。"（唐义净译《根本说一切有部目得迦》卷10，中华藏影金藏广胜

寺本，472页中）

（4）若有众生广造诸罪，堕于地狱，无有出期。经无量劫，受诸苦恼，从地狱出。生于五趣，先作畜生，将命还于前生负物，作驼驴猪狗牛羊象马奴婢仆从偿他宿债，累劫倍命还他偷盗，无有休息。（唐不空译《大乘瑜伽金刚性海曼殊室利千臂千钵大教王经》卷1，丽藏本，48页中）按，中华藏影金藏广胜寺本作"累劫陪命"（78页上）。

（5）汝等昼夜执持邪论诳惑世间，邪箭入心未能拔出，而作异见诌曲邪命……当堕阿毗无间地狱。从地狱出先作畜生驼驴猪狗，将命还他先世供养，累劫倍偿，无有休歇。（《大乘瑜伽金刚性海曼殊室利千臂千钵大教王经》卷10，丽藏本，120页中）按，中华藏影金藏广胜寺本作"陪偿"（169页下）。

《国清百录》例中说的是卖衣资买盐偿众一事。《阿毗达磨顺正理论》例中说一人纵火烧了举村屋宇，因此要偿还。这些例句中用字都是"陪"。义净译经中"累劫倍命""累劫倍偿"都有异文作"陪"。可见当时"陪""倍"同音，都可以记录{赔}。

晚唐五代，敦煌变文中有很多{赔}的用例，用字作"倍"或"陪"。如：

（6）万计事须相就取，倍些房卧莫争论。（《敦煌变文校注·金刚丑女因缘》）

《金刚丑女因缘》中的"倍"字有版本异文，张涌泉注〔一一二〕："甲卷如此，乙、丁、戊卷皆作陪。赔补字古无专字，陪、備、倍等字皆可用。"他认为"陪""備"记录的是同一个词，这种看法解释唐代以前的材料时碰到了困难（详后）。比如唐代以前有很多"陪備"连文的情况（如《国清百录》例中"急令陪備，仍卖衣资买盐偿众"）就很难得到解释。

元代"陪""倍"持续使用。以《元典章》为例，其中"陪"有100余例，"倍"有20余例，"備"1例。元徐元瑞《吏学指南》卷7"钱粮造作"："倍偿，谓填还所欠也。"（307页上）可与《元典章》相互印证。近人陈垣指出：

> "赔字后起。元时赔偿之赔，均假作陪，或作倍。沈刻以为误，辄改为赔。"（《校勘学释例》卷3"用后起字易元代字例"，67页）

明代的习用字依旧是"陪"。朱元璋所颁《大诰》系列（明洪武刻本，"陪"15例）以及《大明令》（明万历刻《皇明制书》本，"陪"3例）等用字均为"陪"。《大诰》《大明令》作为法律文书，既要严肃规范也要让百姓们看懂，其中用"陪"说明当时它既是社会上的习用字又是人们心目中的规范字。这种情况一直延续到15世纪后期。朝鲜汉语教科书《训世评话》中"陪"出现2处，见于同一则故事的文白部分。如下：

（7）吾父居官，因纲运欠折，鬻妾以为陪偿之计。（57文）

按，本则故事白文翻译为"要卖我陪偿官钱"。

以"赔"记录｛赔｝是后起的语言现象。陈垣指出"赔字后起"，李荣（1987）则更准确地指出："赔字是从陪字分化出来的。《水浒传》中多用陪字，少用赔字，《金瓶梅词话》赔字多起来了。"其后，谭耀炬（2002）又更进一步，指出"赔"字产生于明宣宗宣德至明世宗嘉靖年间（1426年至1566年）。曾良（2009）则引用北宋苏轼《经进东坡文集事略》中的用例，但其引例并不可靠①。

前文指出，晚至明代中期"陪"仍然习用。"赔"又何以能替代

---

① 今核四部丛刊本《经进东坡文集事略》，此"赔"字原书作"赠"，系引《新唐书·苏颋传》文字为苏轼文章作注。

"陪"的呢？由于文本在辗转刊刻过程中会将用字当代化[①]，宋元文献的明清刻本作为"后时资料"其中出现的"赔"都不能作为证据证明它在宋元已有用例。"同时资料"在说明用字方面的可靠性是最佳的。初步调查表明，最早出现的"赔"的用例见于1516年。如下：

（8）有田必出租，赔偿之患息矣。（《（正德）建昌府志》卷六引"侍郎揭稽记"，明正德刻本）按，据该书卷首序称"正德丙子年葳事"，即1516年修成。

15世纪"赔"出现后，"陪""赔"功能相同，彼此互相竞争。以《皇明诏令》《皇明诏制》二书的用字情况为例[②]。二书中均出现了"陪""赔"记录｛赔｝的情况，统计如表9。

表9 《皇明诏令》《皇明诏制》中｛赔｝的用字情况

文献	时段	对应卷数	陪	赔
皇明诏令	洪武至正德（1368—1521）	1—18	3	80
	嘉靖前期（1522—1545）	19—21	5	23
皇明诏制	洪武至正德（1368—1521）	1—6	56	22
	嘉靖（1522—1566）	7、8	7	20
	隆庆至崇祯前期（1567—1630）	9、10		29

从表9可见，明嘉靖时期二书用字相近，"赔"多而"陪"少。明嘉靖以前，《皇明诏令》多用"赔"而《皇明诏制》多用"陪"。明隆庆以后则基本上用"赔"。诏令作为一种十分正式的文献，其用字应当符合当时的规范。明中期以前整个社会的习用字是"陪"，因此洪武至正德这一段时间是不太可能出现数量如此众多的用字"赔"的。

---

① 比如陈垣指出沈刻本《元典章》多改"陪"为"赔"。
② 《皇明诏令》系明嘉靖十八年（1539）刻二十七年（1548）增修本，收入了龙凤、洪武至嘉靖前期历任皇帝颁布的诏令；《皇明诏制》系明崇祯七年（1634）刻本，收入了洪武至崇祯前期的诏令。二书性质相同，时代确切，洪武至嘉靖间的诏令在内容上有很多重复。

这些"赔"的用例往往都有异文，如：

（9）其有洪武三十五年七月初一日以前拖欠一应钱粮盐课段匹芦材木植等项及军民所养马匹牛羊等项倒死并欠孳生者，并免追赔。（《皇明诏令》卷4洪武三十五年《即位诏》）按，《皇明诏制》卷2载此诏书时作"追陪"。

（10）或卖产以供税，产去而税存；或赔办以当役，役重而民困。（《皇明名臣经济录》卷1《大庾西上封事》，明嘉靖刻本，12页上）按，明嘉靖刻本《皇明经济文录》卷1载此文，用字作"赔"；又明郑晓《吾学编》卷29引此文，作"裨办"（明隆庆刻本，443页下）。①

洪武三十五年（1402年）的《即位诏》出现了"陪""赔"两种用字，这是有违公文中的用字习惯的。其中的"赔"应是后人所改，原文应作"陪"。基于｛赔｝在明代的用字情况，我们认为总体上《皇明诏制》用"陪"反映的是诏书原貌，《皇明诏令》作"赔"则是刊刻时的改动，且在刊刻诏书时易字为"赔"意味着人们已经接受这样"俗"的用字了。杨慎《升庵集》卷62"古书俗书"："官府文移通用今字，吏胥下流市井米盐帐簿则用省讹俗字。"《皇明诏令》中的用字说明明嘉靖前期的社会生活中"赔"字地位有了很大提高，已不再仅仅作为俗字流行于市井，还可以进入非常正式的诏令中。刊刻诏令尚且如此，这一时期的其他文献中出现很多"赔"也就不足为怪。这一现象说明，由于用字习惯的变化即便是文献写定后不久就刊刻也很难保证写成时的语言文字面貌。

明代通俗文献中｛赔｝的用字多有不同。小说（如《三国演义》

---

① 明代文献中，"陪办""赔办"常见。"赔办"被理解为补办，再用"补"的近义词"裨"替换之。这已经改变了表达方式，"裨"不能看作是｛赔｝的用字。

《词林摘艳》《雍熙乐府》《清平山堂话本》等）中多用"陪",几乎看不到"赔"的用例。明末,"赔"的用例数量迅速增加,使用范围扩大。由于{赔}用法的多样性,"赔"取代"陪"是一个渐进的过程。明代通俗文献中{赔}的用例情况如表10。

表10 明代通俗文献中{赔}的用字数量对比

	水浒传	西游记	元曲选①	初拍	二拍	型世言
偿还财物	陪5	陪3	陪8,赔3	陪2,赔6	赔12	陪1,赔23,倍1
赔礼,赔不是		陪16,倍1	陪2,赔1	陪3	陪3,赔1	陪8,赔4
陪笑脸	陪8	陪23,赔2	陪14	陪2,赔1	陪4	
陪送嫁妆	陪1,赔1	陪4	陪7,赔6	陪2	陪2	赔15
花费;损失	陪1		陪4,赔6	陪5,赔3	陪3	陪1,赔8

据表10,明代总体上"赔"字不断增加、"陪"字不断衰落。《水浒传》《西游记》二书刊刻时代虽处于晚明,由于成书时代较早也就保留着较多用字"陪"的用例。"二拍"及《型世言》则是成书于明末的文献,用字"赔"已经有了很大的势力。"赔"首先在偿还钱物这一义项上替代"陪",然后在陪嫁妆这一义项上发生替换,最后是在花费、损失这一义项上替换。

表10中另外一个值得注意的是表示陪送嫁妆时用字的变化。{陪嫁}一词原指伴随女方进入男方家中的嫁妆。如《朝野新声太平乐府》卷4周德清"朝天子":"鬓鸦脸霞,屈杀将陪嫁。规模全是大人家,不在红娘下。"(38页下)清翟灏《通俗编》卷22"陪嫁":"俗云陪嫁,本陪门之陪也。"(499页上)这类语境中的"陪"可以理解为赠送。②

---

① 骂女子为"陪钱货",凡5例,未计入。
② "陪嫁"亦可称"赠嫁",可证(《汉语大词典》"赔嫁"条已释之)。又《山歌》卷4"姓":"郎姓齐,姐姓齐,赠嫁个丫头也姓齐。"(478页上)

女子出嫁需要带一定数量的财物这是明代的社会风气，通行甚广。明吕坤指出：

> 男婚女嫁，本为长子生孙，岂以贪财求富？女子出门，须要费用。女家争财虽非礼义，然《大明会典》尚有多不过十两之说。索求赔送，何处明文？近日恶婆贪壻行礼下财，一切都从鄙客。过门之后，从来定礼节礼衣物既向新妇找寻；嫁装不厚不多，又将新妇作践。……不思人家养女一场，千辛万苦，替我家生子做活，又着人家赔钱受气，此是良心灭绝之人，廉耻尽丧之物！（《实政录》卷3"恶风当戒者"，明万历刻本，303页下）

这种背景下，女子出嫁在客观上会损害女方父母的利益。因此，当时有不少贬低女儿的言语。如：

（11）至如将小妮子抬举的成人大，也则是害爹娘不争气的陪钱货，不摔杀要怎么也波哥？（《元曲选·邯郸道省悟黄粱梦》第一折，380页下）

（12）送与人作女儿，谁肯赔饭养他？后来又赔嫁送？（《型世言》卷6，二页左）

入清以后，{赔}的习用字变成了"赔"。清初刊本《醒世姻缘传》中"陪""赔"并用。《红楼梦》中表示偿还、损失义时用"赔"，表示陪送嫁妆时则不用"赔"而用"陪"。这一习惯一直保留到今天。

"俻"用于记录{赔}始见于南北朝。最早关注这一问题的是明代学者杨慎（1488—1559）。《升庵集》卷62"俻音赔"："高欢立法：盗私家十俻五，盗官物十俻三。后周《诏》：'侵盗仓廪虽经赦免，征俻如法。'俻，偿补也，音裴。今作赔，音义同而赔字俗，从俻为古。"（明刻本，基2541）在杨慎看来，"赔""俻"音义相同，记录了同一个词①。杨说被多次转引，影响很大②，他对"偹""赔"关系的认定是否符合事实呢？

"偹"指赔偿的用例首见于《后汉书》(《汉语大词典》已引)。《后汉书·班超传》录班勇奏议："会间者羌乱，西域复绝，北虏遂遣责诸国偹其逋租，高其价直，严以期会。""偹其逋租"指的是把以前欠下的租子都要偿还上。此例说明东汉时期"偹"已经可以表示赔偿了。此后，除《魏书》用例及后周诏书外，中古的译经也有一些用例。如：

（13）师后典寺，大用僧物，通婬戏乐过度。众僧议逐。有真人曰："且莫摈弃。虽用僧物，能多化度。"便止不逐。亲亲诣曰："卿前弟子可往从乞，偹众人物。"即到彼国，大得众宝，还倍偿僧。(后汉支娄迦谶译《杂譬喻经》，丽藏本，330 页下)

（14）若作房阙无窗牖借用众僧材木足者，此应偹还，余材具亦如是。(萧齐僧伽跋陀罗译《善见律毗婆沙》卷 10，丽藏本，388 页下)

（15）我以从他贷五百钱，用为供具。汝今从他借衣而著，忽复失去。我家贫短，以何偹偿？当作何计？(隋阇那崛多译《佛本行集经》卷 40，丽藏本，271 页上)

《杂譬喻经》中，先说"偹众人物"又说"还倍偿僧"，"倍偿"近义连文。已知"陪""倍"记录了｛赔｝，"偹"是否也是记录｛赔｝呢？文本中也有跟"倍偿"平行的形式"偹偿"。除《佛本行集经》"偹偿"用例外，其他例子如：

---

① 这段话还指出"赔"字通行的时间，即在杨慎生活的时代（十六世纪前期）它已经在社会生活中得到了广泛使用，这与前文调查结果一致。

② 杨慎所引"高欢立法"这条材料受到了学者质疑。清孙志祖《读书脞录》卷 7 "赔字"："北魏昭成帝立法令：'盗官物一偹五，私物一偹十。'事见《魏书·刑罚志》及《通鉴》一百二十二卷。不闻北齐高欢时有此法。且盗私物十仅偹五，官物则偹三，不应立法宽纵至此。是赏盗也。疑升庵误。"（清嘉庆刻本，296 页上）

（16）備谓亡失官私器物各備偿。(《唐律疏议》卷30"诸应输備"，基1423）

（17）不准首，谓如奸盗伤人越关之类及于物不可備偿并先已事发者。(元徐元瑞《吏学指南》卷四"首过"）

从这些现象看，"備""俻"似乎与"陪""倍"一样均记录了{赔}。如果考虑到其他方面，就会发现情况并非如此。语音方面（据《广韵》），"備"属并母去声至韵；"陪""倍"均属并母平声灰韵。声母相同，韵母、声调有所差别。唐代文献中出现了"陪備"连文的情况。这一语言现象分布比较集中，多见于律法、奏议等文献，往往涉及相对正式的场合，唐宋元时期比较接近口语的材料则很难见到。如：

（18）若其非官本物，更以新物替之，虽复私自陪備，贸易之罪仍在。(《唐律疏议》卷5，基350）

（19）误放牛马之类践食田苗，或盖屋筑墙偶侵疆界，地主未得经官陈述，先且以理咨问犯人，犯人便须谢过陪備退还。若是不伏，便仰告官，罪必有归。(宋李元弼《作邑自箴》卷六"劝谕民庶牓"，影抄宋淳熙刻本，153页上）

（20）備，陪偿也。今人多云陪備。(《资治通鉴》卷122《宋纪四》"盗官物一備五"胡三省注）

（21）有一石还至数倍不能已者，致使贫民准折田宅，典雇儿女，俻偿不足。良为可惜，理宜禁断。(《元典章·户部》卷13"私债·放粟依乡原例"，301页下）

（22）不准首，谓如奸盗伤人越关之类及于物不可俻偿并先已事发者。(元徐元瑞《吏学指南》4"首过"，元刻本，298页上）

据《通鉴》胡注，"陪備"是当时的人经常用到的（口语）词。这说明宋元之际人们的语感中不把"陪"与"備"看作同一个词。口语词的传承是口耳相传，无须借助文字。因此，我们认为在历史上

"陪"与"偝"也是不同的词，不宜看作是同一词的不同用字[①]，即便它们都能表示偿还。

当{赔}的用字由"陪""偝"变为"赔"后，文献中又出现了"赔偝"连文的现象。这种现象出现较晚，明代始有用例。如：

（23）其法以十户为率，一户逃亡，九户赔偝。逃者愈众，赔者愈苦。（明叶盛《水东日记》卷38，清康熙刻本，基945）

总之，在如何看待"偝""赔"的关系时，杨慎的看法是有问题的。他没有注意到二者读音的差异，也没有注意到"陪偝"连文的情况。受其影响，后代多位学者认同杨氏之说。明杨时伟补笺《洪武正韵》[②]时用其说，在平声七灰"古音"下注"赔""偝"时云："偝音陪，义同而偝字古。"[③]这就给"偝"字增加了一个平声的古音。明张自烈《正字通》于人部"偝"字下既采杨慎语又引杨时伟语，云："《正韵笺》补收赔、偝二字，偝平声。旧注未详，存以俟考。俗用赔。"[④] 清代很多学者都讨论过"赔"的话题，大部分人看法跟杨慎接近。如钱大昕《恒言录》卷2："古人多用偝字，或作陪。"[⑤] 薛允升《唐明律合

[①] 对于连文现象也会做另外的分析，它们不是口语的真实反映。"陪偝"的出现是因为当时人们不清楚二者之间的关系，将承古使用的"偝"跟当时新出现的"陪"结合在一起，是一种非自然的现象。类似的现象如近义词"处""所"连文。《三国志·魏志·华佗传》："漆叶处所而有。""处所而有"即到处都有，口语化的表达应是"处处而有"。这两个现象的性质是不同的，"陪偝"之"陪"是口语词，"处所"则是仿造"处处"造出来的。如果把"陪""偝"看作同一词的不同用字，则当时出现了动词重叠现象且重叠后意义无别，这是不符合实际情况的。

[②] 《四库全书总目》评价《正韵笺》时云："所收逸字不能究《广韵》《集韵》之源，仅据杨慎等之书，尤为疏略。所补笺亦皆转辗稗贩。"评价不高。

[③] 《字汇》贝部"赔"字注暗引杨慎语，无发明。

[④] 承张涌泉先生告知，所谓"旧注未详"是指《字汇》原书未详。谨致谢忱。

[⑤] 这一话题是语言、历史、法律界的研究热点。据不完全统计，有十多位学者谈及。如陆世仪《复社纪略》卷1、吴玉搢《别雅》卷1、张九钺《紫岘山人全集》外集卷四"偝字"、翟灏《通俗编》卷23"赔"、陆继辂《合肥学舍札记》卷12"偝"、俞樾《茶香室续抄》卷15"赔当作偝"、蒋超伯《南漘楛语》卷7"古无赔字"、李慈铭《越缦堂读史札记》"《宋书》札记"、杨钟羲《雪桥诗话三集》卷2等。看法大同小异，无甚发明。

编》卷4"给没赃物":"《唐律》犹作偹,今则俱作赔矣。"沈家本《历代刑法考·刑制总考三·北魏》"偹":"《疏议》有偹偿之语,即今之赔偿也。"如果他们注意到了读音和连文现象,就不会这样不假论证径下结论了。

【附】"负""偹"关系的考察

用"偹"表示赔偿义其最早用例见于东汉,在此之前人们会用"负"表示赔偿。清孙诒让指出:

> 宋之富贾有监止子者,与人争买百金之璞玉。因佯失而毁之,负其百金。【案,负其百金者,谓偿其值百金。负犹后世言陪也。……负、陪声近字通。陪,今俗作赔。】(清孙诒让《札迻》卷7《韩非子》"负其百金"考释)

孙诒让认为先秦时期用"负"表示赔偿,这是符合语言事实的。"负""偹"除语义上对应外,语音方面也能对应。"负"属并母之部上声,"偹"属并母职部入声[①]。之、职二部的区别表现在韵尾的有无。

"负"在传世文献中用例较少,它在出土的秦汉文献中集中出现,主要见于秦汉律令。如在《睡虎地秦墓竹简》所收《秦律十八种》《效律》《法律答问》等书中,"负"有9例;《张家山汉墓竹简》(二四七号墓)所收西汉初年的《二年律令》部分,"负"也有10余例。约举数例如下:

(24)城旦舂毁折瓦器、铁器、木器,为大车折輂(輓),輙治(笞)之。直(值)一钱,治(笞)十;直(值)廿钱以上,

---

① 归类标准依据唐作藩《上古音手册》。

孰（熟）治（笞）之，出其器。弗辄治（笞），吏主者负其半。（《秦律十八种·司空》，53—54页）

（25）今舍公官（馆），旞火燔其叚（假）乘车马，当负不当？当出之。（《法律答问》，130页）

（26）船人渡人而流杀人，耐之；船啬夫、吏主者赎耐。其杀牛马及伤人，船人赎耐；船啬夫、吏赎罨（迁）。其败亡粟米它物，出其半，以半负船人。舳舻负二，徒负一；其可纽縠（系）而亡之，尽负之，舳舻亦负二，徒负一；罚船啬夫、吏金各四两。流杀伤人，杀马牛，有（又）亡粟米它物者，不负。（《二年律令·贼律》，8—9页）

（27）□□□两，购、没入、负偿，各以其直（值）数负之。（《二年律令·具律》，22页）

（28）县道官敢擅坏更官府寺舍者，罚金四两，以其费负之。（《二年律令·徭律》，64页）

作为官方文书，律法文本中的用词用字都反映了当时规范的形式，也会在相对较长的一段时间内保持稳定。《韩非子》用"负"，秦汉律文也用"负"，可知前者是战国晚期口语的用字实录。孙氏说"负犹后世言陪"，就释义而言是说得通的。然而"负"的下限跟"陪"的上限相差六七个世纪，这一时期内既没有"负"也没有"陪"，可知二者并不是直接的对应关系。中间环节就是"俻"。自秦汉律经《魏书·刑罚志》到唐律，同一类文献中发生了由"负"到"俻"用词的替换。可以说，源于先秦的"负"辗转变化到唐代分为两个系列：一是"俻"系，后来渐渐消失；一是"陪""倍"系，即后来的"赔"。唐人不太清楚彼此的关系，就把它们当作两个词（也就出现了"陪俻"连文）。

7. 碰

硼 / 掤 / 硳 / 碰 / 挷 / 蹦[①]

{碰}是现代汉语口语中常用的词。据《现代汉语词典》,{碰}有三个义项:①物体相撞;②遇见;③试探。与之对应的旧词是{撞}。{碰}的用字也比较丰富,有"硼""掤""碰""挷"等。

{碰}是一个比较晚起的口语词,其可靠的用例最早见于明代后期。目前发现2处用例,用字作"硼"。如:

(1)[玉箫]因问:"俺爹到他屋里怎样个动静?"金莲接过来道:"进他屋里去!尖头丑妇硼到毛司墙上——齐头故事。"(《金瓶梅词话》第20回,三页右)

此例中,潘氏所引的丑妇碰到墙上指的是人与物体相撞。这是当时的歇后语,反映的是下层社会的语言状况。歇后语是日常口语中的常用形式,{碰}在其中出现说明它应该很有渊源。{碰}虽出现较晚,但据此例语境可以推测它已经在大众的口语中出现很长时间,只是一直没有得到见诸笔下的机会。

最早记载{碰}的字书是明刻本《篇海类编》。该书卷8手部"挷"字注:"并,浊。蒲迸切。音彭去声。搒挷,撞也。"[②](47页下)又手部"搒"字注:"……又挷撞也。"(49页下)以"撞"释"搒挷"、以"挷撞"释"搒"均与{碰}的今义密合。"挷"跟"搒""撞"均从手,说明人们认为三者之间存在相近之处因而均以"手"提示意义。

---

① "蹦"字被《汉语大字典》收录,其中义项(二)注:"音pèng,同'碰'"。(3719页)只是未举例证。我们目前在实际文本中尚未发现以"蹦"记录{碰}的例子。因此关于"蹦"的情况还需进一步调查,此处存疑。

② 清翟灏《通俗编》卷38"新造字"引《字汇》:"搒撞曰挷。彭去声。"(664页上)

《篇海类编》题宋濂撰，屠隆订正①。屠隆（1541—1605），浙江鄞县（今属宁波）人。据此可知｛碰｝至晚在16世纪晚期（明万历年间）已经在实际生活中广泛使用，只有使用较多才会引起辞书编者的关注，也就会用它来解释其他词语。②由于传世的明代文献中｛碰｝的用例有限，其分布情况还不很清楚。

清代，｛碰｝的用字比较多，主要有"掤""硥""碰""挷"，另有"掤""唪"偶尔出现。｛碰｝的对象的范围有了扩展，表现为相撞的物体有了变化，从肢体接触到眼神或心理接触。由于｛碰｝的行为往往是没有意料到的或者是主体不希望发生的，因此它就浮现出超出预期（意外）的意思。

表11　清代文献中｛碰｝的用字情况

	醒世姻缘传	桃花扇传奇	清文启蒙（卷2）	霓裳续谱	红楼梦（前80回）	再生缘全传	镜花缘	绿野仙踪	儿女英雄传	老残游记	刑案汇览
掤		6	3	8	3	7					
挷							26	33			171
碰					51	4			44	19	
硥	25										

表11中，"挷"的用例数量最多，"碰"次之，"掤"又次之，"硥"最少。以清乾隆时期为界，此前的习用字是"掤"，此后则"挷""碰"并用。"掤"在实际文本中的用例并不太多，除小说外还见于清人编写的教科书。如清初钞本《满蒙汉三体字书》："塌陷，物件

---

① 《四库全书总目》评《篇海类编》时云："其书取韩道昭《五音篇海》，以部首之字分类等次，舛漏万状。……殆于醉梦颠倒，病狂谵语。屠隆虽不甚读书，亦不至于此，殆谬妄坊贾所托名也。"（576页）可见此书虽非屠隆所作，但编写时代一定在屠隆之后。

② 明代另有其他字书也有｛碰｝的记录，内容并未超出《篇海类编》的范围。如明万历刻本《字汇》手部"挷"字注："蒲孟切。彭去声。挷挷，撞也。"（580页上）明崇祯刻本《广社》（明张云龙撰）入声渴韵"搒"字注："扑打，击取，挷撞。"（基485）

礴出凹子。"（91页上）又《清文启蒙》卷4："逢遇语解似……对面当的礴见。"（325页下）跟《清文启蒙》时代相近的《红楼梦》一书中则基本用"碰"，偶尔见到"礴"的用例（只见于前80回）"揰"在小说《镜花缘》《绿野仙踪》以及《刑案汇览》中涉及犯人供词的部分出现。它的用例数量虽多，但分布并不广泛。

到了清代晚期，《儿女英雄传》《老残游记》则变为以用"碰"为主，《侠义传》《官场现形记》《海上花列传》等晚清小说也是如此。小说中呈现的趋势是时代越晚，"碰"越多而"揰"越少。如果着眼于主导用字，那么｛碰｝自出现后到清代中期经历了自"礴"向"碰"的变化。清代用例约举若干如下：

（2）好像踢到一块生铁上，把五个脚指头几乎碰断。（《儒林外史》第52回，434页上）

（3）倘若这个书上若记的不明白，别的书上礴见了，可就不能的确知道。（《清文启蒙》卷2"兼汉满洲套语"，257页上）

（4）话说宝玉正自发怔，不想黛玉将手帕子甩了来，正礴在眼睛上，倒唬了一跳。（《红楼梦》第29回，52页上）

（5）平儿在窗外站着，悄悄笑道："我说你不听，倒底碰在网里了。"（《红楼梦》第47回，171页下）

（6）我对爹爹说，母亲投河去了；你对母亲说，爹爹悬樑去了。两下一嘣，岂不合了庅！（车王府曲本《忠孝全》，9册188页下）

（7）代我礴死了巴，不活着咧。（绥中吴氏戏曲丛刊《五虎传》，485页）

（8）众多的土包都唬迷了攒儿，磕头礴地忙调坎儿。（车王府曲本《古来的好汉》，57册218页上）

在｛碰｝的这些扩展了的用法中，｛碰头｝值得注意。它的意思是人趴在地上磕头，用字有用字作"礴头""磕头""揰头""碰头"等等。如：

（9）旨召见寄园去巢，诣月台上斜向碰头。上问："尔等有几子？"（清周寿昌《思益堂日札》卷4，清光绪刻本，405页下）

（10）老诘扯着晁大舍，碰了一顿头。（《醒世姻缘传》第9回，231页）

（11）今制：于上前免冠、头触地有声请罪曰"揰头"。（清段玉裁《自跋释拜后》，载《经韵楼集》卷6，清嘉庆刻本，42页上）

（12）急的贾蓉跪在地下碰头，只求婶娘息怒。（《红楼梦》第68回，325页下）

有时与之搭配的对象并非真实存在，而是借用他物代表以达到生动形象的目的。如｛碰钉子｝即指干求不成而遭呵斥这一行为①。如：

（13）俗以干求不遂及遭呵斥者谓之"碰钉子"。【案，王实甫《西厢记》"寺警"一折有云："我撞钉子将贼兵探。"知元时已有此语。】（清周寿昌《思益堂日札》卷9"碰钉子"，453页下）

"硼"记录｛碰｝中见于清蒲松龄《聊斋俚曲集》，共计7例。如《琴瑟乐》："嫂子说话硼心坎，句句何曾差一点？"②（354页）《聊斋俚曲集》中也用"碰"字，如《琴瑟乐》："头碰头儿亲又亲，声声埋怨俺把他闪。"（354页）"硼"只能算是根据形声字的造字规律产生的新字，实际上并没有通行开来。

清代中期以前，｛碰｝跟"撞""遇"相比还比较俗。因而它会作为方言中有特色的词语被地方志收入。如清嘉庆《直隶太仓州志》卷11"方言"："相触曰碰。"（基1131）太仓位于苏南（吴语区）此时｛碰｝在北方话中已经广泛使用。这说明｛碰｝已经从北方扩散到了南

---

① "碰钉子"这种说法也是在"碰"替代"撞"后出现的。清梁学昌《庭立记闻》卷4"吾杭俚谚"："揰钉子，装弶儿。"（清嘉庆刻本，基219）又："鸡子揰石头，钉头对铁头。"（基220）

② 《汉语大字典》引聊斋俚曲《增补幸云曲》"硼"字用例。

方的一些地区，词扩散到南方后用字"碰"也跟着向南扩散。

如果以实际文本中的真实用例为立论依据，则{碰}始见于明代。如果从语源学角度进行考察，前人认为它应该有更长的历史。清人段玉裁和章太炎在溯源时看法不尽相同。

《说文·髟部》："鬔，鬈也。"段注：今俗谓卒然相遇曰"搒"。如滂去声。字当作"鬔"也。(《说文解字注》429页上)

《说文》："夆，牾也。""逢，遇也。"今人谓相牾曰"夆"，相遇曰"逢"，皆音普用切。古无轻唇，从重唇也。不意得之亦曰"逢"，音转字变作"鬔"。《说文》："鬔，忽见也。"蒲浪切。俗作碰。(《新方言》卷2，基157)

段注认为当时人们笔下的"搒"应当是以"鬔"为正字。章太炎则更进一步，认为最初的用字是"逢"，音转为"鬔"，再变为"碰"。二人均径下结论，没有指出得出这种看法的理由。用音转的方式将读音接近、意义又差不多的词联系起来，这样做缺乏足够的证据。汉语中的同音字和音近字太多，由于某种偶然的因素导致的义近现象并不少见。假如段、章的看法真的正确，这意味着{碰}在历史上一直在使用，也就应该有机会在实际文本中得到表现的机会。而实际文本中呈现出来的并非如此。{碰}只在明清时期有较多用例。如果将{碰}、{撞}联系起来考察，就会发现{碰}源于"逢"说靠不住。既然存在{撞}表达与{碰}相当的行为且用法几乎无别，那又何必在广泛使用{撞}的时代增加{碰}呢？

8. 仁

人/仁

现代汉语中，{仁}是日常生活中一个口语词。它的指称对象有三类：一是果实内部坚硬的部分（如果仁、杏仁、花生仁等）；二是瞳孔内的部分（如瞳仁，又称眼仁）；三是外表坚硬的物体的内部，如虾仁①。{仁}的用字先后有"人""仁"。

{仁}的早期用字是"人"，见于《尔雅》郭注。郭璞注释《尔雅》时出现了"子中有核人"一句，后清代学者对这里的"核人"又做了进一步的阐释。

> 核中有仁，后世所谓桃仁之类是也。"人"、"仁"音义同，古通用。（清邵晋涵《尔雅正义》卷15，清乾隆刻本，263页上）

> 核者，人也。古曰"核"，今曰"人"。（清郝懿行《尔雅义疏》卷下之二"桃李丑核"注，清同治刻本，635页下）按，以"人"是核中物，以之对应"核"并不准确。

> 桃李丑核注："子中有核人"。士端按："人"即"仁"字，古通用。吾同年友任氏《秦篝质疑》一书云："曾见宋版《本草》'桃仁''杏仁'皆作'人'，因误八分书'人'旁加'二'。《礼器碑》'士人'正作'士仁'。"古"仁""人"通用。（清朱士端《强识编续》"核人"，清同治刻本，510页下）

> 果人之字，自宋元以前《本艹》、方书、诗歌、纪载无不作"人"字。自明成化重刊《本艹》乃尽改为"仁"字，于理不通。学者所当知也。○仁者，人之德也。不可谓"人"曰"仁"，其可谓"果人"曰"果仁"哉！金泰和间所刊《本艹》皆作"人"，藏袁廷梼所。（《说文解字注·人部》"人"字注，365页上）

> 阮云："人或作仁。"按，古书核中人无作"仁"者。明人始全改《本草》作"仁"，非也。（清龙启瑞《尔雅经注集证》卷下"子中有核人"，清咸丰刻本，500页上）

---

① 也有方言称头为"脑瓜仁"的（参《汉语大词典》"脑瓜仁"条）。

邵晋涵、朱士端、阮元等认为"人""仁"在古代通用。"通用"二字容易引起误解，可以通用的"仁"指的是仁义之"仁"，而非指果中实之"人"，不能混为一谈。段玉裁、龙启瑞指出明人尽改"人"为"仁"，认为刊刻时的改动反映了{仁}用字的变化，这是很有见地的；不过他们在时代判定方面明显偏晚。受图书资料条件的限制，这些学者不会像今天那样可以看到很多早期刻本，因此在断代方面有偏差也不奇怪。

{仁}这个词的产生时代比较早。传世的东汉医学文献中已经见到用例（基本上见于药方，如元刻本《伤寒论注释》（金成无已注）、明嘉靖刻本《金匮要略方论》等），用字作"仁"。① 这些材料刊刻时间比写定时间晚很多，属"后时资料"。后人羼入或修改的成分已很难分辨，它们不能用来证明东汉时期用字"仁"可以记录{仁}。此处暂列一例。

（1）酸枣仁【一升】，甘草【一两】，知母【二两】，茯苓【二两】，芎穷【二两】。右五味，以水八升煮酸枣仁得六升，内诸药煮取三升，分温三服。（《金匮要略方论》② 卷上 "酸枣汤方"，四部丛刊影明嘉靖本，19页上下）

东晋以后，{仁}作为口语词已是得到广泛使用。除上引《尔雅》郭注外，晋王叔和《脉经》中也有个别用例，传世本葛洪《肘后备急方》一书也大量使用了{仁}（主要指药方的配料）。以明正统道藏本《肘后备急方》为例，其中{仁}的用字既有"人"也有"仁"，出现了"人/仁"对应的现象，如"杏人/杏仁""桃人/桃仁""麻人/

---

① {仁}还见于明古今医统正脉全书本《中藏经》、清康熙刻本《金匮玉函经》等。这两种语料全用"仁"字，跟明代用字习惯一致。它们的性质也比较复杂，不能推定为东汉语料。列出供参考。

② 据卷首孙奇序，该书在编辑时"又采散在诸家之方附于逐篇之末，以广其法"。

麻仁""麻子人/麻子仁""柏子人/柏子仁""栀子人/栀子仁"等。"人""仁"并用的现象说明书中既保留着较早的用字"人",也有后人改动了的用字"仁"①。各书用例约举若干如下:

（2）又方：车下李核中人十枚，研令熟；粳米三合研，以水四升煮作粥。(《肘后备急方》卷3"治卒身面肿满方第二十四"，46页中)

（3）又方：白苨子中仁五分，白杨皮二分，桃花四分，捣末。(《肘后备急方》卷6"治面皰……方第五十二"，87页上)

（4）黄连三分，蕤仁二分，干姜四分，以乳汁一升渍一宿，微火煎。(《肘后备急方》卷6"治目赤痛暗昧刺诸病方第四十三"，79页下)

（5）妇人藏肿如瓜，阴中疼引腰痛者，杏人汤主之。(晋王叔和《脉经》卷9，四部丛刊景元天历本，基329)

南北朝时期，{仁}继续在口语中使用。如北魏贾思勰《齐民要术》一书多用口语，也多处出现{仁}。跟此前用字情况有异，《齐民要术》中{仁}的用字都是"人"②，引他人文字时也是如此。如：

（6）《杂五行书》曰：舍南种枣九株，辟县官，宜蚕桑。服枣核中人二七枚，辟疾病。能常服枣核中人及其刺，百邪不复干矣③。(《齐民要术》卷4"种枣第三十三")

《齐民要术》中表现的用字的一致性应该是真实情况的反映，既在北魏以及更早的时候药方和农书中都是用"人"记录{仁}这一口语词的。《肘后备急方》中的用字"仁"应是后人据其自己的用字习

---

① 由于《肘后备急方》正文与梁陶弘景所补部分无法分别，也就很难进一步断定"仁"的时代。
② 《汉语大字典》"人"条注引石声汉校释："种仁的'仁'，本书都用'人'。"
③ 此例汪维辉（2007）"人"条已引。

惯所改。就唐代以前的语料来说，其中出现的"人""仁"并用现象应该不是其写作时的面貌，用字习惯的证据可以充分证明这一点（详下文）。

依据"后时资料"一般来说只能推测用字情况，而不能据此做出断言。相对来说，出现{仁}的"同时资料"其时代就相当晚了。唐代一些写本医药书中使用了{仁}，如唐《本草经集注》《唐新修本草残卷》等。《本草经集注》[①]，唐苏敬修撰，现存唐开元六年（718）写本。《唐新修本草残卷》则时代略晚。二书记录了各类物品的药性，{仁}大量使用且用字均作"人"。如：

（7）凡丸散用巴豆、杏人、桃人、亭历、胡麻诸有膏脂药。（《本草经集注》，559页）

（8）狗毒，一名杏子。五月采。其两人者煞（杀）人，可以毒狗。（《唐新修本草残卷》卷17，三七一页左）

此外，唐代佛教文献（如译经、音义）中也是用"人"记录{仁}，这与医药书中用字一致。如：

（9）恶叉，树名，其子形如无食子，彼国多聚以卖之，如此间杏人，故以喻也。（玄应《一切经音义》卷22"恶叉聚"，丽藏本，300页中）

（10）胡麻人一升，白蜜一升……梨五百颗，胡桃人五百颗，沙糖二十五两。（唐阿地瞿多译《佛说陀罗尼集经》卷12，丽藏本，579页中）

（11）或用杏人煎作稠汤。（《法苑珠林》卷42"食讫部第七"，丽藏本，68页中）按，丽藏本《诸经要集》卷5引作"杏仁"

---

① 该书影印本见《中国本草全书》，华夏出版社，2002年。下文所引南宋以前的材料均取自此丛书。《本草经集注》卷末跋："开元六年……尉迟卢麟写。"

（69页中）。由"人"改作"仁"比较容易理解，是用字的当代化。若认为本作"仁"而后改作"人"，则很难解释改字的动机。

医药书和佛教文献的用字表明，唐代记录{仁}的习用字是"人"，这一用字习惯持续到北宋后期。如北宋唐慎微曾奉诏修撰《经史证类备急本草》①一书，该书凡记录{仁}时基本上用"人"，大抵数十百计；只有一例用"仁"，这是目前看到的最早用例。如：

（12）凡诸药子人皆去皮尖及双人者，仍切之。（《经史证类备急本草》卷1，一一九页左）

（13）又有山桃，其人不堪用。（《经史证类备急本草》卷23，八五页左）

（14）甜瓜子内仁捣作末，去油，饮调服之，立绝。（《经史证类备急本草》卷1《雷公炮炙论序》注，一二四页右）

《经史证类备急本草》中大量出现的以"人"记录{仁}的现象说明"人"是当时社会认可的用字。有以"仁"记录{仁}的情况意味着新的用字露出了苗头。

唐宋时期"人"虽是记录{仁}的习用字，但这一时期的字书中很少有相关记载②。南宋毛居正编《增修互注礼部韵略》首次记载了"仁"记录{仁}的现象，卷一平声真韵"仁"字注："《中庸》：'仁者，人也。'《孟子》：'仁，人心也。'又果中实。"（元刻本，基102）该书编于绍兴三十二年（1162），又是官方所修，据此可知南宋前期{仁}的规范用字已经发生了变化。这比段玉裁的说法（明成化年间，1465—1487）大概要早三个世纪。

---

① 该书写定于11世纪末，初刊于大观二年（1108）。由于原刊本已佚，此处以南宋嘉定四年（1211）刘甲刊本作为分析对象。

② 四部丛刊影宋本《广韵》平声真韵"仁""人"二条下不见相关记载，四部丛刊本《附释文互注礼部韵略》"仁"条下无"果中实"注文。

在人们的笔下,"仁"替代"人"还没有马上完成,这说明用字习惯不是短时间能改变的。南宋时期的文献中往往"人""仁"并用。如南宋乾道刻本(1165年后)《洪氏集验方》已经习用"仁"字;时代稍晚的《重修政和证类本草》(四部丛刊影金泰和刊本,1204年)一书,"仁"远多于"人"。

既然《礼部韵略》已经认可了以"仁"作为{仁}的用字,南宋以后刊刻的文献中出现"仁"字便不奇怪了。人们不仅在刊刻当时的图书时用"仁",翻刻更早的文献时也会把"人"改作习用字"仁"。《金匮要略方论》《肘后备急方》以及元大德刻本《千金翼方》、元刻本《千金要方》①等"后时资料"中出现的"仁"均属这类情况。其他用例如《正字通》卷5木部"核"字注引《尔雅》郭注:"子中有核仁。"(527页上)改"人"为"仁"。清沈廷芳《十三经注疏正字》卷81注《尔雅》"子中有核仁"句云:"仁,误人。疏同。"(四库本,1070页下)沈氏认为"仁"是"人"的误字,反映的也是《尔雅》郭注在刊刻中出现的改字现象。

指称眼中的瞳仁时,用字也经历了从"人"到"仁"的变化。{瞳仁}早期的用字是"瞳人"或"童人",对应的旧词是{瞳子}。这一词语在东晋已见,宋代以前经见。如:

(15)眼内生翳膜,渐渐昏暗,远视不明,但瞳人不破散。(晋葛洪《肘后备急方》卷6"经验方",明正统道藏本,基248)

(16)何等为八?……眼目青色如孔雀项,瞳人干燥放粪无尿。(隋阇那崛多译《大威德陀罗尼经》卷2,丽藏本,245页上)

(17)明知彼皆由故业,业障瞳人坏明睛。(唐义净译《成唯

---

① 清刘岳云《格物中法》卷六上之下"子中有核人"按语:"'人'即'仁',宋本《千金方》'杏仁'作'杏人'。"(清同治刻本,基865)

识宝生论》卷2，丽藏本，446页上）

（18）问："路逢达道人，不将语默对。未审将什么对？"师曰："眼瞳人吹叫子。"（《景德传灯录》卷12"越州全付禅师"，四部丛刊三编影宋本，62页）

（19）如空中飞鸟，虽往来騫翥而迹不可寻；似眼里童人，任照瞩森罗而眼终不见。（宋延寿集《宗镜录》卷47，丽藏本，278页中）

唐慧琳也指出作"人"是当时的习用字。如卷4"眼睛"注："睛者，珠子也。《篡韵》云：'眼黑精也。'古人呼为眸子，俗谓之目瞳子，亦曰目瞳人也。"（462—462页）卷16"眼瞳子"注："《广雅》曰：'珠子谓之眸子。'俗谓之目瞳人。"（717页）

"瞳仁"的可靠用例最早见于元代。元刻本《世医得效方》一书中出现2例。如：

（20）散翳形如鳞点，或脸下起粟子而烂。日夜痛楚，瞳仁最疼，常下热泪。（《世医得效方》卷16"散翳第五"，元至正刻本，基1541）

指果仁时，用字"仁"在南宋确立规范字的地位。指瞳仁时，用字"仁"元代出现。比较来说，前者在日常生活中更为常用，有更强的势力。因此，指瞳仁时用字发生变化可能就是前者类推的结果。即"人"变为"仁"这一用字变化有很强的惯性，以至于原本与果仁无关的词其用字也受其影响发生更替。

"人""仁"除同音外没有其他关系。但"仁"替换"人"这一现象的存在使得人们要为二者"建构"某种语义联系，以解释二者之间的关系。如元董真卿《周易会通》卷5"上九硕果不食"篡注引丘氏曰："果中有核，实也。核中有仁，仁也。仁则生矣。"（元刻本，基649）"核中有仁"的"仁"是实物，"仁则生"的"仁"是指仁爱。董氏用仁爱所以生长这一理念解释两种意义的联系，自然是不符合语言事实的。明张自烈以"生气包固入土复生"来解释果仁之"仁"，他指出：

> 芒本作仁，俗称果核之实曰仁，如杏仁、桃仁、枣仁之类。以生气包固入土复生，故从仁。艸实不曰仁，俗呼种子，取生生不穷意。义与果实同，兼草木言。旧注泛云草名，非。（《正字通》卷9"芒"字按语，337页上下）

张氏在解释"仁""子"的理据时没有从语言演变的角度进行分析，因此他的看法也显牵强。从古至今，与"人"同音的字不多，除"仁"外其他字比较冷僻（据《集韵》）。在给｛仁｝选择用字时也就没有更多的选择，因此其候选用字数量很少。

9. 躺

倘／儻／傥／挡／攩／淌／躺／躟／䠶／躺／惕

｛躺｝是现代汉语口语中的常用词，指身体倒在地上或其他物体上。它对应的旧词是｛卧｝，用字很丰富，有"踢""倘""躺""儻""淌"等多种。

｛躺｝的产生时代较晚，实际文本中的用例要晚至元代出现，韵书的记载要略早些。李荣（1987：70）指出，"'躺'字，《集韵》作'踢'。"北宋《集韵》上声荡韵收"踢"字，音坦朗切，释义为"申足伏卧"[①]。"申足伏卧"的意思就是伸开腿躺下。明兰廷秀《韵略易通》卷上江阳韵上声："踢，卧倒。"（139页上）这依然是沿袭《集韵》的看法。由于宋元时期的"同时资料"中目前看不到"踢"字记录

---

① 宋司马光《类篇》卷6足部"踢"字注、金韩道昭《五音集韵》荡韵"踢"字注与《集韵》一致。《广韵》不收此字。

{躺}的用例，对于《集韵》这一记录只能存之。① 这个"踢"跟躺下有关系，但记录的是不是今天的{躺}呢？清人胡文英、翟灏提出了不同的看法。

踢【音汤去声】，左太冲《吴都赋》"魂褫气慴而自踢跌"者。【案】踢，滑跌也。吴谚谓滑跌为踢。（《吴下方言考》卷 8 "踢"，67 页上）

踢，《集韵》音傥，申足伏卧也。【按】左思《吴都赋》"魂褫气慴而自踢跌"注引《声类》，训"跌"。而《集韵》此训，似亦因之。（《通俗编》卷 36 "踢"，630 页下）

胡、翟二人均引左思《吴都赋》的用例，指出"踢"是跌倒义，为《集韵》所本。既然宋代实际文本中还没有{躺}的用例，且字书记载相对实际语言来说要滞后些。因此，"踢"看作跌倒更贴合实际情况。《集韵》的记载恐怕另有来源，目前不得而知。

元代以后可以看到{躺}的实际用例，"同时资料"（如《古今杂剧》）用字均为"倘"。如：

（1）杀下个妇女血泊里倘着身躯。（《古今杂剧·赵氏孤儿》"石榴花"，66 页下）

（2）眼见的苦厌厌泊里倘着尸骸，着麻绳子背傍怎挣偮。（《古今杂剧·薛仁贵衣锦还乡》"浪里煞"，68 页上）

明代，{躺}主要见于小说、戏曲等口语化程度较高的文献中，用字更加多样。李荣（1987：70）指出，"小说作'倘、搪、攩'。"另有"躟""儻""淌"等。元明时期{躺}的用字情况统计如表 12。

---

① 明初朱元璋制《大诰》"论官生身之恩第二十四"："几一岁间，方识父母，欢动父母。或肚踢【音倘】，或擦行，或马跁【音扒】，有时依物而立。"（明洪武刻本，249 页下）此处"肚踢"似为一词，其义待考。

表 12　元明通俗文献中{躺}的用字情况

	水浒传	西游记	金瓶梅词话	平妖传	古今小说	警世通言	醒世恒言	二拍	元曲选	雍熙乐府
倘	2	2	22	8	1	1		5	9	5
儻									1	
攩						1	1			
搹			1							
淌								3		

据表 12，明代文献中"倘"是记录{躺}的习用字。以"倘"来记录{躺}，以动作主体"人"作为形旁提示意义，以"尚"作为声旁提示读音。这一用字符合人们的认知，因而在元明时期得到了普遍的使用，是当时的主导用字。其他用字（如"儻""攩""淌""搹"等）数量较少，分布也很有限。略举数例如下：①

（3）牛儿呵荞着，黄花地里倘着。你也忙，我也忙，伸出角来七尺长。（明郭子章辑《六语》卷 7 "正统乙巳童谣"，明万历刻本，244 页上）

（4）怎得个意中人，横倘在咱身上。（《雍熙乐府》卷 4 "点绛唇·妓者嗟怨"，431 页上）

（5）呆子就把头拱在草内睡下，当时也只说略倘一倘就起来……（《西游记》第 28 回，3 页下）

（6）孩子便倘在蓆上。（《金瓶梅词话》第 52 回，十八页左）按，明万历刻本《新刻绣像批评金瓶梅》作"儻"（基 1638）。

（7）哭得两眼如桃，搹在床上。（《金瓶梅词话》第 11 回，六页左）

（8）赏我一斗好酒，一肩肉，味的又醉又饱，整整儻了半个

---

① 李荣（1987：70—71）已经举到《水浒传》《金瓶梅词话》"倘""搹""攩"的用例，此不重复。

月。(《元曲选·随何赚风魔蒯通》第一折,351 页下)

(9)只见街头上不横不直,攩着这件物事。(《醒世恒言》卷34,2065 页)

(10)走到房里,不见甚么朝奉,只有个没头的尸首淌在地下。(《二刻拍案惊奇》卷 28,357 页下)

清初的用字情况跟明代相似,"倘"依旧是记录{躺}的习用字。清代雍正年间出版了教科书《清文启蒙》,该书卷 4:"盹睡语解似……睡卧,倘下,又值夜。"(336 页上)将"倘""卧"并举,说明{躺}{卧}意义相近,也证明人们日常生活中所接受的{躺}的用字是"倘"。教科书中用例如:

(11)说要放妾使小,他就横倘着不依。(《清文指要》第三册,清嘉庆重刻本,二十五页左)

(12)看起他瘦的寡(光)剩了骨头了,倘在坑(炕)上挣命呢。(《清文指要》第四册,十一页左)

一个世纪后,{躺}的用字发生了很大变化。大致以乾隆时期为界,乾隆以前习用"倘",此后则转向使用"躺""攮"。{躺}的用例集中见于小说,其他材料中有些涉及供词的部分也见使用。供词录入时要尊重当事人的话语,也是口语化程度很高的语料。这也验证了"躺"是地道的口语词记录。

表 13　清代小说中{躺}的用字情况

	醒世姻缘传	飞龙全传	歧路灯	绿野仙踪	红楼梦	品花宝鉴	儿女英雄传	永庆升平	老残游记
倘	15	8	2					16	
躺					81	36	20	7	5
攮				4		2			
躺						9			

表 14 清代小说以外文献中 {躺} 的用字情况

	眉山秀（清顺治刻本）	霓裳续谱	白雪遗音	那文毅公奏议（清道光刻本）	乡言解颐	刑案汇览
倘	1	3				
躺				3		
艭			3	4	3	3

清代小说中，{躺} 的习用字逐步由"倘"过渡到"躺"；小说以外的文献中，习用字由"倘"过渡到"艭"。如《白雪遗音》卷 2 "睡眠迟"："叫醒你怕遭殃，耽不起醉来牵的甚么羊！好骯髒，艭在奴身上。"（138 页下）该书刻于道光年间，使用"艭"记录 {躺} 反映了清代晚期的用字。"躺""艭"二者均以"身"提示意义，"躺"比较简约。"倘"用作"儻"的简体由来已久，人们很容易把"躺"看作"艭"的简体①。因此，记录 {躺} 时"躺"比"艭"更佳。"躺"很快替代了"倘"变成习用字，反映 19 世纪中后期北京话的《语言自迩集》一书已经将"躺"作为规范字收入。

除以上用字外，清代小说中另有"骮""㤪"两种用字（周志锋 2006：42），此外还有"躺""煬""攩""淌"等零星使用。约举数例如下：

（13）惟刘王氏带同该犯素不认识之人，在伊妻炕上骮卧。（《刑部比照加减成案续编》卷 20，清道光刻本，416 页下）

（14）嗣元腿疼，便往骮椅上一骮。（《品花宝鉴》第 51 回，2113 页）

（15）我这一躺下，再要起来可就不能拉（啦）！（车王府曲本《十二红》，10 册 381 页下）

（16）王氏着忙各处找，只见那奸臣躺在地平川。（子弟书

---

① 这一点承汪维辉先生见告，谨致谢忱。

《疯僧扫秦》,《故宫珍本丛刊》669 册 66 页下）

（17）隔【堂】在地下捂了裤，拳捶惹葱腚遭殃。（《蒲松龄集·日用俗字·争讼》,750 页）

（18）店小二与我家小厮多先吃醉了，一铺儿的攧着。（《隋唐演义》第 38 回，清四雪草堂刊本，基 1055）

（19）因而和衣淌在炕上。（《脂砚斋重评石头记》己卯本第 19 回，393 页）按，旁批改"淌"为"躺"。又本回"偺们厮厮文文的淌着说话儿"（398 页），旁批亦改"淌"为"躺"，并于页眉书"躺"字。

（20）袭人先只道李嬷嬷不过为他倘着生气。（《脂砚斋重评石头记》己卯本第 20 回，404 页）按，旁批改"倘"为"躺"。

（21）你坐的工夫多咧，倘下歇歇去罢。（绥中吴氏戏曲丛刊《五虎传》,39 册 156 页）

在产生之初，{躺}这一行为的主体往往是人。将身体平卧于某个平面是{躺}的原型用法，这种用法一直延续到现代汉语。围绕原型用法，{躺}又有了进一步扩展。如清代有"躺椅"一物，那些看起来可以像人一样躺下的无生命物（如"石头""地"等）都可以用{躺}来描述。如：

（22）一块大石头，两个笨汉尚且弄他不转。他轻轻松松的就把他拨弄躺下了。（《儿女英雄传》第 4 回，397 页上）

（23）站着的都是我邓老九的房子，躺着的都是我邓老九的地。（《儿女英雄传》第 21 回，584 页上）

{躺}作为典型的口语词，其用字表现出了多样性。用字也反映出人们在认知这一行为时关注的焦点。因为它"俗"，所以在相当长的时间里它缺少相应的规范字。正是由于没有规范，我们才能有机会看到人们为一个有音无字的词创造新字的历程。

10. 烫

湯 / 盪 / 燙

｛烫｝是现代汉语中的口语词，表示温度高的流体接触温度低的物体或人。其用字有"湯""盪""燙"。从来源上看，｛烫｝与表热水的｛汤｝关系密切。《说文·水部》："湯，热水也。"由热水引申为用热水去烫某物，这就是名词活用作动词。为了区别意义，做名词时读平声①，做动词时读去声。

唐代以前，"湯"记录｛烫｝的实际用例不多。《广雅·释诂》："煠、湯，爚也。"清王念孙疏证："沉肉于湯谓之爚，故又谓爚为湯。"细审"煠""湯""爚"的共同点，它们都是把物体放在温度较高的热水或热油中停留一段时间后捞出。《广韵》去声宕韵收"湯"，注："热湯也。"《集韵》去声宕韵："湯，热水灼也。"《增修互注礼部韵略》四十二宕韵："湯，热沃。《月令》：'如以热湯。'增入。"②概括而言，｛烫｝强调的是高温瞬间加热。

"湯"记录｛烫｝在字书中多有记载，但它又很容易跟做名词时｛汤｝的用字"湯"相混淆。因此如果二者出现在相近的上下文中，应当采用合理的办法区分它们。从实际文本中表现的情况看，如果人们认为需要形式上的区别时，往往为｛烫｝注音（通常标明"去声"）。这种现象在隋唐以后多见，如：

（1）郡县狱相承有上湯杀囚。（《南齐书》卷33《王僧虔传》，百衲本）按，明刻初印本《册府元龟》卷212引此段文字，并在"湯"字下加注："去声。"（九页右）。

---

① 经常被引到的例子是《礼记·月令》："利以杀草，如以热湯。"
② 《附释文互注礼部韵略》去声四十二宕韵不收"湯"，《增修互注礼部韵略》增补。

（2）老病不禁馊食冷，杏花锡粥汤【去声】将来。（宋杨万里《寒食前一日行部过牛首山》之三，《诚斋集》卷34，四部丛刊初编缩本，317页上）

（3）如鸡抱卵，看来抱得有甚煖气，只被他常常恁地抱得成。若把汤去汤，便死了。（《朱子语类》卷8"若不见得入头处"，明成化刻本，基277）按，清康熙刻本《性理大中》引朱熹语作"若把汤去汤【去声】"（基812），在后一"汤"字下注明"去声"，即借助声调区别意义。四库本《朱子语类》作"把汤去盪"（126页上），改后一"汤"字为"盪"，即借助字形区别意义。

（4）饮家须察黍性陈新、天气冷暖。春夏及黍性新软，则先汤【平声】而后米酒，人谓之倒汤【去声】。（宋朱翼中《北山酒经》卷上，宋刻本，基8）按，此例尤其说明区分用字的必要性，否则只能借助注音消除歧义。

（5）一石瓮埋入地一尺，先入汤汤瓮，然后拗浆逐旋入瓮。不可一并入生瓮，恐损瓮器。（《北山酒经》卷中"汤米"，基36）

（6）软浸豆屑饭晨馈，浓汤【去声】秫脾篘社酒。（《皇元风雅》卷11《题赵继卿畔隐酋》，元刻本，86页上）

（7）煖酒曰汤。〇汤音荡。（《蜀语》，丛书集成初编本，44页）

（8）凡为热水所汤者，不可以冷水浸激。……汤，去声。（《经韵楼集》卷1"诗执热解"注，清嘉庆刻本，583页上）

唐代以后，实际文本中出现了以"盪"字记录｛烫｝的现象。如：

（9）若因打破骨而非折者及以汤若火烧盪伤人者，各徒一年。（《唐律疏议》卷21"诸斗殴人折齿毁缺耳鼻"，宋刻本，基996）

《唐律疏议》作为国家颁布的律法，对于相关法律文书的写作具有示范作用，其用字必须符合当时的实际情况。据此可以推测，当时在案件中涉及烫伤这样的行为时，用词是｛烫｝且用字作"盪"。读音方面，"盪"跟"湯"同属去声宕韵，又在同一小韵。二字同音，以"盪"记录｛烫｝实际上就是借用同音字。这样，"湯"记录动词和记录名词之间的差异就在文字上表现了出来。清人翟灏评论如下：

> 《山海经》："华山首说祠祀。礼云：'湯其酒百壶。'"郭注："湯或作温。"按，湯读去声，与《礼·月令》"如以热湯"之"湯"同音。"湯酒"即温酒也。宋人加皿。《拟老饕赋》有"盪三杯之卯酒"句，其实为赘。①（《通俗编》卷27"湯酒"，清乾隆刻本，基1071）

以"盪"而非"湯"记录｛烫｝这一现象，翟灏认为是"其实为赘"。其实不然，给"湯"增旁作"盪"，除了能区分不同词性以消除歧义外，也表现出｛烫｝这一动作涉及的对象（器皿），能够更好地提示意义。｛烫｝最初表示加热、加温，且主要表现为给酒加热。这时，盛酒的器皿就是认知焦点，给它加上指容器的"皿"作为形旁是很自然的。

整个唐代｛烫｝的用例极少，目前仅见《唐律疏议》一例。宋代以后"盪"记录｛烫｝的例子略有增加。除了反映口语的上下文使用它以外，医药书中也有一些用例（如"同时资料"《洪氏集验方》《仁斋直指》《卫生家宝产科备要》《小儿卫生总微论方》等）。医药书中出现的｛烫｝反映了当时的实际用词，如果不用它则很难找到语义方面能跟｛烫｝准确对应的其他词。此举数例，如：

---

① 检索中国基本古籍库，此处《拟老饕赋》的文字是拟的苏轼的《老饕赋》。明许自昌辑《捧腹编》卷5引用《绝倒录》时，收录了其中之《老饕赋》一篇（明万历刻本，124页下）。

（10）如因斗打或头撞脚踏手推在汤火内……其皰不甚起，与其他所盪不同。(《洗冤录》卷4"汤泼死"，元刻本，基63)

（11）茶酒司掌管……直汤茶、煖盪斟酒。(《梦梁录》卷19"四司六局筵会假赁"，清学津讨原本，基529)

（12）右拾味研匀……调汤，盪温服。(《卫生家宝产科备要》卷7"琥珀黑神散"，宋南康郡斋刻本，基325)

元代｛烫｝的用例并不太多，通俗文献中尚未发现。其他文献元刻本《世医得效方》中均用"盪"字（计6例）。作为"同时资料"，该书的用字反映了元代的情况。如：

（13）以热熨斗不令其知，于新剃头上一盪，膏脂即入。(《世医得效方》卷18"傅药"，元至正刊本，基1699)按，四库本作"燙"（基2079），改字。

明代以后，用字"盪"的数量大幅增加。元末明初的通俗文献（尤其是小说）中广泛使用。自《水浒传》起，很多明代刊刻的小说中基本上只用"盪"。这一用字习惯持续到清初，如《儒林外史》一书均用"盪"字。除小说外，一些词曲、戏文中也有"盪"字的用例。如：

（14）约行有四十里远近，渐渐酷热蒸人。沙僧只叫脚底烙得慌，八戒又道爪子盪得痛。(《西游记》第59回，239页上)

（15）前日把亚爹袄子上许多饿虱都盪杀了。(《永乐大典戏文三种·张协状元》，235页下)

（16）蘸钢锹难用衡钢钢，纸汤瓶不耐温汤盪。(《词林摘艳》卷1元刘廷信"塞鸿秋·悔悟"，31页下)

（17）我打你个促揞的弟子孩儿，酾这么滚汤般热酒来盪我，把我的嘴唇都盪起料浆泡来。(《元曲选·包待制智赚生金阁》第三折，637页下)

表 15　明代后期至清代前期文献中｛烫｝的用字[①]

	明				清			
	金瓶梅词话	二拍	元曲选	六十种曲	儒林外史	平山冷燕	照世杯	红楼梦
盪	21	15	17	3	6	1	1	
燙								27

今天的习用字"燙"见诸文献的时代较晚。元代作品的明刻本中有少量例子。如：

（18）滚水燙熟洗净切细。（《饮膳正要》卷 1 "天花包子"，明景泰刻本，553 页下）

（19）椀内间装燙过热汁烧。（元佚名撰《居家必用事类全集·庚集》"玉叶羹"，明隆庆刻本，586 页下）

由于元代"同时资料"中没有"燙"的用例，而明刻本已属"后时资料"，因此以上用例还不能证明"燙"记录｛烫｝在元代已经出现。最早记录"燙"的字书是明兰廷秀《韵略易通》，该书卷上二江阳韵："燙，热水沃之。"（139 页上）《韵略易通》刻于明正统年间[②]，时代略早于《饮膳正要》。兰廷秀的释义跟实际文本中的"燙"一致，可知 15 世纪前期"燙"已经在实际生活中广泛使用。《饮膳正要》编于元天历年间（约 1330 年前后），与《韵略易通》前后相隔一百余年。如果《饮膳正要》记载属实，那么"燙"记录｛烫｝在元代已经见于实际生活。

明代通俗文献中记录｛烫｝的习用字是"盪"。用字"燙"偶有出现，在数量及分布范围上都是无法跟旧字"盪"相提并论。如：

[①] 统计时剔除"盪寒"这一组合。"盪寒"之"盪"记录的不是｛烫｝，它还是抵挡义。如《元曲选·冻苏秦衣锦还乡》第 3 折：【张仪云】这一杯酒与兄弟盪寒咱。【正末唱】你待与我盪寒呵，你着那祇候人盪一盪。（44 页下）

[②] 此书卷前有兰廷秀序，署为"正统壬戌九月朔旦"，即 1442 年。

（20）其皰不甚起，与其他所燙不同。(《大明律》卷 28 引《洗冤录》，嘉靖刻本，617 页上) 按，此处《大明律》引用了《洗冤录》的文字，引用时改"盪"为"燙"。这组引用异文说明法律文本中规范用字变为了"燙"。[①]

（21）如欲修之，即以火铁燙，止用粪泥密封，方不泄气。(明周文华《汝南圃史》卷 11 "松"，明万历刻本，基 615)

清代，"湯"偶见使用，不再占据主流。如清初写本《满蒙汉三体字书》："湯起燎泡。"(10 页下)"燙"则逐步取代了"盪"。汉语教科书中使用"燙"且把它作为规范字，如《清文启蒙》卷 4："身子发热；又燙酒热茶之热。"(326 页下) 各类文献中"燙"的数量大幅增加。如清乾隆刻本《红楼梦》中均用"燙"（计 27 例），不再用"盪"。其后教科书如《清文指要》、通俗文献如《白雪遗音》《儿女英雄传》《官场现形记》《老残游记》、法律文书如《刑案汇览》等均是习用"燙"，跟今天的用字习惯相同。

"燙"取代"盪"成为习用字，这一变化跟｛烫｝的词义密切相关。以《红楼梦》创作时代为界，我们可以看出｛烫｝的搭配对象的变化。明代、清初通俗文献中其搭配对象以酒为主，用例数量占七成以上。这时以"皿"提示意义还是相当准确的。《红楼梦》中｛烫｝的搭配对象有了很大扩展，除"燙酒"这类组合外，涉及的事件还有宝玉被贾环的蜡烛燙伤（第 25 回）、香菱被热汤燙手（第 35 回）、谚语"就是块肥肉，无奈燙得慌"（第 65 回）等。此外，"盪"字自身记录的词有多个且都较为常用[②]，该字的语义负担过重。为了消除行文中的

[①] 明嘉靖刻本《慎刑录》卷 1 引用《洗冤录》此条时仍作"盪"，未改字。(基 83)《大明律》属官方正式文献，规范性要超过《慎刑录》。

[②] "盪"还记录了｛挡｝这个词。《吴下方言考》卷 2 "盪"："盪【音湯】，郑熊《番禺记》：'婿先饮一杯曰盪风。'案，盪，抵当也。吴谚谓当【上声】得住曰盪。"(19 页下)

歧义，改换偏旁是很有必要的，改形旁为"火"能更好地提示意义。字书中关于{烫}的记载很少，意味着人们在书写时还没有明确的规范用字，改变用字遇到的阻力也就小了很多。"燙"取代"盪"很快就完成了①。

从记录{烫}的用字变化过程中可以看出，口语词的用字并不易（或不能）在字书中找到。即便存在，人们也未必依据其约定的用字进行书写。如清代地方志《嘉庆太仓州志》卷17"方言"："热酒曰湯【去声】。"（基1129）清胡文英《吴下方言考》卷8去声三绛"湯【去声】"按语："湯，温也。吴中谓热酒为湯酒。"（清乾隆刻本，66页上）清桂馥《札朴》卷9"乡言正字·杂言"："热水沃曰湯【他浪切】。"（196页下）这些关于{烫}的记载均注明读音，说明以上诸书的编者虽意识到有{烫}这个词却不知其用字。设想如果字书收录了{烫}的某个用字，这些编者就可以直接拿过来用而无须另注读音。另一方面，记录{烫}时用字"湯""燙"之间不是直接替换关系，而是以用字"盪"作为中间阶段。在不同的历史时期，三种用字都占据过习用字的位置。

11. 趟

輣/淌/倘/堂/遍/迈/躉/蹚/踼/蹃/趨/趟/躺/塘/盪

{趟}是现代汉语口语中的常用词。它既可以作为动量词，表示走动的次数，对应的旧词是{回}{遭}等；也可以是名量词，指成行的东西，对应的旧词是{排}。

{趟}做动量词时，记录它的用字有"盪""輣""蹃""蹚"等十

---

① 个别文本中存在例外。如民国二十五年（1936）文化生活出版社出版的《日出》第三幕："小心点！别盪着手，小姐。"（223页）用字作"盪"。

多种^①，今天的习用字"趟"成为主导用字的时间尤其靠后。太田辰夫（2003：153—155）第14章讨论量词时举了《红楼梦》《儿女英雄传》中{趟}的用例，并指出《儿女英雄传》中的用字有作"盪"的。曾良（2009：26）指出清代小说《小五义》中有以"遏"记录{趟}的用例。{趟}之所以有特色，正是因为它的用字多种多样。

{趟}的产生时代相对较晚，其最早用例在明代才出现。明代的用例并不多见，主要见于《西游记》《金瓶梅词话》《西洋记》等，用字均作"盪"^②。如：

（1）沿地云游数十遭，到处闲行百余盪。（《西游记》第22回，614页下）

（2）叫了一盪，没人理他。（《西洋记》第83回，2262页）

（3）教小厮来回骑，溜了两盪。（《金瓶梅词话》第43回，四页右）

《西游记》中{趟}处于韵脚字的位置，前后押韵字有"荡""样""撞""旷""放""盪""亮"。且该句中"数十遭"跟"百余盪"对偶。设想如果没有押韵的要求，按照《西游记》用词习惯，这里的"盪"可能就是"遭"了。这一例证说明{趟}在口语中已经出现，只是太俗，只有在没有别的选择时才会在作品中出现。《西洋记》《金瓶梅词话》的例子则都是口语语境，说明了{趟}的口语性质。应当注意的是，我们不能把"盪"看作记录{趟}的本字，明代"盪"在大

---

① 金桂桃（2007：321—324）一书第五章详细讨论了{趟}的用法，并指出可以写作"蕩"（金桂桃《宋元明清动量词研究》，武汉大学出版社，2007年。）我们逐一核实金著中的例句后发现并不存在用"蕩"来记录{趟}的例子。金书中把所有的用字都统一为"趟"，是受到电子本的误导。

② 金桂桃（2007）曾举过《型世言》中"趟"的用例，见于《型世言》卷16："一月或是许姐夫去一趟，或是两趟。"按，今核明崇祯刻本《型世言》，原文两处"趟"字均作"遭"（四页左）。电子文本作"趟"，金书讨论受到了电子本的误导。

部分情况下都是用来记录｛烫｝的①。

入清以后，｛趟｝的用例较明代大大增加。集中分布于通俗文献（特别是小说），这是其口语词的性质决定的。｛趟｝用字很不固定，有"輖""淌""倘""堂""遄""邊""澶""蹚""踼""趨""蹈""躺""塘""盪""趟"等。今天的习用字"趟"在清末开始出现（见于《四述奇》）。如：

（4）便没事也要走三四輖去。（《红楼梦》第21回，4页下）

（5）往苏杭走了一淌，回来也该见些世面了。（《脂砚斋重评石头记》己卯本第16回，296页）

（6）不过偶然去他那里一倘，就说这话。（《脂砚斋重评石头记》己卯本第20回，415页）按，旁批改"倘"为"趟"。

（7）到家中二三年，还望你把山西上。五载一堂，五载一堂，指教门人增舍光。（《聊斋俚曲·富贵神仙》第9回，661页）

（8）蹚马一遄知好歹。（《日用俗字·走兽》，754页）

（9）琴童出去一遄回来说："厨子来了。"（《语言自迩集》第6章，299页）

（10）我上云南走上一澶。（《白雪遗音》卷3"酒鬼"，157页上）

（11）逛一蹚也就告辞去了。（《彭公案》第11回，基190）

（12）兄弟呀，你是白来了一蹚。（绥中吴氏戏曲丛刊《五虎传》，114页）

（13）可惜相公你白来一踼，叫小子如何过义（意）的去。（绥中吴氏戏曲丛刊《谤可笑》，35册383页）

（14）他这趟出来却是从家里带钱来用。（《官场现形记》第

---

① 详参事实篇｛烫｝条。

13回，93页下）

（15）就烦老弟明日去走一踹。（《七剑十三侠》第72回，基388）

（16）他大舅只得又走一躺。（《二十年目睹之怪现状》第9回，104页）

（17）那一塘。（《华音启蒙谚解》下，12a）

（18）到滁州凤阳那边去过一盪。（《士民通用语录》，清光绪刻本，四十五页左）

（19）请主在各客必由之路火车栈，商定多加一趟。（《四述奇》卷9，稿本，基808）

在二百多年中记录一个词时出现了十多种用字，这种现象比较罕见。如果着眼于各用字之间数量方面的差异，便可看到一些端倪。这十余种用字中，只有“盪”“輎”“踹”“蹚”四种用字在文本中出现较多，其他的用字只是偶有用例。即便是在同一种书中，{趟}的用字也不尽一致。如《九尾龟》用“蹚”“踹”，《老残游记》用“趟”“躺”“蹚”，《孽海花》用“趟”“躺”。在同一个人的笔下，不同作品中的用字也不尽相同。如清末张德彝撰《四述奇》用“趟”，《六述奇》用“輎”，《八述奇》用“輎”[①]。从中可以看到当时人们在记录{趟}时采用的用字具有很大的随意性，导致随意性的原因就是当时没有大家共同认可的记录{趟}规范用字。同一个人在不同的作品中或同一作品的不同位置上记录{趟}时都在面临造新字的问题。他或许没有意识到此前的用字是哪一个，这样就产生了众多的用字，并且也呈现出前后不一的情况。

在给{趟}创造新字时应当满足提示读音的要求，而tàng这一音

① 张德彝的“述奇”系列都是稿本。

节下面的字很少。今天,该音节下只有"蹚""趟"两个。"輱""蹢""蹚"借用"尚""堂"来记录{趟},它们或从"足"或从"车",均与走路有关。以"躺"记录{趟}则不能提示意义,只是偶一为之。清代{趟}的用字情况如表16。

表16 清代通俗文献中{趟}的用字情况

	红楼梦	儿女英雄传	彭公案	官场现形记	二十年目睹之怪现状	九尾龟	老残游记	孽海花
蹚		34		约120				
輱	22					1		
蹢					46	4		
蹚			36			65	2	
躺					6		2	6
趟							4	7

表16中,《二十年目睹之怪现状》《九尾龟》《老残游记》《孽海花》出现了多种用字,意味着{趟}的规范用字在当时还不存在。传递信息时要求"经济",使用多种用字必然给读者带来不便。同一种书中的多种用字表明,后来者并不完全清楚前人的用字习惯,也不太了解他们使用了哪些用字。反过来讲,如果后来者能够借助某一渠道(如字书)习得规范用字,他们自然就会沿用而不必另创新字。到了清代晚期,{趟}见诸笔下的机会越来越多,用例数量增加。这时人们将其用字固定为某一种或有限的几种,最后就能实现用字的归一。

{趟}作为典型的俗语词,读书人写诗作文自然是用不着它的,他们编辑的字典辞书也就不会收录。当这样的词需要被文字记录时,人们就要利用现有的汉字构件借助形声方式来记录。形旁"车""足""走""辶"等均与运动、行走有关,提示意义;声旁"堂""尚""易""汤"等可以提示读音。威妥玛在《语言自迩集》中描写｛趟｝的用法时说（此处引张卫东译文）：

> 一遍 t'ang,（译按：今作趟）一回，一趟；多跟在表动作的动词后面，如：我家去了一遍，去了三遍。遍 t'ang, 是次数、回数的量词，用于计算，等等。（300 页）

在｛趟｝的各用字中，"盪"的时间跨度最大，从明代起一直使用至清末，数量也最多。"蹚""蹚""躺"则是流行于清代晚期小说中的用字。"趟"到了民国以后才流行，如在老舍作品《骆驼祥子》《四世同堂》等作品中得到普遍使用。

｛趟｝作为动量词使用时用字较为丰富，作为名量词时用例要少些、时代也晚些。清代前期名量词｛趟｝已经出现，用字作"盪""搨"等。如《清文启蒙》卷 4："纳底子，又实行盪子。"（341 页下）这里讲的是做鞋时需要事先标好的一排排的走线。清蒲松龄《日用俗字·裁缝》："被褥未成拐一搨【倘】，搕【可】络先扮【崩】线几条。"（745 页）"搨""条"对文，均为指线条的名量词。《语言自迩集》第 5 章第 86 篇："那个打盪子，这个煞胳肢窝"。作者注："盪, t'ang, 用粉笔或墨水在衣服上画出的线，以便剪裁与缝纫。"（272 页）又《儿女英雄传》第 15 回："身穿一件驼绒窄盪儿实行的箭袖棉袄。"（499 页上）车王府曲本《另样古来的好汉》："足青套裤长飘代（带）尔，窄盪袜子足下穿。"（57 册 218 页下）由于名量词｛趟｝出现的语境大多限于缝补衣服。这一语境并非日常生活必需，因而它见诸文献的机会就少得多。

12. 舔

餂 / 舕 / 噬 / 舔 / 腆

｛舔｝是现代汉语中常用的口语词，指用舌头接触东西或取东西，对应的旧词是{舐}。{舔}这一行为强调的是主体——舌头的动作。吕传峰（2005）讨论了"舐/舔"之间的替换关系，[①] 对于{舔}的用字情况尚未论及。{舔}作为口语词，用字较多，先后有"餂""舚""舔""磹"等。

用字"餂"出现很早。但五代以前只有《孟子》的个别用例[②]，且十分可疑。《孟子·尽心下》："士未可以言而言，是以言餂之也；可以言而不言，是以不言餂之也。"东汉赵岐注："餂，取也。"唐代以前，《孟子》是唯一记录"餂"的。细审上下文，"餂"并不强调用舌头去取，而是说的探取这一抽象行为。南宋以前学者对这一例子的看法大体一致[③]，此举朱熹解释为例。

> 又问："餂者，探取之意，犹言探试之探否？"曰："餂是钩致之意。如本不必说，自家却强说几句要去动人，要去悦人，是以言餂之也。如合当与他说却不说，须故为要难使他来问我，是以不言餂之也。"（《朱子语类》卷61，基2402）

朱熹认为"餂"是钩致、探取的意思，不是以舌取物；写作"餂"没有问题。他代表了南宋时期社会大众的看法，即当时人们已经接受了（表探取义的）"餂"。他进而会将指探取的"餂"跟指以舌取物的"餂"视为词义引申。如《孟子集注》释"餂"时云："餂音忝。○餂，探取之也。今人以舌取物曰餂，即此意也。"（宋刻本，基1811）

---

① 吕传峰《现代汉语中"舔"之词义演变管窥——兼论对"舐"的替换》，《淮南师范学院学报》2005年第6期。

② 直到晚唐五代，反映口语的材料中的用词仍然是{舐}，而非{舔}。如《敦煌变文校注·舜子变》："舜子拭其父泪，与（以）舌舐之，两目即明。"（203页）{舔}在口语中缺少表现的机会，也就难以见诸笔下。

③ 宋人似乎特别关注《孟子》"餂"字的用例。除专门注释《孟子》的文献外，《朱子语类》卷61、《履斋示儿编》卷22"餂"、《学林》卷5"餂"、《能改斋漫录》卷5"以言餂之"、姚宽《西溪丛语》卷上等均对这一问题有所论及。

宋人孙奭则怀疑《孟子》中的"餂"字可能是"銛"的讹字①。这样做是后人的"误用",即先因形体接近误"銛"为"餂",然后以有探取义的"餂"解释《孟子》原文中的"銛"。经清人段玉裁、王念孙论证,孙氏的看法大体成立。在我们看来,战国距离宋代两千余年,中间间隔的这一段相当长的时间内"餂"的用例并不多见,②即便有个别用例也是引用《孟子》的文句,类似用典。③除《孟子》用例外,字书很少收录"餂"。此外,《孟子》之"餂"本身可疑。从语义引申途径看,以舌取物是具体的看得见的动作,探取则较为抽象,由抽象到具体不符合一般的引申路径。因此,宋代以后记录{舔}的"餂"字跟《孟子》中的"餂"应该看作是同形字,二者不存在语义引申关系。

清代学者翟灏指出{舔}源于"丙"。他指出:

丙,《说文》:"舌貌。象形。"他念切。《六书精蕴》:"舌在口,露其端以舐物也。"《广韵》:"通作䑉。"【按】今此字转读上声,犹"忝"亦音他念而今转他点也。(《通俗编》卷36"丙",638页上)

"丙"只是存在于字书中的一个近于死亡状态的字,文献中用例极少。五代徐锴《说文解字系传》卷5"丙"字按:"丙,谷省也。人舌出丙丙然。《灵光殿赋》曰'玄熊丙䑉'也。他暗反。"(42页上)徐锴提到的"丙"是一个状态形容词,描述人舌头伸出嘴巴的样子,跟下文提到的"舔䑉"是同一个词。如果认为它是{舔}的用字,这就意

---

① 孙奭在《孟子音义》中提到,《孟子》的"餂"有可能是"銛"的传写之误;"銛"则是挑取物的意思。此后又有多位学者申明,如段玉裁《说文解字》金部"銛"字注、王念孙《读书杂志·汉书》第十四"游侠传""饮其德"等。
② 北宋《增修互注礼部韵略》卷3上声纸韵:"舐,甚尒切,舌餂。"又卷4去声艳韵:"餂,钩取。"据此可证"舌餂"之"餂"仍是钩取义,而非特指以舌取物。
③ "餂"有时候可以用来记录{甜},慧琳《一切经音义》中有相关记录。这跟我们的讨论无关,故不详论。

味着汉语中存在由状态形容词向动词演变的现象，这有违语义引申的一般规律。翟氏的看法也难以成立。

前人在对｛舔｝进行探源时有一个没有说出来的前提，就是这样的词必然在更早的时候被文字记载下来（有用例）。既然｛舔｝是口语词，且早期有旧词｛舐｝广泛使用，没有理由说这样的口语词一定要被记下来。所以他们的"探源"工作往往都会碰到这样那样难以解释的问题，这些问题往往具有普遍性。

从朱熹、孙奭等人的辨析可知，宋代｛舔｝已经在社会大众中流行开了。"餂"与｛舔｝读音相同，于是就拿"餂"来记录｛舔｝。宋代"同时资料"中尚未发现"餂"的用例，｛舔｝作为一个比较"俗"且比较口语化的词，在当时通俗文献还没有大量产生之时被记录下来的机会是很少的。

元代通俗文献中有以"餂"记录｛舔｝的例子。如：

（1）假真诚好话儿新曾验，鼻凹里沙糖怎餂。贪顾恋眼前甜，不隄防背后闪。（《朝野新声太平乐府》卷7曾瑞卿《斗鹌鹑》，65页下）

明代，用字"餂"记录｛舔｝已经非常普遍。明兰廷秀《韵略易通》卷上十廉纤上声："餂，舌取物也。"（155页上）这一记载与实际用字情况相符，兹举数例。

（2）芹藻荇菲，柔脆软美，餂之以舌，可使成膏。（刘基《答郑子享问齿》，《诚意伯文集》卷7，四部丛刊影明本，基741）

（3）山边有一个金毛哈巴狗儿在那里长一舌短一舌的餂那面吃。（《西游记》第87回，442页上）

（4）其舌尖而且长，伸出可以餂着鼻子。（《醒世恒言》卷23，649页下）

（5）捧屁掇臀，酷似掷梭之鸟；捋须餂嘴，俨如窃食之猫。（《山中一夕话》上集卷3司风使者《帮闲赋》，明刻本，510页上）

"舕"在唐代已经出现。唐李白《鸣皋歌送岑征君》："玄猿绿羆，舕䶴崟危。"（宋刻本，基187）清王琦注："舕䶴，吐舌貌。""舕䶴"是叠韵的状态形容词。"舕"不能单用，① 跟动词{舔}没有关系。宋元时期比较可靠的材料中没有发现"舕"记录{舔}的情况。元代《中原音韵》卷上廉纤韵上声："忝，舕。""舕"跟"忝"读音相同，据此不足以断言"舕"记录了{舔}。

明代，"餂"记录{舔}的现象被字书收录。《篇海类编》卷14食部"餂"字注："他点切，音忝，钩取也。《孟子》：'以言餂之。'又云以古（舌）餂物，亦作舕。"（180页上）实际用例数量较少，如：

（6）怎比我生成浅媛紧香干，可瞧可嗅可舔都停当。（《群音类选》官腔类卷26"男风记"，明刻本，599页下）

（7）自从我丈夫死后，他就似我老公一般。夜间又与我护脚，早晨间没柴烧面水，他就与我舕脸。（《六十种曲·杀狗记》下第25出，144页上）

（8）一日，母病失明，求医莫治，则与弟晨起盥漱祝天，含水舕之。月余，母目渐爽，而二妇三孙亦因以舕逾年复明。（《七修类稿》卷44"朱暹"，明刻本，297页上）

"舚"是元代出现的新字，起初并不是用于记录{舔}的。如《古今杂剧·汉高皇濯足气英布》"蔓菁菜"："举止虽然不风流，就里没舚和，衒宽厚。"（38页上）"舚和"与"宽厚"对文，"舚"不是指舌头的动作。明代起，以"舚"记录{舔}的情况出现较多。如：

---

① "舕䶴"连文在宋元明时期并不罕见，与之相近的形式还有"舕睒""餂唊""餂餤""醓䶴"等。《汉语大字典》"醓"字条引《玉篇》："醓甜，吐舌儿。"（2945页）王琦所注当据《玉篇》。

（9）将他鼻凹儿抹上一块砂糖，着那厮㖖又㖖不着，吃又吃不着。（《元曲选·赵盼儿风月救风尘》第二折，477页上）音释："㖖音忝。"（477页上）

（10）那李铭走到下边，三扒两咽，吞到肚内，㖖的盘儿干干净净。（《金瓶梅词话》第21回，十页右）

明代｛舔｝的用字较多。用字"餂"数量最多，见于小说、戏曲、笔记、杂著等多类文献中；"㖖"则相对较少，见于小说、词曲等通俗文献中；"舔"只是少量出现，分布比较零散。此处选取明代一批通俗文献作为代表，对｛舔｝的用字情况加以说明。

表17 明代通俗文献中｛舔｝的用字情况

	西游记	金瓶梅词话	二拍	醒世恒言	古今小说	元曲选	雍熙乐府	六十种曲	群音类选
餂	5		7	4		1	3	3	1
舔								1①	1
㖖		4			1	7			

除《篇海类编》有相应记载外，《正字通》卷8舌部"舔"字注："俗餂字。旧注分为二，非。"（326页上）这是把"餂""舔"看作功能完全相同的字。如果依据对用例的归纳，则"餂"用作探取义时是不可以写作"舔"的，只有在指以舌取物时才跟"舔""㖖"相同。

｛舔｝的核心义是以舌取物，其中包含［＋获得］的语义特征。它的用法变化也是沿着获得义展开的，除舌头外，笔头、语言、肢体动作都可用｛舔｝②。如：

---

① 《六十种曲》另有二例"舔"，出现在同一段中，《投梭记》下第29出："记得投梭事风流曾占，他归来常把话儿签，非干我相舔，非干我相舔。"（248页下）这儿文义不明，待质。

② 新词｛舔｝最初指舌头的动作，引申为奉承巴结。与之对应的旧词｛舐｝也经历了相似的路径。新旧词都可以指笔吸水这一动作，如《汉语大字典》"舐"字下引《警世通言·王安石三难苏学士》："举笔舐墨。"

（11）军政司不敢怠慢，展开功劳簿来，墨磨得浓，笔餂得饱，写了……（《西洋记》第 52 回，1418 页）

（12）又能餂李客之言，送于张氏之耳；复探张氏之说，悦乎李客之心。（《山中一夕话》上集卷 3 觉迷迁叟《讼师赋》，明刻本，514 页下）按，此例"餂""探"对文，"餂"似可作两解，一是钩致、探求，一是（用花言巧语）获得。第一种解释更佳。

（13）那公子欲待涎脸去陪个不是，餂进去。只见他已掣刀在手。白监生与这些家人先一哄就走，公子也惊得面色皆青。（《型世言》第 1 回，二十二页右）

入清以后，｛舔｝的用字更加多样，有"餂""舔""唺""醓""膴"等。用字"餂"在清初还是规范字，如清初钞本《满蒙汉三体字书》："餂。"（229 页上）作为少数民族学习汉字的字书将"餂"列入，视其为规范用字。清末以后，"餂"的用例在通俗文献中开始减少。"餂""舔"则都在使用，用例数量都比较多。清中期以后，"舔"的用例数量逐步增加。初步调查显示，新出现的用字"醓"基本上只见于《红楼梦》。各用字的例证如下：

（14）狄希陈说："你达替俺那奴才餂定，你妈替俺那奴才老婆餂屄。"（《醒世姻缘传》第 48 回，1317 页）

（15）一乞儿病腿烂，仰卧市中。狗见之，欲餂。乞儿曰："畜生！少不得是你口里食，何须这般性急！"（《笑林广记》卷 7 "病烂腿"，清乾隆刻本，基 278）

（16）嘴唇上胭脂粉，奴与你餂掉了。（《白雪遗音》卷 2 "东方亮"，109 页下）

（17）他老婆正洗脚，说："既是这样，你替我醓醓就饶你。"这男人只得给他醓，未免恶心要吐。（《红楼梦》第 75 回，376 页下）

（18）众人咶嘴咂舌，无不称妙。(《侠义传》第 43 回，396 页下）

（19）鸡馺[叁]狗舔染黄泉。(《日用俗字·庄农》，735 页）

（20）把那桌子上的菜舔了个干净。(《儿女英雄传》第 6 回，417 页上）

（21）舌尖腆开窗户纸。(车王府曲本《红门寺》，11 册 299 页下）

可以看出，{舔}用字的规范化经历了相当漫长的过程，以"食""舌"还是"口"作为形旁都是被人们认可的。"餂""舔"二者都能提示意义，"餂"违背了提示读音的要求，"舔"则没有，最终用字"舔"胜出。在大部分情况下，文本中出现的实际用字比字书记载更丰富，字书本身是有滞后性的。{舔}的用字归一为"舔"是社会大众自发选择的结果，这一用字习惯是约定俗成的，很少看到规范的力量发挥作用。

13. 喂

委 / 萎 / 餧 / 餵 / 喡 / 喂 / 偎

{喂}是现代汉语中经常使用的口语词，表示把食物送到动物或人的口中，对应的旧词是{饲}。{喂}的用字比较多，目前看到的有"萎""萎""餧"等。它的来源很早，《说文》中就有相应的记录。《说文·艸部》："萎，食牛也。从艸，委声。"清段玉裁注："今字作餧，见《月令》。""牛"指称牛马这样的家畜，"食牛"就是喂牛。段氏认为"萎""餧"是古今字，这只是语言现象的一小部分。溯源的话，《公羊传》中"牛马维娄委己者"之"委"就可以看作是{喂}的用字了。清邵瑛指出：

今经典以此为枯萎之萎,而萎食义少见。惟《公羊·昭二十五年》传:"牛马维娄委己者也。"何注:"委,食己者。"《诗·鸳鸯》笺:"无事则委之以莝。"《释文》:"委,犹食也。"委即此"萎"字,而字作"委",盖省艸也。古字往往有之。俗作"餧"。《礼记·月令》:"餧兽之药。"①(清邵瑛《说文解字群经正字》卷2艸部"萎"字注,清嘉庆刻本,42页下—43页上)

《公羊传》用字是"委",《诗》笺用字是"萎",《礼记》用字是"餧"。这三种书时代有先有后,大致反映了用字的时代差异。由于早期文献的缺失,用字从"萎"向"餧"转变的详细情况已经不得而知。秦汉时期,人们已经习惯于用"餧"字记录{喂}了。中土文献和译经的用字均证明了这一点。如:

(1)今俱死,如以肉餧虎,何益?(《汉书》卷32《张耳陈余传》,宋庆元刻本,基2151)唐颜师古注:"餧,饲也,音于伪反。"按,《史记》卷89《张耳陈余列传》文字作"以肉委饿虎"。这则"委""餧"的异文反映用字的时代性。西汉前期的"委"在东汉时被改做"餧"。

(2)民如牛马,数餧食之,从而爱之。(《六韬》卷2"三疑",续古逸丛书影宋五经七书本,485页上)

(3)为众生故,投身餧饿虎,勇猛精进,超踰九劫。(东汉竺大力共康孟详译《修行本起经》卷上,丽藏本,225页上)

《广雅》卷3下:"餧,食也。"清王念孙疏证:"此条食字,读如'上农夫食九人'之食字,本作'饲'。"在他看来,"食"跟"饲"记录的都是饲养义的词。《广雅》是目前字书中对于"餧"字的最早记

---

① 《汉语大字典》"萎"字条也引用了邵瑛的这段文字。又翟灏《通俗编》卷36"餧"(638页上)下也引了相关内容,未提供新证据。

载，反映了当时的实际用字情况。以"飤"解释"餧"古代字书中习见，说明{喂}的使动义比较强，是给别人吃而不是主动去吃。

自东汉至晚唐五代，"餧"都是记录{喂}的习用字。《篆隶万象名义》《切韵》《广韵》《集韵》等字书均收"餧"字，不收"餵""喂"。《玄应音义》《慧琳音义》多收当时俗字，二书中多次（玄应书中有 2 次、慧琳书中有 5 次）给"餧"字注音释义，没有提到写作"餵"的情况。如《慧琳音义》卷 15"餧狐狼"："上威位反。《韵英》云：'飤牛也。'《考声》云：'与食也。'从食，委声也。或作萎。"（685 页上）从二人的收字情况可知，他们见到的唐代佛经中没有写作"餵"的。也就是说，这一时期主导用字还是"餧"。同时期传世文献的用字情况基本相同（见表 18）。

表 18　唐五代文献中{喂}的用字情况①

	中土文献						佛教文献			
	杜工部集	白氏长庆集	元氏长庆集	详注昌黎先生文集	寒山诗	敦煌变文	鉴诫录	根本说一切有部②	大宝积经	法苑珠林	续高僧传
餧	3	5	3	2	2	7	2	7	1	7	3
餵		1				4③	1			1（?）④	

---

① 中土文献均据各书之宋代刻本，佛教文献则依据《高丽大藏经》。
② 此处义净所译根本说一切有部经包括《根本说一切有部毗奈耶》《根本说一切有部苾刍尼毗奈耶》《根本说一切有部毗奈耶杂事》三种。
③《敦煌变文校注·父母恩重讲经文（二）》："从此阿孃怜不已，吐甘喂饲唱将来。"（1000 页）按，今核原卷（《国家图书馆藏敦煌遗书》第 86 册，BD06412 号），原文作"吐甘餵饲"（279 页）。统计时将此例"喂"归入"餵"下。
④ 此例可疑。《法苑珠林》卷 76 引《四分律》："此婆罗门昼夜餵飤我，刮刷摩拭。"《中华大藏经》无异文校记。今核《四分律》原文，卷 11 作"昼夜餧飤"（丽藏本，98 页上）。这是《法苑珠林》编者道世改动了《四分律》的文字？还是传抄过程中的改动？唐代"餵"字出现较晚且用量极少，我们认为前一种可能性不大。也就是说，在"餵"字还没有流行开来时，道世没有动机将习用字改为冷僻字。

从表 18 可知，新字"餵"大概到唐代中期以后才见记载。晚唐五代文献（如敦煌变文、《鉴诫录》等）已经出现了"餵"，跟既有字"餧"相比数量少得多，尚未形成优势。[①] 如：

（4）最惭恩未报，饱餵不才身。（白居易《与沈杨二舍人阁老同食……因成十四韵》，宋刊本《白氏长庆集》卷 19，基 487）

（5）饥童饿马扫花餵，向晚饮溪两三杯。（孟郊《济源寒食七首》之三，宋刻本《孟东野诗集》卷 5，基 148）

（6）一半餵孩儿，伏侍又依时节。（《敦煌变文校注·父母恩重经讲经文（一）》，973 页）

用字从"餧"变为"餵"，这反映的是声旁从"委"向"畏"的变化。张涌泉（1995a）在谈到"声符同音或近音替换"时也举"餧""餵"作为证据，并指出：

> 有些通过改换声符的方式产生的俗字是声符同音或近音替换的结果，而与音变或字形繁简无涉。如"餧"字俗字或作"餵"。……"餵"即"餧"的俗字。声符由"委"变"畏"，便是音近替换的结果。"餵"俗又作"喂"，则是形旁改换的俗字。（张涌泉 1995a：60）

应该指出的是，声旁"畏"取代"委"是单向的，是"音近替换的结果"。{喂}的读音早期均为去声[②]。如《礼记·月令》"餧兽之药"唐陆德明注："餧，于伪反。"宋玉《九辩》之五："凤亦不贪餧【于为】而妄食。"（《六臣注文选》卷 33，基 1885）以《慧琳音义》中的反切注音为样本，我们归纳了"餧"字记录的各个词的音义情况（如表 19）。

[①] 张涌泉（1995a：60）举敦煌文献用例，斯 5601《报慈母十恩德》："可怜慈母自家饥，贪餵忆孩儿。"

[②] "餧"字还记录词{馁}，上声。

表 19 《慧琳音义》中"餧"字的音义关系对照

	切上字	切下字	调类
饿,同"餧"	奴	罪,猥	上声
喂食	威,于,萎	位,伪,为	去声
败臭	奴	磊	上声

可见,{喂}的读音在历史上大体保持稳定。其声旁"委"作为单字时读音有别。《广韵》中,"委"分属平声支韵、上声纸韵。人们对于形声字的认知心理一般就是要求形声字的声旁要尽可能反映全字的读音。"委"字在声调方面跟其记录的{喂}不一致,这时候换用去声未韵的"畏"作为其用字。这样做修复了声调问题,读音也就更加和谐。声旁的替换发生以后,经过一段时间便被人们接受。新用字"餵"的用例的逐步增加,出现于多种不同类型的文本中;旧字"餧"迅速衰落,只有在沿用旧文(用典)或者仿古写作时才会见到。

晚唐五代也有个别情况下以"喂"来记录{喂}。如:

(7)黄龙曰:"嚼飰喂鲁伯。"(《祖堂集》卷 6"投子和尚",丽藏本,377 页下)按,衣川贤次等整理本校语云:《佛光大藏经》校记:当作"餧"。张华校作"喂"。

"餧""喂"的区别反映在形旁上,这跟下面讨论的由"餵"到"喂"的性质相同。只是这种创新没有被人们接受,因此"喂"记录{喂}只在《祖堂集》中昙花一现。

在新旧用字的竞争中,旧字"餧"保持着很强的生命力。一方面,字书中坚持将其列为正字,对于新用字往往不予收录。另一方面,旧字在很多文献中也广泛使用。如宋重显撰述《明觉禅师语录》卷 1:"问:'黑豆未生牙时如何?'师云:'餧驴餧马。'"(中华藏影明永乐北藏本,851 页下)

宋代{喂}的用字发生了较大的变化,新用字"餵"逐渐有了较强的势力。由于新字"餵""喂"等不见于字书，此处选择二十余种刊刻时代比较早的宋代文献作为调查对象（大致以时代先后为序）[1]，据此说明宋代{喂}的用字问题。

表 20　两宋时期{喂}的用字情况

	文献	版本	餧	餵	喂
北宋	乐善录（李昌龄撰）	续古逸丛书影宋本	1	1	
	丁晋公谈录（丁谓撰）	宋百川学海本		1	
	宋文鉴（苏舜钦作品）	四部丛刊影宋本	1		
	欧阳文忠公集（欧阳修撰）	四部丛刊影元本		1	
	温国文正公文集（司马光撰）	四部丛刊影宋绍兴本	1		
	诸臣奏议（苏轼作品）	宋淳祐刻元明递修本			1
	淮海后集（秦观撰）	宋乾道刻本		1	
	宋九朝编年备要（引詹良臣语）	宋绍定刻本	1		
	晁氏客语（晁说之撰）	宋百川学海本			1
	北山小集（程俱撰）	四部丛刊续编影宋写本	1		
	重修政和证类本草	四部丛刊初编缩本影金刻本	(1)[2]	2	
南宋	致堂读史管见（胡寅撰）	宋嘉定刻本		1	
	归愚集（葛立方撰）	宋刻本		1	
	夷坚乙志（洪迈撰）	清影宋钞本		1	
	夷坚支志（洪迈撰）	清影宋钞本		4	3
	晦庵先生文集	宋刊浙本	3		
	棠阴比事（桂万荣撰）	四部丛刊续编影元钞本		1	
	仕学规范（张镃撰）	宋刻本		1	
	四六标准（李刘撰）	四部丛刊续编影宋本	1		
	芸居乙稿（陈起撰）	汲古阁影宋钞本	1		
	契丹国志（叶隆礼撰）	元刊本		1	

---

[1]　两宋时期反映口语且刊刻时代较早的文献数量太少，在这有限的文本中出现{喂}的就更少了。因此，我们在选材时并没有刻意强调所选对象一定是反映口语的。

[2]　此处为卷 11 附臣禹锡等谨按："餧饲马肥"。按，此乃引用前人注释，应当排除。

据表20可知，两宋时期"餧"的用例比"餒"要多出一些，用字"喂"也已出现。从"餒""餧"的比例上看，南宋（5∶10）比北宋（4∶7）略高。由于各类文献中其用例出现的次数都较少，还不能就"餒""餧"的关系做进一步断言。在这些文本中，朱熹《晦庵先生文集》显然是个例外（只用"餒"），这可能跟作者本人的偏好（或仿古）有关。总体上讲，当时人们已经对"餧"表现出了喜好，这在反映口语的上下文中表现明显。如：

（8）吕乃徐谓从人曰："餧得马饱否？"（宋丁谓《丁晋公谈录》"吕丞相"，宋百川学海本，基18）

下举宋代"喂"的用例，[①] 如：

（9）问："佛住世救一切众生，何于喂鹰饲虎而丧其生，不计轻重也？"（《晁氏客语》不分卷，宋百川学海本，基38）

（10）父子聚哭，以船栿捞摝，云："半犹堪炒吃，青穞且以喂牛。"（苏轼《上哲宗乞预备来年救饥之术》，《诸臣奏议》卷106，宋淳祐刻元明递修本，基3280）

元代以后，通俗文献中｛喂｝的习用字变为"喂"。用字从"餧"变为"喂"这一过程是短暂、迅速而彻底的，这跟力求简约（笔画简省）的要求关系密切。元代"同时资料"（如《元典章》有22例，《古今杂剧》有1例，《朝野新声太平乐府》有5例），用字均作"喂"。又如元代官修《农桑辑要》（元后至元五年刻明修本）一书在引用前朝文献时用字作"餒""餧"，自注则均作"喂"。自注是当时人用当时的文字加以注释，反映的是当时的用字习惯。此外，朝鲜汉语教科书《原本老乞大》中也均用"喂"（计6例），

[①] 宋代字书中未见记载。《龙龛手镜》卷2口部："喂，王贵反。"未释义。反切上字"王"是喻（云）母字，与｛畏｝｛喂｝读作影母者语音有别，当是另一义（字）。这一点承汪维辉先生见告，谨致谢忱。

如："伴当，你将料捞出来，冷水里拔着，等马大控一会，慢慢的喂者。"（七页左）通过综合比较，我们认为元代的用字习惯已与今天无异。

人们对｛喂｝用字的创新并未就此结束，元代还出现了以"偎"来记录｛喂｝的现象。这种现象仅见 1 例（见于元刻本《古今杂剧》），此后便不再出现。

（11）便与我放开沟渠，交淹了军卒；向浪涛中波面上狗扒伏，便休夸壮士，都偎了虾鱼。（《古今杂剧·诸葛亮博望烧屯》"感皇恩"，81 页下）

明代以后，各类文献中表现出来的情况与元代相似，用字均以"喂"为主，出现"餧""餵"等的用例往往与仿古有关。如明佚名《便民图纂》卷一竹枝词"餵蚕"："蚕颈初白叶初青，餵要匀调探要勤。"（明万历刻本，226 页上）更晚起的用字"偎"则很少，偶有用例。如《六十种曲·邯郸记下》第 29 出："可偎些料。"（61 页下）不同用字的表现如表 21。

表 21　明代各类文献中｛喂｝的用字

	小说			词曲		教科书	典章	农书
	水浒传	西游记	三言①	雍熙乐府	六十种曲	朴通事谚解	大明会典	便民图纂②
餧			2	1	1		21	
餵			1		5			28
喂	12	18	9	16	9	10	32	
偎					1			

---

①　从"三言"中各用字的分布看，"餧""餵"使用较随意，目前还不能据｛喂｝的用字推测各篇的时间层次。

②　载《续修四库全书》975 册。本书题作明邝璠撰，但若依据｛喂｝的用字习惯进行判断，该书用字跟明人差别极大，跟宋人则十分相似。这跟仿古因素有密切关系。

清代后期教科书《语言自迩集》一书把"餧"当作{喂}的规范字:"餧 wei4,餧牲口"(第三章第 408 条,104 页)。清代通俗文献中"喂"的使用范围远比"餧"广泛,用例更多。其他比较正式的文献(如公文类)中则多用"餧"。《语言自迩集》中"餧"条的用字及解释反映的情况还是比较保守的。

从古至今,{喂}的搭配对象有了变化。东汉以前,{喂}的对象是马、牛等动物。唐代,{喂}的对象可以是婴儿(见于敦煌变文),这是把婴儿看成是一种动物(隐喻)。这类用法持续出现。宋代以后,{喂}不仅可以指喂食这一具体行为,还可以指把某种物品放在另一物品中。如:

(12)常令煮茧之鼎汤如蟹眼,必以筯。其绪附于先引,谓之餧头。(宋秦观《淮海后集》卷 6 "化治",宋乾道刻本,基 82)按,这里说的是缫丝之术。

(13)我枉有家私,无个后人承领,自己生不出。街市上但遇着卖的或是肯过继的,是男是女,寻一个来与我两口儿喂眼也好。(《拍案惊奇》卷 35,628 页下)

总之,记录{喂}的各用字之间存在着明显的时代关系,大致如下:萎→餧→餵→喂、偎→喂。其中既有形旁的变化,即:艹→食→口、亻→口;也有声旁的变化,即:委→畏。形旁变化反映了人们在认知{喂}时焦点发生了变化,由吃的对象变成吃这一行为涉及的主要器官。声旁变化则是为了更好地提示读音。此外,字书中关于{喂}的用字记载非常滞后,实际文本为我们提供了更可靠的信息。这是在研究用字问题时必须注意的。

14. 捂

捣/坞/握/捪/侮/仵/焐/伍/捂

{捂}表示用甲物遮盖乙物,是现代汉语中常用的口语词。对应的旧词是｛掩｝，如"迅雷不及掩耳"。｛摀｝是唐代以后见诸文献的新词，其用字比较多。

初步调查显示，｛摀｝最初见于宋代医学著作，用字作"搗"①。目前发现的 2 例均见于元刻本《洗冤录》。如下：

（1）凡尸在身无痕损，唯面色有青黯或一边似肿，多是被人以物搭口及罨搗杀。（《洗冤录》卷 1"疑难杂说上"，237 页上）按，明佚名撰《平冤录》一书引用了此段文字，录文作"罨搗"（《平冤录》"一检覆总说"，明金陵书坊王慎吾刻本，518 页下）

（2）又有年老人，以手搗之而气亦绝，是无痕而死也。（《洗冤录》卷 1"疑难杂说上"，237 页下）

由于存在对应的旧词，宋代大部分情况下人们都会用｛掩｝来表示遮盖。新词｛摀｝也就不会得到太多见于笔下的机会，用例很少也就是很正常的事了。《洗冤录》中说到"以物搭口及罨搗""以手搗之"，可以看到｛摀｝必须是手部的看得见的动作。"搗"强调的是用手紧紧密封使不透气，它可以单独使用，也可以跟旧词｛掩｝组合成"罨搗"的形式。用"搗"是使用了人们日常生活中的口语词，人人都能明白。可以肯定的是，当时日常生活中｛摀｝应该比较广泛使用了，只是书面语中依旧是用｛掩｝，因此｛摀｝只有在比较贴近口语的上下文中才有机会被写下来。明兰廷秀《韵略易通》十四呼模韵上声："搗，手掩。"（162 页下）径以"手掩"作为对｛摀｝的解释，就是对口语中｛摀｝意义的总结。

元代文献尚未发现"搗"的用例。用字"握"记录｛摀｝有 1 例，见于元刻本《古今杂剧》。

---

① 《汉语大字典》首引现代例，引的是《中国谚语资料》："坛子好搗，人口难搗。"（1935 页）

（3）比及垒起台阶，立起椟材，百姓每冻饿死的尸骸成山握盖。(《古今杂剧·晋文公火烧介子推》"鹊踏枝"，54页上）

此例"阶""材""盖"押韵，"尸骸成山握盖"指的是尸体太多一个遮盖在另一个上面堆积得像山一样①。对于"同是资料"中的这一孤例，我们认为它表现的用字情况是可靠的。明清时期"握"记录{捂}普遍存在数量众多，可知元代用字"握"绝非孤例，只是因为元代表现口语的材料太少而没有得到广泛的记录。

明代前中期反映口语的材料较少，朝鲜汉语教科书中也没有见到{捂}的用例。明代后期，通俗文献（特别是小说如《西游记》《金瓶梅词话》等）中{捂}出现了较多的用例，用字有"侮""仵""握""焐"等②。如：

（4）一个掩着耳，摇头摆尾；一个侮着嘴，跌脚捶胸。(《西游记》第63回，263页上）

（5）真珠姬也不晓得他的说话因繇，侮着眼只是啼哭。(《二刻拍案惊奇》第5回，94页上）

（6）只在二门外仵着脸脱脱的哭起来。(《西游记》第34回，明金陵世德堂本，基858）按，李卓吾评本《西游记》作"仰"，字迹模糊（48页上）。作"仵"是。

（7）漏点儿絮叨叨，钟声儿闹抄抄，破梆子无情打，响铃当舍命摇。难熬，焐着耳心中燥，通宵蒙着头睡不着。(《海浮山堂词稿》卷2"雁儿落带得胜令·旅夕不眠"，661页下）

---

① 《新校元刊杂剧三十种》于"握盖"下有校记："'堆'原作'握'，今改。"把"握"改成"堆"，意思上能说得通。但这样做是给原作换了另外一种表达，失去了原有的面貌。改动原因在于整理者不知道"握"是记录{捂}的一种用字。此处无须改"握"为"捂"。

② 张鸿魁（1992）指出，《金瓶梅》中有以"握"字记录{捂}的情况。

第一章 事实篇：用字研究实例

入清以后，记录｛捂｝的习用字依旧是"握"。小说（如《红楼梦》《儿女英雄传》《侠义传》等）中表现得最为明显，用例甚夥。这一时期还出现了"侮""伍""挴"①等用字，用例数量很少，不具有普遍性。如：

（8）只好伍着眼别外流泪罢了。（《醒世姻缘传》第95回，2604页）

（9）湘烟进门来，使银红汗巾侮着口儿笑嘻嘻的进来。（《隔帘花影》第25回，基438）

（10）众人听了，俱红了脸，用两手握着，笑个不住。（《红楼梦》第63回，289页上）

（11）只见一个老和尚用大袖子握着脖子从厨房里跑出来。（《儿女英雄传》第6回，414页上）

（12）小金子屋里先来的那客用袖子挴着脸，嗖溜的一声跑出去了。（《老残游记》卷20，591页上）

（13）我教你个好法子，你拿手绢子把眼挴上，死活存亡，听天由命去罢。（《老残游记》二编卷2，602页下）

从晚清到民国，｛捂｝的习用字从"握"变作"捂"。这样做一方面是为了给语义负担较重的"握"减负，以避免跟音wò的"握"表意相混；另一方面也恢复了其早期用字"捂"。民国时期，"捂"成为记录｛捂｝的习用字，其他用字则逐渐退出了人们的视野。1932年编写的《国音常用字汇》收"捂"字，释为"手掩"。当时的实际文本中也用"捂"，见于老舍作品。如：

（14）高妈捂着心口，定了定神。（《骆驼祥子》十二，文化

---

① 以"挴"记录｛捂｝这一现象及《老残游记》的用例是汪维辉先生告知的，谨致谢忱。

生活出版社 1940 年，138 页）

（15）那个狗娘养的捂着脸又过来了。（《火车集·杀狗》，上海杂志公司 1938 年，78 页）

以"捂"记录{捂}这一现象在民国以前的文献中尚未发现，它应该是民国（甚至更晚）才逐渐具备记录{捂}的功能。《汉语大词典》引《中国谚语资料》第一集："挡住千人手，捂不住百人口。"这已经是 20 世纪 50 年代搜集的例子了。因此"捂"具体晚到何时成为记录{捂}的习用字，这还有待于进一步发掘用例资料加以揭示。

对于{捂}的来源，有两种不同的看法。如果按照章太炎《新方言》的说法，那么{捂}就是古已有之。但起水门的"阏"跟{捂}究竟有什么联系，恐怕不能靠说二字同音就能令人信服。张鸿魁说{捂}在明代还没有固定的用字，这种判断是很准确的。以"屋"作为声旁的用字"握"记录{捂}，也是为了发挥提示读音的作用。

《说文》："阏，遮雝也。从门，于声。"古音当读如乌【于即乌字】。故阏从乌声，训为小障。《汉书·召信臣传》："起水门提阏。""阏"即"鸦"字，所谓小障矣。今人谓以手掩口曰阏，以被掩身亦曰阏，皆读如鸦。直隶亦谓掩口曰堵。"堵"即"杜"字，本"斁"字也。（《新方言》卷 2，211 页上）

此"握"字义同"掩"……应即今"捂"字。跟《金瓶梅词话》大致同时的小说《二刻拍案惊奇》写作"侮"，韵书《韵略汇通》呼模韵一母上声有"捣，手掩"。可见这个动词当时口语中读 wǔ，尚没有固定的用字。《金瓶梅词话》用"屋"声、"手"形拼创"握"字来记录，是比较恰当的。当时"屋"字已不读入声，跟 wǔ 至多有声调的差异。（张鸿魁 1992）

从{捂}出现的上下文看，早期用例中强调的是以手遮盖这一动作,这是人们认知的焦点。直至今天,{捂}在大部分场合下仍与手部动作密切相关。它跟表示障碍的"阏"在语义上有重合之处,但音义皆有别,是两个不同的词。{捂}作为口语中的新词,其用字没有旧例可循。人们只能根据其特点,着眼于提示读音、提示意义两个方面为之创造新字。也正是由于{捂}见诸笔下的机会不多,用例不广,人们自然也就缺少合适的途径来习得其规范字,因而它就会出现多种不同的用字。各个用字之间没有地位高低之别,它们只反映人们在不同时期(或不同文献中)的偏好。

15. 哑

瘖 / 癔 / 啞 / 噁

现代汉语中,{哑}表示由于生理缺陷不会说话或者发不出声音,如哑巴、聋哑人等,对应的旧词是{瘖}。在上下文中,{哑}可分为三种情况:①能发出声音但不能说话;②声音沙哑;③会说话而不说。{哑}在历史上出现的用字有"瘖""癔""啞""噁"等。曾良(2002)曾引《慧琳音义》的材料说明唐代用字"啞"记录{哑}的现象普遍存在。不同时期的用字情况及各用字之间的关系值得讨论。

在表示发不出声音时,最早是用{瘖}表示的,后来它被{哑}替换。{瘖}在先秦西汉时期经见,传世文献和出土文献均有用例。如:

(1)此譬犹瘖者而使为行人,聋者而使为乐师。(《墨子·尚贤下》,四部丛刊缩本影明嘉靖本,18页下)

(2)其所产病:……嗌中痛,瘴,者〈着〉卧,歑,音(瘖),为十病。(《张家山汉墓竹简·脉书》,122页)

新词{哑}的产生时代相对较晚。目前所能看到传世文献中的最早书证见于《史记·刺客列传》，讲的是豫让"吞炭为哑"的故事（论述详后）。两汉时期｛哑｝的用例很少，司马迁使用的｛哑｝就是当时的口语词。《说文》收"瘖"字，并不收｛哑｝的相关用字[①]。这种收旧词而不收新词的现象也从侧面说明了二者在先秦两汉时期的势力差异。

记录｛哑｝时，早期用字是"瘖"，后来变为"瘂"。相关的记载在佛经音义中较多。唐《慧琳音义》卷1"瘂者"："案，瘂人虽有声而无词，《说文》阙。《古今正字》：'瘂，瘖也。'"（411页上）从造字理据上看，"不能说话"在当时被看作是一种疾病，因而"瘖""瘂"二字均以"疒"作为提示音义的形旁。

"哑"字在秦汉时期已经出现，它当时记录的是一个跟｛哑｝无关的词。《说文·口部》："哑，笑也。从口，亞声。《易》曰：笑言哑哑。"用例如：

（3）桀僴然叹，哑然笑曰："天之有日，犹吾之有民也。"（西汉伏生《尚书大传》卷2《汤誓》"予及汝偕亡"释文）

该例描述了桀叹息和微笑的样子。"哑"是表示笑貌，音è。笑貌是状态形容词，跟动词｛哑｝词性有别，音义有别，彼此难以引申。"哑"又何以能够取代"瘂"成为记录｛哑｝的习用字呢？

在传世的中土文献中，先唐部分"瘂""哑"均有用例，数量较少。由于传世文献的刊刻（抄写）时代基本上都是在宋代以后，所以已经很难用它们说明有或没有的问题。如河上公注本《老子》（四部丛刊景宋本）玄符第五十五："终日号而不哑，和之至也。"帛书《老子》本作"号而不嚘（嚘）"。在有异文的场合，一般来说时代越早文字越接近原貌。因此，河上公注本的"哑"就不能作为先秦时期存在用字

[①] 《古文字诂林》也是如此，可见学界见到的古文字材料中也没有｛哑｝的用字。

"喑"记录{哑}的证据①。

直到南北朝时期,人们依旧清楚"瘂""喑"二字用法的分别。在源自南朝梁顾野王《玉篇》②的《篆隶万象名义》一书中,口部"喑"字注:"阿格反。笑声。"又该书疒部"瘂"字注:"于毄反。瘖。"这说明南朝梁代(6世纪中期)"瘂"是记录{哑}的规范用字。又如《南齐书》卷42《萧坦之传》:"坦之肥黑无须,语声嘶,时人号为'萧瘂'。"(百衲本影宋蜀本,基1548)称萧坦之为"萧瘂",是说他不像正常人那样能够很流畅地发音③。正史中的这一例证表现的是南朝齐代正式文献中{哑}的用字情况。结合字书记载和实际文本中的典型用例,可以推知南朝后期以"瘂"记录{哑}为常。

入唐以后,{哑}的用字发生了变化,既可用"瘂"也可用"喑"。玄应、慧琳二人记载了这一用字现象,在是非价值判断方面他们把以"喑"记录{哑}这种现象看作是写别字。《玄应音义》中有2例,如卷12释《长阿含经》"瘂或":"于假反。《埤苍》:'瘂,亦瘖也。'……又作喑,音乙白反,笑声也。并非字也。"(990页下)又卷6释《妙法莲华经》"瘖瘂"下说法大体相同。《慧琳音义》记载的以"喑"记录{哑}的情况就更多了。该书共解释了关于"瘂"的词条22处,其中12次提到经文作"喑"。如卷12释《大宝积经》"瘖瘂":"今《经》文多作喑,非也。"(623页上)二人记载既说明8世纪"喑"记录{哑}的普遍存在,同时也说明在知识界看来这种做法是不正确的。

---

① 与中土文献的用字形成鲜明对比的是,唐代前期(8世纪初)以前的翻译佛经中,"瘂"的数量远多于"喑"(据《高丽大藏经》)。这些译经文本中呈现的趋势表明,它们距离原貌更近。

② 《原本玉篇残卷》残缺"口""疒"二部,此处据源自《玉篇》的《篆隶万象名义》。

③ 若按造字书记载的音义关系,他的绰号应该是"萧瘖",实际情况却是"萧瘂"。

以用字"啞"为非这种看法持续到五代以后。辽希麟《续一切经音义》卷9释《根本说一切有部毗奈耶随意事》"瘂默"："上乌雅反。……又作啞，俗用，非。"（417页上）虽然"啞"记录｛哑｝一直被知识界否定，但这并没有影响它在社会大众笔下的使用。人们对它的看法也经历了从反对到"俗用"再到接受的过程。

唐代译经中"瘂""啞"都可记录｛哑｝，在出现频次方面有明显差异。此处选择唐代玄奘、义净二人译作作为统计对象（如表22）。

表22 玄奘、义净译经中｛哑｝的用字情况

作者	生卒年	使用｛哑｝的译经数量	瘂	啞	"啞"的异文"瘂"
玄奘	602—664	14	65	28	14
义净	635—713	14	47	3	1

表22显示，总量上"瘂"明显多于"啞"，说明七到八世纪用字"瘂"仍然是习用字；很多使用"啞"字的地方存在异文"瘂"，既存在改"瘂"为"啞"的做法，意味着"啞"的势力持续增长。

唐代韵书中涉及｛哑｝用字的记载与译经中有别。检《唐五代韵书集存》，S.2071《笺注本切韵》上声马韵："啞，不能言，乌雅反。"这里的"不能言"就是｛哑｝P.2011《刊谬补缺切韵》及故宫本《刊谬补缺切韵》同。又S.2071《笺注本切韵》入声陌韵："啞，乌陌反。笑声。""笑声"指的当然不是｛哑｝。故宫本《刊谬补缺切韵》、裴务齐正字本《切韵》、蒋斧本《唐韵》残卷注释同。我们注意到，《笺注本切韵》把"啞"字的两种意义（不能言、笑声）都收入其中。这能否说明自唐初起"啞"作为记录｛哑｝的用字已经被人们认可了呢？实际情况恐非如此，因为其中存在包括体例在内的若干矛盾之处。

首先，据《切韵》体例，出现一字多音时一般会在各字下注明又音。马韵"啞"字跟陌韵"啞"字字形相同而没有注明异读，据此可以推知编写《切韵》时，如果不是编者疏忽，那么这两个位置的字一

定有别。陌韵"瘂"字出现甚早，没有什么可疑之处。马韵"啞"字的位置则应该是另外一个字了（很可能是"瘂"）。

其次，《切韵》上声马韵正文不收"瘂"字，而这个字在注文中出现了。如故宫本《刊谬补缺切韵》平声侵韵"瘖"字注："瘂。"S.6187《切韵》、裴务齐正字本《切韵》作"啞"。以"瘂"释"瘖"说明编者知道当时存在"瘂"字。换句话说，《切韵》应该是收了"瘂"字的，如果收入那么它应该出现在马韵，也就是今天看到的马韵"啞"字的位置。可见，S.6187《切韵》、裴务齐正字本《切韵》注文的"啞"在更早的时候应作"瘂"。

最后，写定时代较早的唐代文献中存在很多"瘂"的用例，它们有的存在异文"啞"。这种现象只能解释为今天作"啞"之处本来为"瘂"，而不会是先作"啞"而后回改为"瘂"。如《唐律疏议》一书在记录｛哑｝时共出现"瘂"字3次。该书作为成文法，用字应当是相当规范的，它写定于唐代前期，它反映的是当时的用字情况。如：

（4）问曰：人目先盲，重殴睛坏；口或先瘂，更断其舌。如此之类，各合何罪？答曰：……如人旧瘂或先丧明，更坏其睛或断其舌，止得守文还科断舌瞎目之罪。（《唐律疏议》卷21，四部丛刊三编本，六页右）

《切韵》马韵出现的"啞"字可以这样解释：在编写之初该位置是"瘂"，后来"啞"字通行以后大众认为它与"瘂"无别，于是在传抄《切韵》时就用"啞"替换了"瘂"。这对于抄手而言极为平常，且使原书"失真"，不过也留下了证明用字变化的宝贵证据。在注释《切韵》"瘖"字时，起初用"瘂"，后来用"啞"，也是同类性质的现象。

当"啞"取代"瘂"成为记录｛哑｝的习用字之后，实际文本中"啞"字大量出现。这在宋代编写（或续编）的字书中多有反映，如《大广益会玉篇·口部》"啞"字注："于雅切，不言也。又乌格切，笑声。"跟《篆隶万象名义》相比，"哑"字多出又音一条。《广韵》上声马韵："哑，不言也，乌下切，又一革切。瘂，瘱，并上同。"这些记载反映了"哑"取代"瘂"后增加了新的读音和意义。值得注意的是，作为科举考试标准的《礼部韵略》已经不再收"瘂"字（见元刻本《增修互注礼部韵略》、四部丛刊续编影宋本《附释文互注礼部韵略》）。可以看出，北宋"瘂"已经在读书人中废弃，不再使用。又《礼部韵略》平声麻韵下增"哑"字，注："声也。释云：哑呕，小儿学言。"这又比《广韵》多出一个义项，应该是当时实际语言的反映①。

在｛哑｝的用字方面，人们的创新并未停止。成书于五代时期的《祖堂集》一书中记录｛哑｝时均用"嗯"②，计7次，无"瘂""哑"的用例。如卷11"越山鉴真大师"："盲聋喑嗯格调高，是何境界自担荷。"（丽藏本，487页上）只是用字"嗯"并没有被大众所接受。

据上分析可知，在记录｛哑｝时，"哑"取代"瘂"这一变化的开始时间比较模糊，至少在南朝梁代还没有很多表现，其完成时间约为五代北宋之际。为什么曾通行的"瘂"会被替代呢？二字的区分在于形旁的不同——分别为"疒""口"。这种变化跟提示意义的要求密切相关，为解决语义表达不够准确的问题提供了多种选择。其中之一是将"瘂"增"欠"旁作"瘱"，以"欠"提示跟口部相关的行为。这样满足了提示意义的要求但不够简约，在跟"哑"的竞争中无法胜出。与｛哑｝的用字变化表现相近是还有｛瘖｝｛瘸｝二词，其用字也经历过"疒"旁向"口"旁的变化。

---

① 这种类似于拟声词的"哑"出现的时代更早，如《世说新语·轻诋》"支道林入东"："见一群白颈乌，但闻唤哑哑声。"承汪维辉先生提供本条材料，谨致谢忱。

② 承张涌泉先生告知，记录｛哑｝的"嗯"字已经见于五代之前（据《可洪音义》），且"嗯"字必然在《祖堂集》成书前即已行用。谨致谢忱。

【瘖/喑】

《说文·口部》:"喑,宋齐谓儿泣不止曰喑。"① 清段玉裁注:"喑之言瘖也。谓啼极无声。于今切。"《说文·疒部》:"瘖,不能言也。"由于二者都可以描述不说话这一行为,处于相近的范畴,"瘖"改换形旁作"喑"这种做法也就被人们接受了。这一变化过程发生的比{哑}要早些。《慧琳音义》中只有一处提到用字"喑"写得不对,卷13"瘖瘂":"上于今反,下鸦贾反,训义如前。《经》作喑哑,非也。"(659页上)可见"瘖"变作"喑"要比"瘂"变作"哑"在可接受度方面高出很多。"瘖瘂""喑瘂""瘖哑""喑哑"连文在南北朝隋唐时期的佛教文献中习见,说明人们在用字选择上也颇费思量。

【癴/嘶】

《说文·疒部》:"癴,散声也。"清段玉裁注:"与斯、澌字义相通。马嘶字亦当作此。"《玄应音义》卷1"嘶声"注:"又作嘶、癴二形,同。"(826页中)跟表"不能言"的"瘖""瘂"相似,"声散""散声"在人们看来是一种病,因而形旁为"疒"。声音都是从口中发出的,它们自然可以"口"为形旁。由于人们对概念的认知发生了变化,因而创造新的用字时强调的重点却不一样了(由某种病到口部行为),用字也就跟着发生了变化(由"疒"到"口")。

{哑}{喑}{嘶}三例的用字表明,有些用字因符合人们的认知习惯进而会替换其曾经理据充分的用字,即由"别字"到习用字并上升为正字。这对于了解语源的人来说,就是习非成是;对于大众来说就是"日用而不知"了。

---

① 《篆隶万象名义·口部》"喑"字注:"大呼也。"如《史记》卷92《淮阴侯列传》:"项王喑噁叱咤,千人皆废。"据《慧琳音义》记载,这里的"喑"音于禁反,跟读作"于今切"的"喑"同形。

16. 页

葉/頁①

现代汉语中，{页}是计量纸张数量的常用名量词，②如"××页""页××"等。在计量纸张数量时，历史上情况要复杂些。唐代便有"番""幅""枚""张"等计量单位。唐段公路《北户录》卷2"米饼"："纸为番，为幅，为枚。"（清光绪十万卷楼丛书本，基84）。这些词中，跟{页}对应的旧词是{张}。北宋初年（开宝年间）开雕《开宝藏》，其残卷《佛本行集经》卷19于每页下均有"第××张"的字样。可证当时是以"张"作为计量单位的。

五代以后，书籍装帧形式由卷轴转向册葉。宋人欧阳修、程大昌记录下了这一变化。

> 唐人藏书皆作卷轴，其后有葉子。其制似今策子。凡文字有备检用者，卷轴难数卷舒，故以葉子写之。如吴彩鸾《唐韵》、李郃彩《选》之类是也。（宋欧阳修《归田录》卷2"葉子格"，《欧阳文忠公集》卷127，四部丛刊初编缩本影元刻本，992页下）

> 古书皆卷，至唐始为葉子，今书册也。（宋程大昌《演繁露》卷10"葉子"，续古逸丛书影宋刻本，643页上）

正是由于书籍形制的变化，{页}成为计量书籍页数时的单位，用字"葉"就成为记录它的早期用字。书籍册页跟"葉"之本义（树叶）之间有相似性，因而可以用它来描述书籍。前人注意到了这种相

---

① 我们把"页""頁"看作是同一用字，因历史文献中均用"頁"，以下提及时沿袭底本形式"頁"。

② {页}作为量词的用法是从名词转变而来的，名词用法跟量词用法之间关系十分密切。我们讨论时不涉及其词性问题。

似性，明张自烈《正字通》卷9艸部"葉"字注："书卷次第成帙者，如葉相比，亦曰葉。"（368页上）

跟卷轴相比，册葉这种形式有着种种优势，因此它在印刷业中得到了广泛的应用。客观事物的这种变化必然会在实际语言中得到反映，{页}也就有机会进入大众特别是跟书籍刊刻、印刷、销售、阅读等行业相关的这些人的口语。计量页数的主导词也随之一变，用字也就变为"葉"。宋代文献中其实际用例不太多，但从下面一些例子的叙述语境（生活琐事记录）中可以推定它已经在宋人语言中广泛使用，具有坚实的口语基础。如：

（1）温公修《通鉴》成，进御。……罢朝，中使以其书至政事堂，每葉缝合以睿思殿宝章。（《三朝名臣言行录》卷7注引《邵氏后录》，四部丛刊初编缩本影宋刻本，171页下）

（2）每相聚，辄读数葉《前汉书》，甚佳。（宋黄庭坚《答宋子茂殿直》之五，《山谷老人刀笔》卷12，元刻本，基282）

（3）每饭罢，坐归来堂烹茶，指堆积书史，言某事在某书某卷第几葉第几行，以中否胜负为饮茶先后。（宋洪迈《容斋四笔》卷5"赵德甫《金石录》"，四部丛刊续编影宋本配补明本，四页右）

（4）凡翘蚑飞动之物，必募小儿求之，搜索无遗。以类置其翅羽册葉中，按形为之，纤悉毕具。（宋邓椿《画继》卷4"孔去非"，宋刻本，基61）

元代至明后期，"葉"的用例数量众多。兹举二例。

（5）上问："出何经？"欣曰："出大藏某录某函某卷第几葉。"命检之，果然。（明田汝成《西湖游览志余》卷14，明万历重刻本，基690）按，四库本录文作"頁"（基819）。这应是清人根据当时的用字习惯所改。

（6）你看这册儿，第一葉便是变钱法，第二葉便是变米法。

(《平妖传》卷20，612页）

直至明末，"葉"一直是计量页数的习用词。在明末通俗小说中，用字"頁"也出现了计量页数的用法，数量少见。"頁"字，《广韵》音胡结切，折合成今音是xié，义为头、脑袋，跟页码无关。既然存在既有用字"葉"时，再用"頁"来记录{页}就没有太大的必要。"頁"的出现一定是有其他原因。我们在明末刊刻的通俗文献发现了2例"頁"。如：

（7）屏风里一张金漆桌子，堆着经卷书籍、文房四宝、图书册頁、多般玩器。(《禅真逸史》卷7，明本爽阁刊本，四页右）

（8）庞涓道："为这本书，淹得七死八活，险些送了性命。怎有得还他！"忙向袖中取将出来。已结作一饼，莫想揭动一頁。(《孙庞斗智演义》卷14，明末刻本，基478）

传世的明刻本文献汗牛充栋，可以推测实际文本中出现的这种"頁"应该不止以上几例。但跟数量更多的"葉"相比，"頁"在当时也只能算是露出一些苗头，数量应该是非常少的。

入清以后，以"頁"来记录{页}的用例激增。清康熙年间刊刻的很多文献中已经普遍使用"頁"字了。兹举顺治、康熙、雍正时的用例，如：

（9）适弟欲集诸名手写文一册，名曰《文字师意图》。佳文佳字共师之，敢求慨挥一頁，弁之册端。(《尺牍初征》卷6"与苏澳生"，清顺治刻本，602页下）

（10）予到恩平，亟欲一观，又费伟夫一金，得一部仅百余頁。(清佟世思《鲊话》，清康熙刻本，基10）

（11）书頁本身边影照于丙丁已庚地平上者，与书頁本身上影法，地平上俱用垂线取可也。(清年希尧《视学》① "求甲丙边影

---

① 此书是讲解立体几何的子部科技书。

法",清雍正刻本,93页上)

自明末起到清朝立国后约一百年,现实生活中存在一种强大的推动力使得读书人放弃"葉"而用"頁"计量页数。调查结果发现,清乾隆年间｛页｝的用字变化基本完成,"頁"替换"葉"所用的时间约一百五十年。代表文献如《钦定四库全书总目》,其中"頁"字出现约180例;个别情况下用"葉",数量在五六例上下。"頁"对"葉"的这种压倒性优势清楚地说明了以四库馆臣为代表的一大批读书人已经接受了"頁"的这种新用法。显然,只有在实际语言中"頁"替代"葉"被整个社会接受后,馆臣才会用一个看起来比较俗的字"頁"撰写提要。《钦定四库全书总目》所表现出的取"頁"而弃"葉"现象,其实际完成时间应该更早一些。跟此前相比,清代"頁"的组合能力有了很大的提高。除可直接受数词修饰外,还有"頁数""某頁""几頁""前頁""后頁""数頁""此頁""首頁""末頁""书頁""每頁""余頁""阙(缺)頁""卷頁""半頁""残頁""边頁""脱頁""若干頁""副頁"等形式。

对用字由"頁"替代"葉"这一变化,清代学者看法不尽一致。保守者如朱骏声,趋时者如钱大昕,各执一辞。

> 小儿所书写每一笘谓之一"箒"。字亦可以"葉"为之,俗用"頁"。按,"頁"即首字,今音误同"葉",大谬。[①](《说文通训定声·谦部》"箒"字朱骏声按语,229页下)

> 颍川人名小儿所书写为笘。今读书,一番曰一頁,本当用"箒"字。以"面""頁"字同音借用,取省笔耳。(清钱大昕《恒言录》卷6"箒",259页下)

正是因为用字作"頁"被那些讲究文字本原的学者所诟病,因此

---

① 《汉语大字典》"页"字(4355页)下亦引此段,但不完整。

不排除一些读书人因崇古而继续使用旧字"葉",然而这种现象并没有占据主流。"頁"在清乾隆年间确立其主导地位后便再没有变化。它用例丰富、分布广泛、应用于各种语境和场合。以至于早期文献中写作"葉"的有时也被改作"頁"字[①]。如:

(12) 某少时初读《论语》,问先生云:"头一葉书,孔子只教人读书……"(《明儒学案》卷56,清康熙刻本,基2537)按,四库本此处作"頁"(963页下),属抄写时改字。

(13) 活铮铮一个如花似玉的二姑,则被这几頁破书断送了。(《临川梦》卷上第10出,清乾隆蒋氏刻本,基106)

那么,为何作为别字的"頁"能取代原有的"葉"而被人们接受呢?我们知道,一种新语言现象的出现应当具备可能性和必要性两个要素,缺一不可。检《广韵》,"葉"属以母入声葉韵,折合成今音是 yè;"頁"属匣母入声屑韵,折合成今音是 xié。以母与匣母的发音部位相同(均属喉音),发音方法略异(次浊/浊)。也就是说,历史上二者的语音相似度比今天要高很多。正是由于读音的相似,"頁"才具有了代替"葉"的可能性。

就"葉"本身而言,其语义负载是相当重的。《汉语大词典》标出九个义项,在实际语言中均比较常用。这就意味着书面语中它需要将其一部分义项分配给另外的文字来记录。"頁"本身语义负载极低。它指头部的这种用法口语中根本不用,书面语中也相当少见。因此,这就为将"葉"的计量页数功能分配给"頁"提供了现实基础。这种重新分配首先是在社会大众中实现的,他们率先创新性地用"頁"字表示页码,然后扩散到读书人群体中去,最终为整个社会所接受。

[①] "頁"字,今天的通行字是"页"。我们看到的刻本中往往作"頁"。讨论{页}的用字需要说明它在历史上真实的用字情况,因此在行文中涉及"頁"的历史用字时均保留其实际用字,碰到"頁"时不再改为通行字"页"。

"葉"用于记录{页}是因为树叶和书页都是很薄的平面，二者相似。如果侧重于树叶层层叠叠的特点，就有了"百葉窗""牛百葉"等，这时的用字没有变为"頁"。若侧重于树叶的外形，就有了"一葉扁舟"，用字并没有变为"頁"。因此，用字的变化与人们对事物的认知焦点有关。焦点不同，表现相似的词也会有不同的用字。

就{页}而言，"葉""頁"反映了用字习惯的古今差异。由"葉"到"頁"的变化会影响到那些跟书页无关的词。有些情况下，跟书页无关的{葉}字也会用"頁"字记录，如：

（14）江声走绿，挂翠蒲几頁。(《百家名词钞》载何鼎《香草词》"疏影"，清康熙刻本，39页上）按，这儿显然应该用"葉"字。清乾隆刻本《于湘遗稿》卷5"木兰花慢·秋帆"："看悬蒲几葉。"（基164）可证。

（15）盔缨（缨）绕眼明，甲頁（葉）显玲珑。（绥中吴氏戏曲丛刊《五虎传》，39册189页）

在计量书籍页数时，清前习用"葉"，清乾隆后习用"頁"，二者是一组"古今字"。弄清楚"葉""頁"变化的时代特征，我们便可据此来测试文献的改动情况。比如明代文献的清刻本中存在个别"頁"字，这就值得怀疑。明刘若愚《酌中志》（清道光海山仙馆丛书本）卷七："司礼监掌印等各购摆设器物书画手卷册頁之类进御前。"此处"册頁"在刘氏原作中应该是作"册葉"。

17. 找

爪/抓/找/扷/我

现代汉语中，{找}是口语中的一个常用词，指为了得到所需的资源而努力，对应的旧词是{觅}{寻}等。汪维辉（2006a）、张庆庆（2007）、殷晓杰（2008）等描写了各词的历史演变，并注意到了其用字有"爪""抓""找"。除此以外，另有"扨""我"也可以用于记录{找}。

前人研究初步表明，{找}的始见书证见于元代。这种看法有些问题。对元代"同时资料"特别是通俗文献（如《古今杂剧》《朝野新声太平乐府》《乐府新编阳春白雪》《梨园按试乐府新声》等）的调查表明其中没有出现{找}的用例。前人所引的题作元代书证的用例基本上都是出自明臧懋循所编《元曲选》，用字有"爪""抓""找"。明万历刻本《元曲选》中{找}的用例有如下一些。

（1）【净云】着他骑个驴儿来！【张千云】他骑不得驴儿。【净云】哦。只抓个杌儿抬将来。(《元曲选·张天师断风花雪月》"楔子"，460页上）*音释：抓，招上声。

（2）我向那前街后巷便去爪寻他。(《元曲选·同乐院燕青博鱼》第一折，513页下）

（3）想是你致死了，故意找寻。(《元曲选·江州司马青衫泪》第三折，482页上）*音释：找音爪。

（4）我如今先去爪寻他。(《元曲选·吕洞宾三醉岳阳楼》第三折，218页上）*

（5）只怕也有似俺院公的，私下放他浏了，教俺主人那里去爪他。(《元曲选·须贾大夫谇范叔》第四折，139页下）*

（6）拼的绕着四村上下关厢里外，爪寻那十三年前李春梅。(《元曲选·翠红乡儿女两团圆》第二折，60页下）*

以上用例中，单独出现的"爪"以及合璧形式"爪寻"所处的上下文都非常的口语化。它们大部分都是出现在宾白部分（标"*"者），在时代方面很可疑。又据梅祖麟（1984）、李崇兴（2007）等考证，《元曲选》里的宾白"基本上是明朝的产物"。这些材料中只有《燕青博鱼》一条还算比较可靠，作者佚名，是不是明人伪托也未可知。把《元曲选》分为宾白和唱词后，就会显示出其中所谓的元代｛找｝的用例并没想象的那么可靠。既然如此，那么依据时代更晚（明末刊刻）的戏曲中出现｛找｝的用例来说明元代存在｛找｝这种做法就更不可靠了。

假如在遴选材料方面坚持比较严格的标准，可以说15世纪以前还没有以用字"找"记录｛找｝的用例①。15世纪中后期出现的"爪探""抓探"值得注意，用例如下：

（7）先行分差乘觉夜不收再行抓探贼人临时的确去处，或可以遇夜劫营，或可以乘便追杀。（《叶文庄公奏议》边奏存稿卷3景泰四年（1453）"题为走回人口事"，明崇祯刻本，337页下）

（8）会同镇抚等官哨探大虏即今在何处？有无东行消息？或俱在宣府地方？爪探的确，作急回奏。（《皇明名臣经济录》卷15弘治十七年（1504）"题为预防黠虏奸谋事"，明嘉靖刻本，269页上）

（9）三月初三日，据乡导人等四路爪探，皆以为各巢积恶凶狡之贼皆以擒斩略尽，惟余党张仲全等二百余徒。（明王琼《晋溪本兵敷奏》卷10正德十三年（1518）"为捷音事"，明嘉靖刻本，79页下）

"爪探""抓探"的意思就是寻找、探寻。两个构词语素往往结合在一起使用，一般不分开。它主要出现在奏疏中，语境多为描述刺探对方军情之事。明末小说中｛找｝的用例也多出现在类似的上下文中。如：

（10）那主将临江侯陈镛，又是个膏粱子弟，不晓得兵事，只顾上前。不料与大兵相失了，传令道："且到金山屯兵，抓探大

---

① 明代前期表现真实口语的语料相对较少，这一客观因素也会影响结论。

兵消息。"(《型世言》第9回，十四页左)

我们认为，上述材料中的"爪探""抓探"都是并列结构。"爪""抓"记录{找}，跟{探}近义连文。当用字变为"找"时，就能看到"找探"的用例。如：

（11）岑璋叫把他首级取了，盛在匣中。着人悄悄的送与沈参将。这边各路正在猜疑，道他走在安南、走在武靖，四处找探。(《型世言》第24回，十六页左)

"爪"还可以与其他近义词构成"爪哨/哨爪""爪见""爪寻"等形式，也可单用。如：

（12）比见堡官，捏成套语：不曰了无烟火，则曰爪无贼纵（踪）。(明刘效祖编《四镇三关志》辽镇制疏隆庆五年（1571）"巡抚都御史张学颜亟处善后事宜疏略"，明万历刻本，400页下)

（13）五月三十日爪见本沟马迹一路，约有八九十余骑，往东行走。……差人分投爪哨，传谕收敛及整兵隄备。(明杨一清《关中奏议》卷12嘉靖四年（1525）"为回贼出没事"，四库本，362页上)

（14）据爪探夜不收谢和甫等报称：从本境八泉爪至中卫卢沟儿、红寺儿一带，并无敌踪。(《关中奏议》卷15嘉靖四年（1525）"为敌众入境官军斩获首级夺获敌马等事"，437页上)

（15）大抵边臣每以中国收降房酋索赏为词，即便其言信然，将安于不收乎？乃今滕良投降将及三月，未见有人爪寻者。(《皇明嘉隆疏抄》卷16明万历四年（1576）沈涵"酷暴边官仇视降人疏"，明万历刻本，692页下)

据上引奏疏用例，{找}见诸文献的时代应该是15世纪中期，用字作"爪""抓"。这两个用字为何当时能够通行却没有保留至今呢？只要评估{找}可能的用字，就会发现个中原因。要记录{找}首先要满足提示读音的要求,《广韵》上声小韵、巧韵下面的字与之大体对应。

《广韵·小韵》(之少切):沼,菬,箌

《广韵·巧韵》(侧鲛切):爪,叉,𪧘,㺒,笊,㠾,抓,芲

以使用的多寡为排序,以上八个字中"爪""抓"最为常用,"笊""沼"次之,其他几个在日常生活中几乎不会用到①。设想人们若从既有同音(音近)字中拿出一个记录{找},可用的候选用字就是"爪""抓""笊""沼"。"笊"不能单用(一般见于"笊篱"),形旁"竹"不能提示音义。"沼"存在既有的沼泽义,用它记录{找}会出现同形字,增加读者消歧难度,且形旁"氵"(水)不能提示意义。这样,只剩下"爪""抓"两个候选用字。

元代"爪""抓"二字的读音发生了分化。据《中原音韵》,"爪"归入萧豪韵,韵母保持不变;"抓"则转入家麻韵。元代押韵材料的证据如:

(16)子好交披上片驴皮受罪罚,他前世托生在京华,贪财心没命煞。他油铛内见财也去抓。富了他三五人,穷了他数万家。今世交受贫乏还报他。(《古今杂剧·看钱奴买冤家债主》"天下乐",32页上)按,此处韵脚字为:罚,华,煞,抓,家,他。

(17)那鞭却似一条玉莽生鳞角,便蚤半截乌龟去了牙爪。(《古今杂剧·尉迟恭三夺槊》"隔尾",12页上)按,此处韵脚字为:角,爪。

既然"抓"不再跟"爪"同音,口语中的新词{找}在寻求用字时只有"爪""沼"。如果不创造新字记录{找},那么用字非"爪"

---

① 《现代汉语词典》中,zhǎo这一音节下也只有三个字:爪、找、沼。

莫属。这样寻找（动词）的"爪"跟指爪牙（名词）的"爪"同形，为了区分二者就给做动词的"爪"加形旁"扌"（手）以提示意义，用字也就变成了"抓"。这样下来，"抓"字就出现了同形形式，分别为抓取义和寻找义，读音各异。既然现有形式有缺点，人们就会寻找其他更合适的用字。

"找"字本是表划船的"划"的异体。唐代以前，"找"表示划船义的用例在实际文本中罕见。换句话说，"找"可能只是一个储存在字书中的字，没有流行开来①。"找"音 huá，跟寻找之｛找｝音义无关，为何又用它来记录｛找｝呢？这可能是受与之同音同形而不同义的另外一个词的影响。明陈士元（1516—1597）《古俗字略》卷7："补其不足之数曰找｛音爪｝"。（162页下）这说的是16世纪中后期表示把不足部分补上时汉语口语中有一个音 zhǎo 的词。《正字通》手部"找"字注："户牙切，音骅。与划同。拨进船也。俗音爪。补不足曰找。"（424页下）据其记载，与｛找｝同音不同义的"找"在真实口语中有很强的势力。嘉靖初期已经有十分典型的用例，其后习见。如：

（18）自前子时六刻交二之气数起至七十五刻，乃值戌时四刻也。百刻而除七十五刻，剩下二十五，算入三之气内，仍该找六十二刻半凑作八十七刻半也。（明汪机撰《运气易览》卷1"六十年交气日刻"，明嘉靖十二年刻本，8页上）②

（19）身投浊水秋胡妇，哭倒长城美孟姜。这泼赖难轻放，着落他疏通河道找补边墙。（《海浮山堂词稿》卷4"十一煞"，明嘉靖刻本，708页上）

---

① 明代文献中目前仅见如下一例：此贼恐是住套零贼，或是近日找筏过河零贼。（《晋溪本兵敷奏》卷4"为传报紧急声息事"，明嘉靖刻本，685页下）

② 本节共出现5处"找"字，用法均同。

既然补不足义和寻找义的用词同音且没有其他更好的选择，人们自然会以“找”来记录{找}。此类用例在明嘉靖后期出现，明万历以后增多。如：

（20）子弟每拦街立捧酒浆，姨夫每沿城走找药方，老虔婆气瞒心跳八丈，丑撅丁手捶胸泪两行。（《海浮山堂词稿》卷3“么篇”，683页上）

这样下来“找”字就记录了两个词——寻找义的{找}$_1$和补不足的{找}$_2$。为消除同形现象，人们会通过增减笔画的方法改变“找”的字形，以区分{找}$_1$和{找}$_2$。有时减“丿”笔作“扌弋”，有时增“丿”笔作“我”。明谢肇淛记录了这类现象。

今人俗字有夯【和朗切】，歪【和乖切】，……扌弋【爪】，帮【搒平声】……等字，然多见之俗牒耳。（明谢肇淛《五杂俎》卷13，明万历刻本，613页上）

按照谢氏说法，“扌弋”的读音跟“爪”相同，仅据此还不能证明它可以记录{找}。明代文献中的确出现用字“扌弋”的实际用例，主要见于“二拍”。如：

（21）却像扌弋寻甚么东西。（《拍案惊奇》卷12，361页上）

（22）又去唤集众人，点着火把，望屋后山上到处扌弋寻。（《二刻拍案惊奇》卷10，147页下）

“找”“扌弋”形体接近、读音相同，要彻底区分它们实非易事。受同音因素的影响，“扌弋”有时候也可以用来表示补不足。如：

（23）先把赏钱一半与他，事完之后扌弋足。（《拍案惊奇》卷36，641页下）

给“找”字左上角增笔“丿”，用字与第一人称代词“我”同形。由于第一人称代词是高频使用的常用字，受其影响以“我”记录{找}这一做法并没有通行开来。清代出现的“我”的个别用例可能是人们偶一为之。如：

（24）从此顺路我个敝友说一句话。（蒙古王府本《石头记》第 2 回，54 页）按，戚本作"找"。

（25）四下里寻情，我门路。（蒙古王府本《石头记》第 3 回，77 页）按，戚本作"找"。

以上论证假设寻找义的｛找｝以"找"字记录，是受到了补不足义的｛找｝的影响。那么后者何以会有 zhǎo 的读音？前文所引陈士元、张自烈等人的看法虽记录下了这类现象但并未说明理由。清人翟灏认为这其实是一种误读。

> 俗谓补不足曰找。据《集韵》，"找"即"划"之变体。而俗读如爪，盖以划音胡瓜，误认"瓜"为"爪"焉耳。俗字之可笑类如此。（《通俗编》卷 36 "划"，633 页上）

翟灏认为"瓜""爪"形近所以误"瓜"为"爪"，这是很有可能的[①]。因为人们把字认错了所以改变该字所记录的词的读音，那就意味着人们借助文字才学会了｛找｝$_1$ 和｛找｝$_2$ 的。对于社会大众来说，他们果真是先认识了字然后才知道这两个词的吗？恐怕不然。｛找｝$_1$ 和｛找｝$_2$ 都是口语词，对于不识字的人来说，借助口耳相传他们就能习得这两个词。翟氏的看法是不符合口语词的习得方式的，其结论可疑。此外，即便"找"音胡爪切，韵母变得与｛找｝相同，胡爪切这一读音中声母部分跟｛找｝差别依旧很大，二者声母方面的对应关系不明。这一问题有待继续研究。

寻找的｛找｝产生后，其用字经历了由"爪""抓"变为"找"的过程。这一变化在通俗文献中表现得比较明显（如表 23）。

[①] 承张涌泉先生告知，"瓜"异写作"𤓰"，俗写又作"爪"，故胡瓜切的"瓜"有可能被误读作"爪"。谨致谢忱。

表 23　明代通俗文献中 {找} 的用字情况

	三国演义	元曲选	金瓶梅	古今小说	醒世恒言	警世通言	拍案惊奇	二拍	型世言
爪	2	4							
抓			14	6	5	5			3
找		1	20	1	1	2	6	3	5
扰							1	8	

表 23 说明，时代相对较早的《三国演义》《元曲选》中习用"爪"，再晚些的"三言"、《金瓶梅》则"抓""找"并用，明末"二拍"中的习用字就变为"找"或"扰"了。从中，可以看出记录 {找} 的用字的归一化。"爪""抓""找"都有同形形式，表找补义的 {找} 其搭配对象多为银钱，与表寻找的 {找} 没有交集，因此"找"虽有同形形式但不影响交际。

到了明末，"找"成为记录 {找} 的习用字。李卓吾批评本《西游记》中出现 {找} 约 90 例（殷晓杰 2008），用字均为"找"。清代，"找"作为习用字继续使用。"抓"则在个别文献中零星使用。如：

（1）宝玉急得手脚正没抓寻处，只见贾政的小厮走来，逼着他出去了。（《红楼梦》第 33 回，79 页上）

用字"找"用于记录 {找} 起初集中见于通俗文献。明代晚期其使用范围扩大，比较正式的文献（如奏疏）中也见使用。如：

（2）至若管本吏丁选始而任，其藏匿不能预先觉察，既而按期缴本又不能仔细简查。万一找寻弗获，此本竟归乌有，谁任疏纵之咎？（明凌义渠《奏牍》卷 4 崇祯九年"为蔑法科役私匿红本"，明崇祯刻本，55 页上）

{找} 的用字变化过程说明，口语中的新词选择适合它的用字是不容易的。这些用字的基础是口语，它们为了达成记录口语词的目标而彼此竞争。{找} 试图用"爪""抓"来记录自己，都跟既有的同形形式"撞车",改用"找"后碰到了一个不常用的同形形式,情况就好些。虽然这样又跟表补不足义的同形,但借助上下文可以消除歧义。几番竞争下来,{找}的用字最终固定为"找"。

18. 桌

卓/棹/槕/桌

现代汉语中,{桌}是人们日常生活中习用的常用词。它可以是名词(桌子)也可以是量词(一桌酒席)。桌子这一实物产生时代较晚,目前看到的最早是五代时期①。伴随着新事物的出现,语言中产生了指称它的新词——{桌}。其用字先后有"卓""棹""桌""槕"等。作为物品,桌子贴近日常生活,其命名理据和用字也就引起了很多学者的关注。宋人黄朝英指出:

> 今人用"倚""卓"字多从木旁,殊无义理。字书从木、从奇乃"椅"字,于宜切,《诗》曰"其桐其椅"是也。从木、从卓乃棹字,直教切,所谓"棹船为郎"是也。"倚""卓"之字虽不经见,以鄙意测之,盖人所倚者为倚,卓之在前者为卓。此言近之矣。……故杨文公《谈苑》有云:"咸平景德中,主家中造檀香倚卓一副。"未尝用"椅""棹"字,始知前辈何尝谬用一字也。②(黄朝英《靖康缃素杂记》卷3,清守山阁丛书本,基39)

黄朝英,生卒年不详,宋哲宗、徽宗时(1086—1126)人。他既给出了{桌}的命名理据(卓立),③也指出了北宋的用字情况。据

---

① 杨泓提到,"传为五代作品的《韩熙载夜宴图》中,可以看到各种桌、椅、屏风的图像,桌、椅等已是主要坐具"。(《床的变迁》,《中国文物报》1999年11月30日)
② 张涌泉(1995a:155)讨论"卓子"时也引用了这一条材料。
③ 明方以智《通雅》卷34"倚卓"、清王棠《燕在阁知新录》卷26"倚卓"、清桂馥《札朴》卷6"桌"等也探讨了命名理据,结论大体相同。

其记载北宋前期（咸平、景德年间）记录｛桌｝的用字是"卓"，到了他生活的时代（北宋晚期）人们习用从"木"的"槕"来记录｛桌｝。也就是"卓"变为"槕"，"倚"则为"椅"。①黄氏的记载大致反映了北宋的实际情况。宋代"同时资料"中记录｛椅｝时出现了"倚""椅"并用的情况，记录｛桌｝时则有所不同。初步调查表明，宋代"同时资料"中出现｛卓｝的约有14种②，宋人文献的元刻本③有百余例，用字大部分都是"卓"，很少看到写作"槕"的情况；"桌"则没有出现。常见的有"供卓""卓子"等，如：

（1）叙语未终，公推倒卓子。(《五灯会元》卷20"侍郎无垢居士张九成"，宋刻本，基2039)

（2）因与共处于天宁寺佛殿之供卓下。(宋朱翼中《挥麈余话》卷2"建炎戊申冬"，宋刻本，基764)

（3）明日取出，通风处安卓子上。(《北山酒经》卷中"玉友麹"，宋刻本，基28)

元代｛桌｝的习用字也是"卓"，沿袭宋代的习惯。元代"同时资料"（如《古今杂剧》《朝野新声太平乐府》《乐府新编阳春白雪》《元典章》等）均使用"卓"。兹举数例：

（4）窗隔每都颭颭的飞，椅卓每都出出的走，金银钱米都消为尘垢。(《南村辍耕录》卷17"某人以善"，四部丛刊三编影元

---

① 承董志翘先生告知，敦煌文献P.268出现二例从"木"的"椅"字。该卷子末有"大汉乾祐六年"字样，属五代写本。
② 据中国基本古籍库宋代部分的检索结果。
③ 宋代刻（抄）本中出现了｛桌｝的文献有《宣和奉使高丽图经》(3例)、《宋中兴纪事本末》(1例)、《清波杂志》(3例)、《晦庵集》(12例)、《北山酒经》(2例)、《夷坚志》(12例)、《夷坚支志》(24例)、《挥麈录》(3例)、《宾退录》(1例)、《学斋佔毕》(1例)、《五灯会元》(4例)、《乡仪》(1例)、《家礼》(64例)。由于用字习惯没有发生变化，宋人文献的元刻本可以看作"准同时资料"。其中出现了｛桌｝的有元刻本《朱文公易说》(6例)、《东京梦华录》(8例)。

本，十二页右）

（5）公廨铺陈毯毡、灯油、床塌、书案、案衣、砚卓并经历、知事、知法、书史、书吏人等公用卓床荐席。(《元典章》卷59，工部二"公廨·按察司公廨铺陈"，570页上）

据上可知，明代以前记录｛桌｝的习用字都是"卓"。清翟灏《通俗编》卷26"倚卓"按语："'桌'字元以前未见，'椅'则陆龟蒙诗'竹床蒲椅但高僧'已用之。"（537页上）翟灏指出元代以前没有今天的通行字"桌"记录｛桌｝的情况，这种看法是符合实际的。他没有大规模地调查文献用例而得到了符合实际的结论，这背后隐藏着的就是用字习惯的规律性（一叶知秋）。

"棹"用于记录｛桌｝在宋元时期少见，明代以后有较多用例。如：

（6）且如这个棹子，安顿得恰好时便是仁。(《朱子语类》卷95，明成化刻本，基3898）按，元刻本《朱文公易说》卷15有相同记载，文字作"卓子"（基743）。

（7）如水盏，凡八，置之棹上。(《文献通考》卷135"八缶"注，明刻本，基6068）按，四库本此处作"楝"（141页上）

《朱子语类》的这则记载出现了版本异文。元刻本作"这个棹子"，明刻本作"这个卓子"。"卓""棹"异文反映了用字的时代差异。

进入明代，新用字"桌"字出现并很快引起了人们的注意。明兰廷秀《韵略易通》卷上江阳韵入声："桌，案桌。""卓，持（特）立也。"（137页下）以"案桌"释"桌"并且把"桌"作为独立的词条加以解释，这反映了15世纪前期"桌"在日常生活得到了比较广泛的使用。只有"桌"大量使用以后，编者才会将其作为通行字收录。其他用例如：

（8）一日摆宴，有少监郭敏进膳，将膳桌上的吃食等物奉圣旨，哈铭分与锁那俺等挈去……(《正统临戎录》，明万历纪录汇

编本，基 49）

"桌"广泛使用并不意味着它是人们认可的规范字。朝鲜汉语教科书作为外国人学汉语的材料，使用的文字应该是相对规范的用字。其中出现的记录｛桌｝的习用字依旧是"卓"，比如元代《原本老乞大》中"卓"3 例，明代《老乞大谚解》中"卓"3 例、《朴通事谚解》中"卓"9 例，清代《老乞大新释》中"卓"4 例、《重刊老乞大》中"卓"4 例。

在｛桌｝的用字方面朝鲜汉语教科书的表现与其他文献并不一致，这应该怎样解释呢？应当承认，教科书反映的更加真实。"桌"在明代广泛使用之时，"卓"并没有从人们的笔下退出。直到明嘉靖年间仍在使用（《清平山堂话本》中以"卓"为习用字）。这说明"卓""桌"彼此共存且"卓"占据强势地位。此后，｛桌｝的用字开始分化，这种分化往往跟文献的性质有关。以文献的口语化程度作为参照标准，比较正式的文献中继续使用"卓"字（如明嘉靖刻本《大明律释义》、明万历刻本《大明会典》等）；通俗文献中则是"卓""桌"并用。从用例的数量上看，"卓"要比"桌"多出不少，"桌"则在某些材料（《西游记》《拍案惊奇》）中超过了"卓"（如表 24）。

表 24 明代文献中｛桌｝的用字情况

	通俗文献									正式文献	
	水浒传	清平山堂话本	平妖传	西游记	古今小说	警世通言	型世言	拍案惊奇	元曲选	大明律释义	大明会典
卓	141	12	50	27	38	36	21		52	2	约140
桌			1	43	4	6	18	28	41		
棹			2	2		1		1			

表 24 中，《水浒传》《清平山堂话本》《平妖传》《古今小说》大量用"卓"，除《拍案惊奇》外其他则"卓"与"桌""棹"并用。这种

差异与二书的形成过程有关。《水浒传》《平妖传》的定型时代大致相当于元末明初,这一时期的用字习惯是"卓",因此书中保留着的记录{桌}的习用字就是"卓"。以{桌}的用字作为标准,我们认为二书刊刻时代虽晚但大致保留着写定时的原貌。《清平山堂话本》《古今小说》中很多篇目都是宋元时期的作品,用字也保留当时习用字"卓",且"卓"的数量远多于"桌"。《拍案惊奇》《型世言》的形成时代很晚,因此表现出"桌"明显增加甚至超过"卓"的势头。《元曲选》大量使用"桌",这应该就是明人刊刻时的改动了,因为元代不可能出现较多的习用字"桌"。这些材料都是口语性很强的,但在用字方面表现的彼此不同,说明刊刻本身会影响用字的选择。

入清以后,"卓"的用例明显减少,主要见于清初成书的一些作品(如《醒世姻缘传》《儒林外史》等)。用字"棹"则有一定幅度的增加,且用法跟"桌"没什么区别。少量情况下出现了"橽"。

表25 清代小说中{桌}的用字情况

	醒世姻缘传	儒林外史	红楼梦	儿女英雄传	官场现形记
卓	60	9		4	
桌	约79	104	83	69	100
棹		3	60	96	

(9)贾母带着宝玉、湘云、黛玉、宝钗一棹,王夫人带着春姐妹三人一棹,刘老老挨着贾母一桌。(《红楼梦》第40回,124页上)

(10)他就跳上卓子,把那桌子上的菜舔了个干净。(《儿女英雄传》第6回,417页上)

(11)伊大人唬的一身冷汉(汗),睁眼一看,橽上残灯犹明。(《永庆升平》第48回,九页右)

清代修订的汉语教科书《老乞大新释》《重刊老乞大》中记录

｛桌｝的习用字是"卓",这似乎说明它在清代仍是规范字,但这恐怕不符合实际情况。《老乞大》在修订时采取的策略一般是将那些不符合真实口语的词汇、语法、文字形式改成规范的形式。清代记录｛桌｝的用字很多,还没有统一的规范字。《老乞大》的修订者面对这一情况也无从取舍,仍其旧而不改便是最简便的做法了。

"卓"的习用字地位逐步被"桌"取代,原因在于"卓"这个字本身的语义负担过重。在宋代以后的几百年中,它兼名词、动词和量词,记录｛桌｝时它也无法准确提示意义。"棹"则是为了提示意义而加的"木"旁,却又跟已有的指船桨的"棹"同形。因此,"棹"虽然很有势力但并未占据习用字的位置。在没有规范的力量出现以前,两种用字在相当长的时间中并行而不废。

"卓"在《广韵》中属入声觉韵。明代其入声韵尾消失,韵母有时是 ao,有时则作 uo。押韵证据如:

(12)他们都采结的高楼,铺陈宴卓。这的是牛女会期相逢,相逢是少。致令的乌鹊填河两意招。愿神仙下碧霄。摆列着珍果杯盘,恰便似莺期燕约。(《雍熙乐府》卷6"粉蝶儿·庆七夕",516 页上)按,此例中韵脚字为卓、少、招、霄、约。

(13)见人家三汤两割,吃卓看卓。你看我将袖揎拳,狼飡虎咽,眼少贪多。大食箩,小包裹,收拾起座。把几个使从人眼睛瞧破。(《雍熙乐府》卷6"粉蝶儿·悭客",561 页上)按,此例中韵脚字为卓、多、座、破。

《正字通》卷 5 木部"桌":"竹角切,音卓。俗呼几案曰桌。旧注高也,误。"(529 页下)张自烈指出"桌""卓"同音竹角切,这是有入声的地区的读音。当入声韵尾消失后,"桌"归入阴平,"卓"则入阳平。这种语音差异在清代后期已经形成,威妥玛《语言自迩集》记录下了这一差异。

桌，卓 cho1，cho2，桌子。量词是"张 chang1"（115），如：三张桌子 san1 chang1 cho1 –tzǔ。卓 cho2，是"桌"的本字。（《语言自迩集》第三章第 148 条，78 页）

威妥玛把"桌""棹"二字都标为 cho1（455 页）。二字同音，都可以记录｛桌｝。同时期文献《儿女英雄传》中也出现了这两种用字。据威氏记载，｛桌｝在清代后期已经是舒声字了。

为"卓"增加"木"作"棹"，这是通过分化字形以区别词义。现实生活中桌子腿较多（一般为四条腿），表现在文字上就是要有额外部件支撑。把"卓"下方的部件"十"换成"木"大概就是为了感观上的稳定。再给"桌"加"木"旁作"槕"，"槕"字中有两个"木"，这种叠床架屋造出的新字并未被人们接受。前人对｛桌｝的用字看法不一。

卓，高也，立也。今高几谓之卓子。……时俗相传，仍可其情而制其名。乃谓棹者，何也？按，"棹"字古无。……今宜写"卓""倚"，不宜写"棹""椅"也。（清王棠《燕在阁知新录》卷 26 "倚卓"，193 页下—194 页上）

古人用几筵，今之桌所以代几也。……后人从木作"椅""桌"，又"桌"字加"木"傍作"槕"，俗书也。（清朱琰述《陶说》卷 6 "灵芝葡萄桌器"注，清知不足斋丛书本，基 217）

凡后世器物，古人所无，则别造一字或借用古字，皆可依用，不为俗也。今世之卓倚，通行殆千余年，而诗文中竟鲜有用之者。然其字则或作"卓""倚"，或作"棹""椅"，皆不可谓之俗也。（清文廷式《纯常子枝语》卷 19 "字以孳乳而多"，民国刻本，283 页上）

前引宋人黄朝英也认为从"木"的"棹"是"殊无义理"，王棠认为这样写"不宜"。朱琰述认为这是"俗书",文廷式则认为这"不可谓之俗"。他们或肯定或否定,或批评或赞同,但他们的价值判断都不能影响{桌}的用字变化。从"卓""棹""桌""槕"最终定型为"桌",这是自然发生的。与之相似,指椅子的{椅}其用字也发生了从"倚"到"椅"的变化①。汉语史上这类用字分化的现象很多,有的分化时代较早,后来被人们接受。有的则分化很晚,引起人们的异议。

19. 嘴

觜 / 觜 / 嘴 / 咮 / 嘴 / 咀

现代汉语中,{嘴}是人们口头上的常用词。它可以指鸟兽虫鱼的嘴或者人的口,还可指器物较尖利的部分。就指称对象是人的口而言,与{嘴}对应的旧词是{口}。自吕传峰(2006a)开始,人们逐步意识到新旧词替换过程中新词{嘴}用字的复杂性和多样性,但还没有系统性地收集其用字并对它们进行归纳梳理。结合前人研究(张涌泉 1999,黄征 2005,吕传峰 2006a)以及我们对一手材料的调查,可以发现{嘴}的用字数量很多。大致来说,晚唐五代时期已经存在"觜""觜""嘴""咮""嘴"等用字。

结合文献调查②,各用字在记录{嘴}时表现出了比较明确的时代性或文献分布特征。其间各用字既有地位的升降也有竞争替代,情况比较复杂。以下按"觜""觜""嘴""咮""嘴""咀"的顺序进行说明。

---

① 据董志翘研究,{椅}的用字最初作"倚",敦煌文献中已有可靠用例(参董志翘《说"椅"、"椅子"》,《语文建设》1999 年第 3 期)。
② 以元代为界,出现{嘴}且刊刻时代不晚于此的文献包括中土文献和佛教文献两类。其中五代以前的出土文献 50 余种,宋辽金时期约 90 种,元代 25 种。汉末至北宋佛教文献约 100 种,宋元 5 种。

"觜"起初并非记录{嘴}的用字。《说文·角部》:"觜,鸱旧头上角觜也。从角,此声。"从《说文》叙述可以看出,它最初跟"角"是同一类,隐含着尖利的特征。而鸟兽的嘴往往也是凸出的,由于外形相似它就可以用来指称鸟兽的嘴了。南北朝后期,人们认可了这种做法。《篆隶万象名义·角部》①:"觜,子移反。……鸟口。"

从传世文献看,"觜"记录{嘴}的始见书证见于东汉。东汉张衡《东京赋》:"秦政利觜长距,终得擅场。"②("二典",吕传峰2006a、2006b)"利觜长距"形容的是秦始皇的外貌,即以"利""长"描述秦始皇的口部和腿部。这跟鸟兽的利嘴和长腿相似,是用了比喻的修辞手法。"利觜长距"后来缩略为"觜距",有时也作"紫距""嘴距"。如:

(1)有大铁乌觜距长利,从山飞来。(东晋佛陀跋陀罗译《佛说观佛三昧海经》卷5,丽藏本,125页上栏)按,《经律异相》卷50引此经作"嘴距"(丽藏本,591页中);清灵乘父辑《地藏本愿科注》卷3注引《观佛三昧经》作"紫距"(《卍续藏经》,705页下)。

(2)身生毛羽,隔诸细滑,嘴距粗靽,不别触味。(后秦鸠摩罗什译《大智度论》卷16,中华藏影金藏广胜寺本,380页下栏)按,丽藏本作"嘴"(533页中)。

东汉至隋唐这七八个世纪里,"觜"的分布范围很广,用例也很丰富。佛教文献出现110余例;五代以前的中土文献出现170余例。宋元时期,"觜"的用例更是习见,其中宋辽金240余例,元代100余例。这在史籍、杂著、诗文中表现明显,不再举例。唐初郎知本《正

---

① 《篆隶万象名义》源自南朝梁顾野王《玉篇》,据此可以说明"觜"在南北朝的性质。

② 此例出自宋刻本《文选》,属"后时资料",写定时代最早(东汉)。

名要录》将"觜"归入"古而典者"(据《敦煌俗字典》),就是其中的一个明证。

"策"起初也不是用于记录｛嘴｝的。《说文·此部》:"策,识也。从此,朿声。一曰藏也。"《广雅·释器》上"石针谓之策"王念孙疏证:"策者,锐末之名。鸟喙谓之觜,义相近也。"按照王念孙的解释,它指的是物体尖锐的末端。这跟鸟兽的嘴外形相近,因此可以采用表石针的"策"字来记录｛嘴｝①。《篆隶万象名义·此部》:"策,子累反。鸟喙也。"用字"策"记录｛嘴｝最初在三国译经中出现并且只见于佛教文献,总计40余例。如:

(3)诸臣当知,岂可以藕根中丝悬须弥山耶?可以兔身渡大海耶?可以蚊策尽海底耶?(吴支谦译《菩萨本缘经》卷上"一切施品",丽藏本,28页中)

(4)今此大怨已来逼身,其策金刚,多所破坏,当如之何?(《菩萨本缘经》卷下"龙品",45页下)

"策"的主体可以是蚊,也可以是大怨。大怨本是抽象的观念,在上下文中把它具体化为某种动物——金翅鸟。传世中土文献中尚未找到该字的例证,这显得有些奇怪。间接证据表明它在中土文献中也有使用。如丽藏本《玄应音义》卷5"鸬鹚"引《尔雅》郭璞注:"即鸬鹚也。此鸟策头如钩,食鱼者也。"(74页下)古逸丛书影宋蜀本《尔雅·释鸟》郭注叙述同样的事时字作"觜"(基137)。这组异文说明"策"在中土文献中有,并且有人会改"策"为"觜"。此外,宋刻本《经典释文》卷40在注释《尔雅·释鸟》篇时曾将"策"字作为独立条目加以解释,可证陆德明所见《尔雅》郭注部分必然有"策"的用

---

① 嘴具有外形尖利的特点,古今多位学者都已指出(详见吕传峰2006b:6)。敦煌文献《字宝》张涌泉注[二五五]:"'嘴'字古本作'策',后借用本指猫头鹰毛角的'觜'。"(据《敦煌经部文献合集》)

例。唐代保存着这个用字，后来消失。如：

（5）鸡设有放逸者，彼中或鸡子以紫以足啄破其卵。（东晋僧伽提婆译《中阿含经》卷56，丽藏本，517页上）

（6）于彼狱处复有诸虫，名曰钩紫。（隋阇那崛多译《善恭敬经》，丽藏本，531页中）

（7）尔时便有铁紫大鸟上彼头上，或上其髀，探啄眼睛而噉食之。（唐玄奘译《瑜伽师地论》卷4，丽藏本，558页上）

在记录｛嘴｝时，唐代"觜""紫"二字并用，相互竞争。检《唐五代韵书集存》①，S.2071《笺注本切韵》上声纸韵："觜，即委反。或作紫。"又故宫本《刊谬补缺切韵》上声纸韵："紫，即委反。鸟喙。或作唻，通俗作觜。"敦煌本、裴务齐正字本记载同故宫本。四部丛刊影宋本《广韵》收"觜""紫"两种，沿袭《切韵》。唐代译经中的用字情况与韵书记载相符，只是韵书中没有收入译经中常见的用字"嘴"。

到了晚唐五代，"觜"已经成为记录｛嘴｝的习用字，"紫"渐渐淡出。敦煌变文中多用"觜"（12例）而不用"紫"。宋元明时期，"觜"的主导地位一直保持着。

"嘴"是用来记录｛嘴｝的新字，《说文》不收。它从口、隽声，"隽"又从"隹"（zhuī）的声②。"嘴"又可以写作"嶲"，右下角的笔势发生了变化。初步调查表明，用字"嘴"基本上见于佛教文献，有190余例。自东汉至隋译经中习见使用。如：

（8）——网间铁嘴诸虫无量无边，从顶上入，贯骨彻髓，劈足而出。（后汉失译《受十善戒经》"十施报品第二"，丽藏本，

---

① 《集存》中虽收录了多种韵书，但多为残卷，缺少｛嘴｝的相关记录。
② 《慧琳音义》中多次分析了"嘴"的结构，认为是从唯、从乃（如卷84释"赤嶲鸟"条）。这恐是"隽"读音发生变化后的重新解释。若按其分析，则"嘴"是形声字，"唯"为声旁，"乃"为形旁。形旁"乃"无法揭示该字的义属。

334 页下）

（9）常为狗犬之所啖食，铁噄诸鸟挑啄其目，灰河坏身，犹如微尘。（《菩萨本缘经》卷下"兔品"，丽藏本，40 页中）

（10）鸟兽以噄爪，抓瓯共斗诤。（南朝宋求那跋陀罗译《宾头卢突罗阇为优陀延王说法经》偈，丽藏本，57 页下）

（11）雄鸽不信，瞋恚而言："非汝独食，何由减少！"即便以噄啄雌鸽煞。（萧齐求那毗地译《百喻经》卷 4 "二鸽喻"，丽藏本，21 页上）

（12）故有铁噄忽然生出飞来，向彼地狱众生两髀之上安立脚已，即以铁噄啄彼罪人两眼而去。（隋达摩笈多译《起世因本经》卷 3，丽藏本，365 页上）

进入唐代，"噄"依然是被人们认可的代表用字之一。唐郎知本《正名要录》将其变体"㖃"归入"今而要者"。该书是从"正字"角度编写的，反映出唐初敦煌地区"噄"还在继续使用。此后用字"噄"渐渐淡出。以玄奘、义净、菩提流志、不空等人的译经为例[①]，其中用"觜""策"二字，不用"噄"。除类书、经录等转引早期文献时会抄录"噄"外，其他文献中几乎看不到了。原因之一在于当时人们不认可"噄"是｛嘴｝的用字。《玄应音义》卷 2 释《大般涅槃经》"蚕策"："《经》文作噄。检诸经史无如此字。傅毅《七激》云'噄埴饮泉'作此字。音与吮同，徐荬反。噄非字义。"（27 页下）这类评价在《玄应音义》中多次出现。此后，慧琳也多次将其定性为"非也""非此义""俗字""非字"（如卷 34 "钩策"、卷 54 "鸟策"、卷 65 "策破"、卷 69 "铁策"等）。既然大家不认可，那么它见诸文献的机会就少得

---

① 选择这些译师的译作作为调查对象，是因为他们的译作数量比较大，也就比较有代表性。

多。唐代个别用例如下:

(13) 若金翅鸟以嘴爪,搏撮水陆诸龙等。(唐慧智译《赞观世音菩萨颂》,丽藏本,609 页中)

(14) 后生一男,口为鹰嘴,遂不举之。(《冥报记》卷下,涵芬楼秘笈据唐抄卷子本排印,409 页上)

南北朝时期,用字"喇"被看作"觜"的异体,用于记录{嘴}。《篆隶万象名义·口部》:"喇,子累反。鸟喙也。觜字。"《玄应音义》卷 9 "觜距":"今作喇,同。"(124 页下)有时构件"束"在书写时会讹变作"束"。① 传世文献中"喇"的实际用例较少,仅见个别用例。如:

(15) 若病痰而食甜肥醎酸,令人喇鼻多汁。(隋智顗说、灌顶录《金光明经文句》卷 6,中华藏影明永乐南藏本,336 页中)

"嘴"是由"觜"增"口"旁而出现的新字。它的产生时代是相当晚的,成为习用字的时代更晚。《唐五代韵书集存》所收各书、《玄应音义》以及《广韵》等均不见"嘴"的相关记载。慧琳首次注意到了"嘴"的存在,有时认为它是异体字,有时则认为它是古字,看法前后不一。《慧琳音义》中近 40 次谈到了{嘴}的用字情况,其中有三处记载:(1) 正作觜,……或作喇、嘴②。(卷 39 释《不空绢索经》"九觜")(2) 或作嘴。(卷 66 释《集异门足论》"口觜")(3) 或作喇,亦作嘴,皆古字也。(卷 84 释《古今译经图记》"赤觜乌")

慧琳收录字形的根据是他当时能够看到的佛经写本,据此推测用字"嘴"记录{嘴}在唐代译经中存在。实际文本中出现了某一用字,并不意味着它被社会接受。辽希麟《续一切经音义》卷 8 释《根本药

---

① 讹变作"喇"后它就跟吮吸义的{嗽}的用字成为同形字。

② 张涌泉(1996a)"觜"条云:"'觜'字……大约唐代以后又增旁作'嘴'。"所据材料就是慧琳的记载。

事》"觜端"："上即委反。《埤仓》作柴，《说文》同。鸟喙也。《律》文从口作嘴，字书无此字。"（410 页中）也就是说"嘴"并不见于字书，也就不能为当时读书人所接受。

调查结果显示，《高丽大藏经》中五代以前部分没有发现用字"嘴"的实际用例。唐代已经出现从"口"的"嘴"字，从使用范围及数量上看，"嘴"相对于"觜"来说少得多，很可能就是偶一为之。有的"嘴"字往往存在对应的"觜"的异文。①

目前可见的"嘴"的可靠用例见于变文。《敦煌变文校注·降魔变文》："两迴动嘴，兼骨不残。"②（565 页）南宋明州刻本《集韵》上声纸韵收"嘴"字，位于"觜""㭲"之后，列末位。这是字书第一次收录"嘴"字，列末位肯定了用字"嘴"的存在也说明它不是记录{嘴}的习用字。

四部丛刊影宋本《龙龛手鉴》卷 2 鸟部入声"鹤"字下注："似鹊而嘴长。"既然行均的注文出现了"嘴"，那么正文部分就应当收入（最好将其归入正文"觜"字之后）。该书正文未收"嘴"字，说明注文中从"口"的"嘴"还是俗书。复检《慧琳音义》，卷 4 "白鹤"条注："似鹊而觜长。"慧琳与行均叙述相同，行均采自慧琳，不必改"觜"为"嘴"。《龙龛手鉴》之"嘴"可能是宋人刻书时所改。

{嘴}最初指鸟嘴，强调其外形的尖利。隋以前其主体大都是鸟兽虫等有生命物，如果用于人的话，就是把人看作是像动物那样有尖

---

① 如《佛说观佛三昧海经》卷 5 出现 1 例"嘴"，原文作"诸铁嘴虫化为凫雁"（中华藏影金藏广胜寺本，513 页下）。按，本卷共出现"觜"14 例，"嘴"1 例。此例"嘴"，碛砂藏本、丽藏本均作"觜"，中华藏失校。据此可以推测此处作"觜"更接近原貌，金藏本的这例"嘴"系后人所改。

② 《王重民向达所摄敦煌西域文献照片合集》第 30 册，11428 页。又《敦煌变文校注·大目乾连冥间救母变文》出现一例"嘴"，作"铜嘴鸟咤咤叫叫唤"（1032 页）。今检《英藏敦煌文献》第 4 卷 S.2614 照片第 7 张，原卷作"铜觜鸟"，无"口"旁。

利的嘴。起初这是作为修辞现象出现的。如：

（16）世间皆处无明㲉，无有智觜能破之。如来智觜能啄坏，是故名为最大子。（北凉昙无谶译《大般涅槃经》卷32，丽藏本，292页下）

（17）又为此长觜夜叉等说此四圣谛。（隋阇那崛多译《大威德陀罗尼经》卷3，丽藏本，254页中）

（18）出语觜头高，诈作达官子。（《王梵志诗·世间慵懒人》）按，此例吕传峰（2006a）已引。

以上三例中｛嘴｝的主体分别是如来、夜叉、慵懒人。如来要啄鸟卵，夜叉的嘴很长，慵懒人的嘴很高。这些都是在描述尖利的外形，它跟一般意义上吃饭的口是没有关系的。语义上沿着［＋尖利］特征引申，｛嘴｝也可以用来指无生命物外形尖利的部分。唐代出现了描述"罐""筒"的用例，如：

（19）然其厕内贮土置瓶，并须安稳，勿令阙事。添瓶之罐著觜为佳。（唐义净《南海寄归内法传》卷2"十八便利之事"，丽藏本，21页下）

（20）于药所须器具杂物亦皆听畜，谓函杓大钵吸咽鼻筒。此筒法长十二指，应以铁作，或一觜双觜，吸咽入鼻可治诸疾。（唐义净译《根本萨婆多部律摄》卷8，丽藏本，70页中栏）

有些地名中也包含｛嘴｝。如北朝有河名"珠觜河"（元魏般若流支译《正法念处经》卷69），宋代有山名"鱼觜山"、地名"苟家觜"，今天香港有"尖沙咀"，同此。

入宋以后，雕版印刷业的快速发展加速了用字的统一。记录｛嘴｝的多种用字相互竞争后，"觜"最终胜出，"策""觜""喙"等则只能在一些字书中看到踪影。反映这一现象的资料很多，如辽行均《龙龛手鉴》收"觜"的11种字形，其中"此部"云：觜（俗），觜

（通），喽（正）。这是把"觜"看作当时的通行字。宋代一些具有规范性质的科举用韵书中也是如此。《增修互注礼部韵略》卷3上声纸韵："觜，即委切。鸟喙。"收"觜"字而不收"嘴"字[①]。这说明读书人习得的规范字就是"觜"。结合字书记载及对实际文本的用字调查，可以说宋代"觜"既是记录{嘴}的习用字同时也是规范用字，它得到了读书人及社会大众的认可。

元代{嘴}的主导用字情况与宋代相同。《中原音韵》卷上齐微上声收"○觜○髓○水"等字，收"觜"而不收"嘴"。通俗文献如《古今杂剧》《朝野新声太平乐府》等出现了"嘴"字，然而跟"觜"相比数量上仍处劣势。如：

（21）子是你合皱眉古都着嘴。（《古今杂剧·薛仁贵衣锦还乡》"么"，68页上）

表26　元代"同时资料"中{嘴}的用字情况

	古今杂剧（元刻本）	朝野新声太平乐府（元刻本）	梨园按试乐府新声（元刻本）	元典章（元刻本）
觜	4	5	3	1
嘴	2	1		

"觜"作为习用字持续使用至明代中期（15世纪末）。明初译作《元朝秘史》，其中全文翻译部分现出3例"觜"（均为"山觜"），未见"嘴"。成书于明代中期的朝鲜汉语教科书《训世评话》中出现1例"胡觜"，指人。《朴通事谚解》一书用"觜"共7例，均指称器物。这些教科书是供朝鲜人学习汉语的，学习语言的同时自然也会学习（社会大众认可的规范）文字。书中不用"嘴"说明"嘴"不被社会认可。

明代后期，因文献性质不同{嘴}的主导用字会有变化。小说、

---

① 四部丛刊续编影宋本《附释文互注礼部韵略》同。

戏曲等通俗文献中从"口"的"嘴"已经流行开了（如《水浒传》、《西游记》、"三言"、"二拍"等），"觜"则相当少见。比较正式的文献（如明万历刻本《大明会典》等）仍坚持用"觜"。如果站在没有接受太多教育的社会大众的立场上看，他们的笔下应该写"嘴"。这说明"嘴"已经成为当时的习用字了，"觜"保留在有知识的人群笔下。

用字"嘴"何以能够取代"觜"呢？这可从其语义特征方面进行解释。自汉迄宋，{嘴}多用于指称鸟兽虫鱼的嘴，它们的共同点是外形尖利。吕传峰（2006a）已经指出："鸟嘴的隐性义素特征就可分析为［＋尖利］、［＋坚硬］、［＋凸出］等。"在那些指人的用例中仍然隐含这一特征。如：

（22）蚊子叮/上铁牛，无渠/汝/你下觜处。（寒山诗、《祖堂集》卷16、《景德传灯录》卷9等）

（23）詹大和坚老来京师省试，罢。坐微累下大理。时李传正端初为少卿。初入之时，坚老哀鸣曰："某远方举人，不幸抵此。祈公怜之。"端初怒，操俚谈诟曰："子觜尖如此，诚奸人也。"因困辱之。……因曰："郎中若有素者，岂尝解后朝路中邪？风采堂堂，非曩日比也。"坚老答曰："风采堂堂，固非某所自见。但不知比往时觜不尖否？"（《挥麈余话》卷2第51则，四部丛刊续编影宋钞本，七页左、右）

"无渠下觜处"是把蚊子拟人化，人的嘴像蚊子的嘴一样尖利。李传正用俚语讥讽詹大和"子觜尖如此"，则是说明詹大和嘴尖（奸）不是人，借助谐音来达其讽刺目的。

元末以后，{嘴}已经能够自由地指称人的口，跟{口}变成了同义词，彼此竞争（吕传峰2006a）。此时，{嘴}"觜"原有的尖利这一语义特征已经磨损。人们在认知{嘴}时，关注的是它的功能（即食物出入的通道）。为了提示意义，用字变为从"口"的"嘴"就顺理成章地被人们接受了。

跟{嘴}对照，人们在认知{口}时关注的是它的功能。如"山觜"是说外形看起来比较尖；"山口"则是指人或物品往来经过之处。指有生命物的口时用字作"嘴"符合上述语义；指"沙觜""洲觜"等无生命物时跟通道义无关，也就不应该加"口"①。今天两种情况下都写作"嘴"，对后者来说就是"嘴"的"过度类推"。域外借词中仍在某些时候保存这种区分。韩语中，"觜""嘴"二者读音相同但用法有别："嘴"主要用于动物，用于人时含贬义；"觜"主要是指器物凸出、尖利的部分，也可以用于虫子、鸟类等嘴比较尖的动物，一般不能指人②。虽然笼统地说都是同一个词{嘴}，细分义项后就会发现语义的变化会影响用字的变化。在{嘴}的用字方面，韩语保留着唐宋汉语演变成现代汉语这一历史进程中的某一阶段（如表27）。

表 27 "觜"/"嘴"的历时差异

	唐宋	元明	清代
人的口	觜	嘴	嘴
鸟虫类的嘴	觜	嘴	嘴
物体尖利的部分	觜	觜	嘴

明代后期{嘴}的习用字变为"嘴"，跟今天一致。自那时起到清末民国，{嘴}的用字依旧在产生。"嘴"虽然提示意义但却不够简约，人们开始给它寻找一个便于书写的用字。清代后期的一些戏曲钞

---

① 现代汉语中，插嘴、噘嘴、努嘴、亲嘴、烟嘴儿等"～嘴"类词还保留着嘴外形凸出、尖利的特征，因而它们或者不存在对应的"～口"类词，有的话（如"亲口"等）意思也完全不同。

② 韩语情况据朴在渊《中朝大辞典》"觜""嘴"二条，并承韩国林升圭博士见告韩语用字，谨致谢忱。

本中出现了以"咀"记录｛嘴｝的现象（见于绥中吴氏戏曲丛刊《五虎传》①）。这种事情是由社会上文化水平不高的人去做的。他们没有太多规范字的束缚，可以根据需要去创新。如：

（24）大人不要暴炮（躁），下官多咀，莫要嗔怪。（《五虎传》，39册300页）

（25）有心与他们謪议謪议（商议商议）那宗勾当，那个男子又不离左右，话到咀边上我又不敢说。（《五虎传》，39册308页）

（26）牛三插咀忙接问："二姑娘他道（倒）未欠安？"（《五虎传》，40册209页）

"多咀""咀边""插咀"都是出现在人们说话的场景中，描述的是语言经过｛嘴｝出来。这些都是｛嘴｝成熟以后表现出来的现象。"咀"还可以表示动物的嘴或物体尖利之处。20世纪80年代，湖南凤凰雪茄烟厂曾出品一种香烟，名字为"红咀鸟"，其商标图案即是一只趴在树枝上的嘴为红色的鸟②。又据百度地图，全国有很多地方以"咀"或"咀子"命名，如"夹坡咀子"、"大咀子湾"（甘肃）、"咀头村"（陕西）、"咀子上"（甘肃）等。可见，以"咀"记录｛嘴｝这一现象的通行范围是相当广的，只是它过于俚俗因而没有机会替代"嘴"成为规范字。

20. 巴结

巴结/巴竭/吧嗜/弝结

现代汉语中，｛巴结｝是口语中的常用词。据《现代汉语词典》，它有两个义项：①趋炎附势，奉承讨好；②努力；勤奋。义项②有很

---

① 清同治十三年（1874）志成堂钞本。
② "红咀鸟"香烟的材料承周小山博士提供，谨致谢忱。

强的方言色彩，记为{巴结}₁。义项①则是通语中常用的，记为{巴结}₂。两者相较，{巴结}₁的用字更有特色。

{巴结}₁见诸文献的时代较晚（《汉语大词典》引元代用例作为书证），用字作"巴结"。元明文献中单独使用"巴结"的很少，其重叠形式"巴巴结结"则在明代小说（"三言"、"二拍"、《型世言》）中偶有见到。"巴结"的用例，如：

（1）逐日绷拽，绝过了一百五日上坟的日月，早来到二十四夜祭灶的时节。笃笃寞寞终岁巴结，孤孤另另彻夜唇嗟。欢欢喜喜盼的他回来，悽悽凉凉老了人也。（《词林摘艳》卷1元刘庭信"折桂令"，21页下）

此例中，"逐日绷拽"和"终岁巴结"都表示日复一日努力营生，勉强活着。明顾起元所记之南都方言可为"绷拽""巴结"注脚。

勉强营为曰绷拽，曰巴结，曰扯拽。（《客座赘语》①卷1"方言"，81页上）

如果顾氏记载符合事实，那么据此可知明代后期南京地区{巴结}₁已经在口语中广泛使用了，表示勉强营为。{巴结}₁有努力义，这种"努力"是指勉强而作，这样它才可以在重叠使用时表示勉强义。这应该就是它最初的用法，使用地域是限于江淮官话区，在当时还不是通语词。

明代亦有以"巴竭"作为{巴结}₁的用字（计2例），均见于明冯惟敏《海浮山堂词稿》一书②。如下：

（2）拾了个破包头有何难舍，打了个昏斯谜费尽周折。虽不是豪杰也不是痴呆，岂不知这样儿清高、那样儿巴竭。（《海浮山

---

① 《四库全书总目》评《客座赘语》时云："是书所记，皆南京故实及诸杂事，其不涉南京者不载。"（1900页）
② 《汉语大词典》"巴竭"条引《海浮山堂词稿》"折桂令"例。

堂词稿》卷2"折桂令·阅报除名",641页上)

（3）觑行踪恰便似风中叶,好功名少了半截。早抽身省去巴竭,猛想起冷清清竹篱茅舍、翠巍巍青山绿野。(《海浮山堂词稿》卷2"仙桂引·思归",663页上)

入清以后,{巴结}₁的使用地域在短时间内转移到了北方。清代前期编写的供满族人学习汉语的教科书《清文启蒙》《清文指要》中多见,用字均作"吧嗒"。

（4）这也只在乎人肯吧嗒不肯吧嗒罢咧!既肯吧嗒,什庅样儿的难事不成呢?(《清文启蒙》卷2"兼汉满洲套语",265页上)

（5）你把那个事吧嗒吧嗒是呢?怎庅这样懈怠?那个事关系的重大,着寔该当细致,胡泄漏使不得啊!(《清文启蒙》卷2"兼汉满洲套语",266页上)

（6）发愤语解似……勤勉,用心,又谋望。……令人加紧用力吧嗒。(《清文启蒙》卷4"清语解似",325页下)

（7）偶然不幸,出一件祸患命事,也还是弟兄脉络相关,拼命的吧嗒着搭救罢咧。(《清文指要》第二册,六页左)

用字"吧嗒"在《清文启蒙》卷2"兼汉满洲套语"部分高频出现,有十余例。该书的性质是满汉合璧教科书,据此可以说清代康熙、雍正二朝{巴结}₁一词在北京城已经广泛使用,可能还是当时的通语词。从用字角度看,明代顾起元以"巴结"记录{巴结}₁,这一用字并没有随着{巴结}₁一词向北方的扩散而被带过去。《清文启蒙》的编者知道这个词却不知道它的用字,因此才根据其语义创造了新用字"吧嗒"。这也说明"巴结"在当时并不是记录{巴结}₁的规范用字。

{巴结}₁指努力做事,它还可以受"尽力""勉力""竭力"等副词性成分修饰。清代文献中,此类短语有"出力巴结""竭力巴结""勉力巴结""奋勉巴结""认真巴结"等。如:

第一章 事实篇：用字研究实例

（8）凡事自然有一个造定的理，若是该得，无心处常碰着；若是不该得，总然尽力吧嗒了也无用啊。（《清文启蒙》卷2"兼汉满洲套语"，268页上）

（9）臣又复晓谕将士兵勇趁此功届垂成之候各宜出力巴结，并传宣赏格。（《剿平三省邪匪方略》正编卷321，清嘉庆刻本，13页下）

（10）乾隆十二年奉旨：先前下五旗大臣官员有竭力巴结优长者，特恩抬入上三旗旗分。（清长龄《长文襄公自定年谱》卷1，清道光刻本，1页下）

（11）况又屡沐重恩，许以成功之日更膺懋赏。臣虽系至愚，亦断无不勉力巴结冀望邀恩之理。（清花沙纳《德壮果公年谱》卷13，清咸丰刻本，331页上）

上述例子中，{巴结}₁以不带宾语为常。有时候会出现"巴结"后接名词形式，如"巴结正路"。"巴结正路"意思是向正道上努力，"巴结"跟"正路"之间不是支配关系。如下：

（12）宝钗点头微笑道："功名自有定数，中与不中倒也不在用功的迟早。但愿他从此一心巴结正路，把从前那些邪魔永不沾染，就是好了。"（《红楼梦》第118回，655页上）

从调查结果看，19世纪前{巴结}₁的核心意义就是表示努力做某事，一般情况下其后可以补出所实施的某种行为。

晚清以后，{巴结}₁逐步从通语中退出。这跟{巴结}₂的扩张有很大的相关性①。二者语音形式相同，语义和用法差别很大。{巴结}₁不能跟指人的宾语；{巴结}₂则可以补出指人的宾语。{巴结}₁强调的是通过努力得到自己需要的东西；{巴结}₂则是指通过非正常渠道

---

① {巴结}₂始见于元代，用字作"巴劫"，参《汉语大词典》"巴劫"条。

（阿谀奉承）得到自己需要的东西或别人的垂青。二者在语义上具有共同点"努力有所收获"，只是方式不同。这种差异造成个别用例存在两种解释，既可从肯定角度认为很努力，也可从否定角度认为很势利。如：

（13）见那河台本是个从河工佐杂微员出身，靠那逢迎钻干的上头，弄了几个钱，却又把皇上家的有用钱粮作了他致送当道的进身献纳。不上几年，就巴结到河工道员。（《儿女英雄传》第2回，373页上）

此例叙述河台本人从微员一步步努力晋升到河台，即{巴结}$_1$。从其做事方式看，则是向上司致送钱粮，与{巴结}$_2$无异。

19世纪中期以后，{巴结}$_2$的用例迅速扩张。这种趋势最早是在清陈森《品花宝鉴》（近50个{巴结}$_2$用例）中呈现出来。二者竞争的结果是{巴结}$_1$退出通语，{巴结}$_2$持续至今。

表28　清代民国{巴结}用例统计

	红楼梦	儿女英雄传	官场现形记	二十年目睹之怪现状	四世同堂
{巴结}$_1$	3	12	3	1	1
{巴结}$_2$		7	约63	57	35

{巴结}$_1$的用例，如：

（14）婶娘对我姊姊说道："你看他一心只巴结做生意，把自己的事全然不管。连问他也装做不知道了。"（《二十年目睹之怪现状》第64回，123页）

（15）在院中，他提高了声音唠叨，为是教老人们听见。"简直岂有此理！太难了！太难了！有好事不肯往前巴结，倒好象做校长是丢人的事！"（《四世同堂》第32回）

{巴结}$_1$由一个曾经在南京地区使用的方言词，上升为通语词，然后再变成一个方言词。这样的一条路径是有典型性的（汪维辉

2006a)①。据《现代汉语方言大词典》调查结果看，在很多出现｛巴结｝₂的地域没有｛巴结｝₁，出现｛巴结｝₁的地域没有｛巴结｝₂。很多只使用｛巴结｝₁的地方受通语影响，年轻人口头上也开始使用｛巴结｝₂。

｛巴结｝₁的用字还有"妭㨟"②。清桂馥《札朴》卷9"杂言·乡谈正字"："努力曰妭㨟。"（197页上）桂馥是山东曲阜人，据他的记载可知18世纪中后期｛巴结｝₁在山东方言中广泛使用③。今天，曲阜话中已经不再使用，表示努力的｛巴结｝₁基本上见于吴语和江淮官话区（有扬州、丹阳、上海、苏州、杭州、宁波等）④。

21. 砝码

法馬 / 砝馬 / 法碼 / 砝碼 / 硃碼

｛砝码｝指的是"天平上作为重量标准的物体"。由于时代变化，它已经在今天的口语中几乎消失了，但在明清时期它却是日常生活中离不开的一种量器。其用字有"法馬""砝馬""法碼""砝碼""硃碼"等（《汉语大词典》收前四种用字）。

｛砝码｝一词始见于明代，最初用字是"法馬"。《大明会典》中明嘉靖年间的事例对此有明确说明。

---

① 承汪维辉先生见告：宁波话中，老派只有｛巴结｝₁，没有｛巴结｝₂，新派则有两者兼用的趋势，但是｛巴结｝₂肯定是来自通语的新说法。又经笔者调查，北方很多地区只有｛巴结｝₂，没有｛巴结｝₁。由于｛巴结｝₂比较强势，以上结论是否符合事实，还需要进一步证实。目前来看，北京方言中｛巴结｝所记录的词的更迭很具有代表性。

② 桂馥在"乡谈正字"下云："吾乡言词质野，声音讹转，循习不察，有日出于口而不识其字者。今举所知，分疏于左。"（194页上）按，从桂馥用"妭㨟"记载｛巴结｝₁看，恐怕他自己对｛巴结｝₁也是"日出于口而不识其字"。

③ 《集韵·黠韵》："妭，妭㨟，短皃。"（《汉语大字典》"妭"条，2583页）是将其看作性质形容词。

④ 参见《现代汉语方言大词典》"巴结"条。

嘉靖八年奏准：制天平、法馬一样七副。六副分给各司并监收内府银料科道官，一副留部堂为式。凡解户及本部送进内府银两，俱照户部则例给文挂号领票关给，预先称验包封，会同该监较收。(《大明会典》卷201工部二十一"天平法馬"，明万历刻本，413页上）

嘉靖八年即公元1529年，当时出现专门用来称量银两的砝码，说明16世纪前期商品经济有了很大的发展，{砝码}是随着商品经济的发展出现的新词。在此以前，人们当然也需要有相应的量器，只是名字不同。清桂馥《札朴》卷8"铜梁棓"考证其物时指出："底有隶书云'汉铜梁棓'，重若干。盖受水称物之器，犹今天平法馬。"（清嘉庆刻本，154页上）

那么，{砝码}以"法馬"①作为用字的理据是什么呢？清人有不同的解释。

貦，唄等画物也。注：盖即今之天平、法馬也。《仪礼》"一馬从二馬"为今语所本。法馬与所称之物必轻重相等，故式样之义起焉。（清王筠《说文解字句读》卷4下）

馬之为名，所施不一。……交易者，以铜为法，衡银轻重，谓之法馬。此皆计数之意也。（清虞兆漋《天香楼偶得》"馬字寓用"，清钞本，283页上）

馬字之为用不一，然不外记数、象形二义。《礼》："投壶请为胜者立馬。"今俗，猜枚之物曰拳馬，衡银之物曰法馬，赌博之子曰筹馬，又以笔画一至九数曰打馬子，此皆记数之馬也。（清梁绍壬《两般秋雨盦随笔》卷4"馬字"，影清道光刻本，122

---

① 讨论{砝码}的用字需要说明它在历史上真实的用字情况。在行文中涉及"馬"或"碼"时，如果碰到需要说明它在语料中的真实用字这种情形，就不再改为对应的通行字"马"或"码"。

页上）

在虞、梁二人看来，"馬"有记数作用，因此凡与记数相关的词多以之作为构词语素。"馬"是筹码，"法"是法定的。用字"法馬"记录｛砝码｝时，得义之由就是法定的筹码。从《大明会典》记载来看，这应该是当时社会上下都知道其所指的口语词。对于社会大众而言，因法马的理据不那么显明，人们便会根据自己的理解对其构词理据进行重新解释①。有相当一部分人是将"法馬"看作联合结构，省称为"法"或"馬"，如"新馬""旧馬""新法""旧法""铜法""法子"等。如：

（1）本县初视事，方欲申请新馬。因催征过期，未遑候请。虽权用旧馬，而痛革添搭……一扫铜头银头等弊。（明文翔凤《皇极篇》卷14"八议·议法馬"，明万历刻本，428页下）

（2）苏州府解官陈萃贤领解新旧饷银，即查经发官吏果否仍用旧法兑轻，贻累解官追赔。作速查明，焀依部颁新法补足。（明张国维《抚吴疏草》不分卷《回奏法馬疏》，明崇祯刻本，695页下）

（3）近日户部奏准：改造铜法，通行天下，以为定式。（明杨时乔《两浙南关榷事疏》"贮书"，明隆庆刻本，340页上）

（4）正德元年议准：工部行宝源局如法制造好铜法子，一样三十二副，每副大小二十个。（《大明会典》卷37户部二十四"权量"，664页上）

---

① 这种语言现象并非特例。如｛公社｝一词也反映了类似的用字情况，康健《辉煌的幻灭——人民公社警示录》第一章："他们这里并大社，原来也只是为了并大一点，好搞建设。到郑州一汇报，谭震林同志和他们讲了一番'工、农、商、学、兵办公社'的道理，回来就叫成公社了。公社这个名词对于群众还不习惯，有写成'共社'的，有写成'工社'的。"按，这就是"俗词源/流俗词源"，张永言先生《词汇学简论》有相关论述。

从当时的实际情况看,将{砝码}简称为{法子}习见。用字除"法子"外,还有"乏子",见于当时人的记载。

  俗语谓法馬为乏子。乏者,法字之讹也。谓兑架为天平,由来尚矣。吴中有天平山,山石林立,皆剑拔,甚锐而匀,真奇观也。学究范长白得之,曲拆筑园奇巧。夫妻时游其间。妻徐氏能诗而妒,范遂无子,情甚笃。苏州人为之语曰:"范长白夫妻上天平——乏子。"闻者大笑。(朱国祯撰《涌幢小品》卷21"妒妇",明天启刻本,266页上)

苏州话中,"法""乏"二字均为入声字,仅声母有清浊之别。因此才会以"乏子"谐音"法子",出现在歇后语中意味着{法子}一词在社会大众中广泛使用。

除省称外,人们根据其用途还利用它与天平的依附关系类比青年男女之间的爱情。如:

  (5)郎做天平姐做针,一头法馬一头银。情哥你也不必问,敲打我也知得重和轻,只要针心对针心。(《山歌》卷10"天平",518页下)

{法马}一词以"法馬"作为用字时,让人最先联想到的是作为家畜的动物——马,虽然它跟家畜没有关系。在当时即便一些学者也会产生误会,如明杨时乔撰《马政纪》一书本为"纪明一代马政"[①],卷8末尾却又专节说明"法馬"的相关情况,这是把它看作了马的一个小类。也就是说,"法馬"这一用字虽然可以很好地提示读音,但不能满足提示意义的要求,因此这一用字也就很难通行开来。人们根据其物的外形及质地,改换了能够更好地提示意义的偏旁"石"。"法"

[①] 《四库全书总目》卷82评《马政纪》时云:"是书纪明一代马政,上起洪武元年,下至万历二十三年。"(1100页右)

变作"砝"或"砝","馬"则变作"碼"①。二者组合后{砝码}可能存在6种用字,其中"砝馬"形式尚未有真实用例。

表29 {砝码}的用字情况

	法	砝	砝
馬	法馬	砝馬	
碼	法碼	砝碼	砝碼

明代{砝码}的用字基本上是"法馬"。到了清代出现了表中其他的用字,如"法碼""砝馬"等。

(6)天平不敢欺天,法碼不敢违法,人未有不争先交纳者矣。(清赵廷臣《学仕录》卷1《请定催征之法疏》,清同治刻本,基23)

(7)铅有红铅莫把红铅来铸错,碼惟法碼终须法碼去秤量。(清张德坚辑《贼情汇纂》卷8"伪铅碼衙联句",清钞本,704页下)

(8)至总国内之尺寸法碼,处处一律,或用迈当【每一迈当长三尺零】,或用启罗【每一启罗重不足二斤】,以此两物为根本。(清张德彝《五述奇》卷4,稿本,基373)

(9)[雍正]十一年二月和硕果亲王条奏:户部现存经制砝馬一付,请交工部按照各省砝式铸造正副二付,镌刻印记,通行各省。差员赴部,请领嗣于乾隆八年淮安关始准工部换发砝馬。(《续纂淮关统志》卷6,影乾隆刻嘉庆光绪递修本,基300)

(10)譬之砝馬止论数之轻重,不计其或员或方也。(清郑虎文《吞松阁集》卷31《刑部左侍郎冯公传》,清嘉庆刻本,311页上)

---

① 当然,根据形制也可以加"金"旁,作"鉍""鈬"等,目前尚未见到这种用字的实际用例。

应该指出的是，由于马跟家畜有着更紧密的联系，对于一般人而言"砝馬"这种用字较"法馬"更不可解，"砝馬"的用例也就比较少见。"法碼"则为偏正结构，缩略时应当保留中心成分"碼"，这与前文中说的省称为"法"不一致，因而也难通行。从省称情况看，人们早已把{砝码}看作联合结构。"砝碼""砝碼"这两种用字均从"石"，可以算得上是真正意义的联合结构了。如：

（11）云南、四川军需案内制办天平、砝碼、仓斛、仓斗、仓升、夹剪、戥秤等项，均须将大小斤两数目逐细核实，开明报部。(《钦定工部军需则例》卷1，清乾隆刻本，基261）

（12）市肆谓砝碼为招财童子，谓秤锤为公道老儿。(《乡言解颐》卷4"天平·秤"，清道光刻本，198页下）

（13）金砝碼四十个，银砝碼八十个。(清周寿昌《思益堂日札》卷4"和相籍没"，清光绪刻本，404页上）

（14）来至大房屋内，早见桌上用砝碼押着个字帖儿。(《侠义传》第61回，469页下）

单用"砝"表示砝碼的用例如：

（15）赵帼城等走至行内，声言：戴德培顶开冯金印行业，应认冯金印外欠，且既改名开行，不应仍用旧行秤砝。(《驳案续编》卷7"云南司"，清光绪刻本，307页下）

记录{砝码}时用从"石"的用字，这在清代前期被视为俗书。《（雍正）陕西通志》卷45"方言"："俗以碼磟之碼为法馬之馬。"（四库本，573页下）清代"法馬""砝碼"均见使用，在法令、典制等较为正式的文献中以用字"法馬"为主，通俗文献中则相反。直至清末光绪年间刊刻《大清光绪新法令》（清宣统商务印书馆刊本）时，仍然习用"法馬"。"砝碼"确立规范地位的时代应当更晚。{砝码}的用字也说明文献性质和用字差异密切相关。

22. 吩咐

分付 / 分咐 / 吩付 / 吩咐

{吩咐}表示"口头指派或命令"的行为。它是现代汉语口语中的常用词。如果仅求其字面意思,"咐"或者有命令之义(如"嘱咐"[①]),尚且能说通;"吩"本是"喷"的异体[②],语义上跟指派或命令全不沾边。也就是说,"吩"和"咐"的组合并不能推导出{吩咐}的意思,这就意味着该词的理据与今天的用字不一,也就可能有其他的用字。《现代汉语词典》还收录了{吩咐}的另一用字"分付",为探求其理据问题提供了新线索。

最早关注到这一问题的学者当属宋代王应麟。王氏《困学纪闻》卷19"俗语皆有所本":"'分付',出《汉·原涉传》。"(四部丛刊三编影元本,五页右)这只是说了它的来源,而没有说明为什么如此。进入清代,关注这一问题的学者越来越多,关注的焦点以溯源为主。[③]在讨论构词理据时清人翟灏的观察最为准确。他指出:

《汉书·原涉传》:"具记衣被棺木下至饭含之物,分付诸客。诸客奔走市买。"【按】此言分别委付,以其客有多人故也。《三国志·鲜卑传》:"轲比能每钞略财物,均平分付,终无所私。"义尤显白。后人只当一付字用,虽只一人而亦谓之分付。白居易《题文集柜》诗:"只应分付女,留与外孙传。"韩偓诗:"分付春

[①] {嘱咐}最初的形式也是"属付","属""付"同义连文。其后变为"属咐""嘱付""嘱咐",其变化过程跟{吩咐}有相似之处。
[②] 参《汉语大字典》"吩"字注。
[③] 清代讨论{吩咐}的相关研究有:钱大昕《恒言录》卷2"分付"、钱大昭《迩言》卷1"分付"、袁栋《书隐丛说》卷11"俗语出处"、周寿昌《汉书注校补》卷50"游侠传第六十二"下"分付诸客"注等。

凤与玉儿。"盖已然矣。时俗又专以为嘱告之义，尤非。(《通俗编》卷17"分付"，442页下—443页上)

《汉书》《三国志》和唐诗中出现的"分付"意义不同，可以是分别委付（分配），也可以是给付。清代口语中又有嘱告义，这是早期不曾存在的新义项。翟氏的这一总结是相当准确的。

除《汉书》外，东汉译经中也有个别用例。如：

（1）五者，分付之物当使平等。(题东汉安世高译《尸迦罗越六方礼经》，丽藏本，237页上)

从来源上看，"分付"连文是指把财物分配给不同的人，很多情况下隐含着平等、平均的要求。它在语义上一般可以补出给予对象和给予物。南北朝时期的用例如：

（2）宁州尝献虎魄枕，光色甚丽。时将北征以虎魄治金创。上大悦，命捣碎分付诸将。(《宋书·武帝纪下》，百衲本景宋蜀本，基180)

（3）诸镇水田，请依地令分给细民，先贫后富。若分付不平令一人怨讼者，镇将已下连署之。(《魏书·源思礼传》，百衲本景宋蜀本，基2147)

当给予对象的范围是多个人时，其构词语素"分"（指分别）的意义是十分明确的。有些情况下，人们往往把给予对象看作是一个整体（集合概念），这时候虽然也隐含着分别的要求，但"分"的意义就不明显。如：

（4）陛下宜及少壮恣意作乐，纵横行之，即是一日快活敌千年。国事分付大臣，何虑不办？无为自勤苦也。(《北齐书·和士开传》，百衲本影宋蜀本，基1406—1407)

"国事分付大臣"字面义就是要把国事分别付与一位位大臣。大臣的数量自然是多于一个的，说话人话语中的"大臣"是被当作整体（集合）

来看待的，没有分别义。"国事分付大臣"实际上是把国事交给大臣。

当将某物品给予接受者并需要对方实施某些相应的行为时，这类上下文就隐含着命令的意思。如：

（5）于后官众游猎，在野田之中射得一鹤，分付厨家烹之。（《敦煌变文集新书》卷8《勾道兴搜神记》"田昆仑"，1232页）

此例中"分付厨家烹之"字面意义是把射来的鹤交给厨家后由其烹饪，也就是命令厨家烹鹤。上下文中浮现出的命令义是新增加的。从调查结果看，元代以前这种有命令义的用例还是相当少见的。以下是从"后时资料"中检得的两个例子。

（6）天觉分付甄守中："你且慢用刑，待我入奏官家来。"（《大宋宣和遗事·前集》，士礼居丛书本，基100）

（7）不知相公曾有钧旨，分付你排办采楼招纳驸马也？（《永乐大典戏文三种·张协状元》，236页下）

可以看出，正是由于"分付"的给予对象变成了单数，使得其原有的分别义不再出现。此外，给予物也从看得见的扩展到看不见的。晚唐宋代的用例如：

（8）第一韦中丞问和尚曰："五祖云何分付衣钵与慧能，不分付神秀？既分付后，云何慧能又从五祖下趁到大庾岭头夺其衣钵？"（《祖堂集》卷18"仰山和尚"，丽藏本，606页上）

（9）《诗》有六体，须篇篇求之。或兼备者，或有偏得一二者。今之解《诗》者，风则分付与国风矣，雅则分付与大、小雅矣，颂即分付与颂矣。（《二程遗书》卷2上，四库本，39页上）

元代《元典章》《通制条格》等"同时资料"中均有表示付与义的用例。如：

（10）若有商税文契，依例收税，随用省部契本印押讫，分付各主收执。（《元典章》卷22"户部八·契本·关防税用契本"，

元刻本,270 页下)

"分付各主收执"就是交给各主拿着,隐含的意思是命令各主拿着。元代通俗文献中表付与和表命令的用例均可见到。这说明实际口语中命令义逐渐固定到了"分付"上。以下是同时资料中的部分用例。

(11)问师父:"你教我谁家索甚去?"刘先生分付李延奴:"你与这先生做伴去。"(《南村辍耕录》卷 13,元刻本,二页左、右)

(12)父亲息怒,宽容瑞兰一步,分付他本人三两句言语呵,嗒便行波。(《古今杂剧·闺怨佳人拜月亭》"斗虾蟆",59 页上)

(13)试将门儿开,咱分付孩儿话。迟疾早到家,休想我半步那差。(《梨园按试乐府新声》卷中"水仙子·喻双陆",640 页)

(14)分付画船且慢者。歌,休唱彻;诗,乘兴写。(《朝野新声太平乐府》卷 3 "山坡羊·九皋",39 页下)

入明以后,表示命令义的｛吩咐｝得到了广泛使用。整个明代(特别是明代中后期)通俗文献①中出现的上千｛吩咐｝的用例,其用字大抵都是"分付"。可以看出,"分付"是这一时期的主导用字。其他用字"分咐""吩付"也已出现,只是数量少得多。如:

(15)既然如此,分咐益利金奴,急将和花灯烛摆列三官台前。(明郑之珍《目连救母劝善戏文》卷上"化强从善",明万历刻本,393 页上)

(16)王老爷亲吩付小的,若驿递不应付,你可将帖与各处道府县官看,自然与你。(明金光辰《(崇祯八年)为悍弁违禁……》,《金双严中丞集》不分卷,清初刊本,679 页上)

明末,用字"吩咐"在个别文献中出现,与"分付""吩付"并

---

① 调查书目包括《水浒传》、《西游记》、《清平山堂话本》、《雍熙乐府》、《元曲选》、"三言"、"二拍"、《六十种曲》、《型世言》、《燕子笺》等。

用。代表性的文献是《治谱》和《北西厢秘本》等。如：

（17）上船下船时及上轿下轿、登厕无心时，有碍眼别役在侧，当以计发之去，而手藏所问之事于掌，使应差之人自看。若各役已远，则面分付之。仍示以泄漏打诈，断断加等重究。此吩咐又一法也。（明佘自强《治谱》卷10"访事法"，明崇祯刻本，616页上）

经历了元明时期，表示命令义的{吩咐}已经成为一个地道的口语词。这时原有用字"分付"已不能准确地提示意义，于是据其语义特点（命令是从口中发出的）为其增加"口"旁。命令义跟起初的分别付与义相比已经有了很大的差别，{吩咐}的词义透明度降低，人们更倾向于把它视为单纯词。跟"吩付"或"分咐"相比，用字"吩咐"均从"口"更能显示构词语素的语义一致性，因而最后胜出。

清初，"分付"仍在持续使用。康熙以后，用字"吩咐"有显著增长，从总量上看在很多文献中占据了主导地位。这一时期"吩咐""分付"在用字的时代性方面比较随意，彼此呈现出时代上的交叉。各用字的使用情况大致如表30（据刊刻时代先后排序）：

表30　清代通俗文献{吩咐}的用字情况[①]

	豆棚闲话	桃花扇传奇	红楼梦	再生缘全传	品花宝鉴	儿女英雄传	侠义传	官场现形记
分付	+			+				+
吩咐		+	+	+	+	+	+	+

清代其他文献中也存在并用"分付""吩咐"的情况，虽存在但数量很少。相对来说"吩咐"并没有像它在通俗文献中表现的那样普遍。如：

---

① 本表只为了表现大体趋势，全书用例不足3例者略去。

（18）夫死，妻以扇将尸搧之不已。邻人问曰："天寒何必如此？"妇拭泪答曰："拙夫临终吩咐：你若要嫁人，须待我肉冷。"（《笑林广记》卷6"扇尸"，清乾隆刻本，基237）

（19）昔一大贤，买一仆从。随问之曰："尔名甚么？"仆言："叫我甚么我名甚么。"曰："尔食甚么？"仆言："与我甚么我食甚么。"曰："尔干甚么？"仆言："吩咐甚么我干甚么。"（清马注《清真指南》卷4"世纪"，清同治刻本，210页下）

（20）立起身来正正裳，吩付丫环前去请。（《再生缘全传》卷1，591页上）

（21）包公闻听，心内明白，分咐：知道了。（《侠义传》第11回，282页上）

到了清末，"吩咐"成为记录｛吩咐｝的主导用字，但"分付"仍然存在。这种情况一直延续到今天，《现代汉语词典》将通行用字"吩咐"列为正条，同时也收入"分付"。

23. 胳膊

可膊/胳膊/肐膊/胎膊/膈膊/肐脖/骬髆/胳髆/胳膀/肐膀

｛胳膊｝指人的手臂（肩膀以下手腕以上的部分），对应的旧词是｛臂｝。章太炎《新方言》卷4："今谓臂曰臂髆，或曰胳髆。语稍异古，然相引伸也。"（基193）｛胳膊｝的用字各不相同，有"胳膊""肐膊""胎膊""膈膊""肐脖"等。

｛胳膊｝的最早用例见于敦煌变文，用字作"胳膊""可膊"。在口语性很强的变文中出现，说明它是晚唐五代时的口语词。如：

（1）硬努拳头，偏脱胳膊。（《敦煌变文校注·燕子赋（一）》，382页）

（2）两脚出来如露柱，一双可膊似粗橡。(《敦煌变文校注·金刚丑女因缘》，1108页）校记［三三二］原校："甲卷'可膊'作'腦膊'。"

"胳"本指腋下（《说文·肉部》"胳"字注）。"膊"在唐代已经可以指整个手臂①。二者所指部位有交叉，组合在一起就成为手臂的代称。

宋代｛胳膊｝的用例不多见，用字作"胳膊"或"肐膊"。它多出现在反映口语的上下文中。如：

（3）又西至昌化县西北二十里，有山秀峙海上，石峰巉然，若巨人冠帽。西南向而坐者，俚人谓其山胳膊。（苏轼《峻灵王庙碑》，《苏文忠公全集》后集卷15，明成化刻本，基2459）

（4）至如街谈巷语，亦莫不有对。良将手下无弱兵，死人身边有活鬼。老手旧肐膊，穷嘴饿舌头。……皆巧对也。（宋俞琰《书斋夜话》卷4"属对"，四库本，630页上）

"山胳膊"的命名理据是山的外形很像人的胳膊，这是一种由人及物的隐喻。"老手旧肐膊""穷嘴饿舌头"都是在描述某类（讨厌的）人。这些都是真实的口语记录，十分俚俗。这两条材料说明宋代｛胳膊｝活跃于下层社会人群的口语中。宋代口语化程度很高的禅宗语录中也可以看到不少的用例。如：

（5）师云："剑良胳膊从他闹，劈腹开心始是明。"（《古尊宿语录》卷10"汾阳昭禅师语录"，中华藏影明径山藏本，52页上）

（6）孚云："和尚肐膊终不向外曲。"（《古尊宿语录》卷42"住洞山语录"，243页下）

｛胳膊｝是在社会大众的口头上使用。"膊"在很多时候都可以

---

① "膊"的语义变化过程参事实篇｛髈｝条。

单用，如左膊、右膊、赤膊等。"胳"则很少单用。对大众而言，理解"胳"的命名理据比理解"膊"要困难得多。也就是说，{胳膊}一词用文字记录下来时，人们很难对该词前一语素的用字形成统一的认识。这时，记音就成了最直接的办法。跟"胳"同音的字有"各""阁""袼""格"（据《广韵》）。这些同音字可以提示读音，但起不到提示意义的作用。于是人们就创造了新字"肐"。"肐膊"就在相当长的一段时间内成为记录{胳膊}的习用字，元明时期表现明显。

元代除习用"肐膊"外，另有个别情况下用字作"胎膊"[①]。分列如下：

（7）或是肐膊上擎，或是肩儿上架。（《乐府新编阳春白雪》后集卷5吕止轩"风入松"，469下）

（8）于臀片上用杖子打了数十余下，倒在火内，将肩甲肐膊烧破，虚称火燎疮疾。（《元典章》卷42"刑部四·杀亲属·妇"，426页下）

（9）两肩甲，两腋肕，两胎膊，两䏶腋，两手腕，两手心，十指，十指肚，十指甲缝。（《元典章》卷43"检杀·检尸法式"，433页下）

明代{胳膊}一词的使用频次有了显著的增加，使用场合也越来越广泛（奏议、法律文书、药方、小说、戏曲等文献中均可见到）。用字仍以"肐膊"为主，用时采用"胳膊""膈膊""骼髆"等用字。跟其他形式相比，"肐膊"表现出了绝对的优势。如：

（10）正面两扇朱红槅子门上使着肐膊大锁锁着。（《水浒传》第1回，261页上）

（11）童云："如何是漫汝不得的事？"师云："拳头不离膈

[①]《智灯难字》卷上："胎膊，葛搏。"（十四页左）

膊。"(明文德翼《庐山开先曹源大师塔铭》,《求是堂文集》卷18,明末刻本,709页下)

(12)国朝有"木履为鞋足下好生无礼"对"椰瓢当盏尊前其实不忠",又"穷嘴饿舌头"对"老手旧胳膊"。(明朱孟震《汾上续谈》"戏对",明万历刻本,694页下)

《汾上续谈》记载的"老手旧胳膊",引用的是宋人《书斋夜话》的话"老手旧肐膊",可证"肐""胳"在这里功能相当。明代还有一句俗语多次见诸小说戏曲,即"拳头上立/站得人,胳/肐/臂膊上走得马"。"胳膊""臂膊"的异文说明{胳膊}跟{臂膊}所指部位相同,也证明{胳膊}在当时已经通行开来。偶尔出现了搭配顺序颠倒的现象。如:

(13)我拳头上走得马,臂膊上立得人,清清白白的你说甚么?(《六十种曲·白兔记》卷上第7出,463页下)按,这应该是语急时出现的口误。

用字"骼髆"只见于韵书记载。明兰廷秀《韵略易通》卷上真文韵见母入声:"骼,骼髆。"(142页上)新字"骼"很可能是因胳膊与骨相关而创造的①。

清代,{胳膊}在口语中依旧保持着高频使用,用法也有了一定的扩展。如清光绪《顺天府志》卷14载北京地名,有"南肐膊园""北肐膊园""铁肐膊衚衕"等,这些地名应该都是根据事物的形状命名的。又有以"死孩儿肐膊"命名某种植物的,这应该就是社会大众口语最真实的表现了。

(14)沙韭与韭无异。有一种粗大者,俗名死孩儿肐膊,不可食。(《(康熙)延绥镇志》卷2"物产",清康熙刻乾隆增修

---

① 也可能"髆"的形旁"骨"类化的结果,只是没有更多材料,目前难以说清楚。

本，334 页上）

清代人们把｛胳膊｝看作是｛臂｝的口头形式。清吴谦辑《医宗金鉴》卷80"臂"："臂者，……一名曰肱，俗名肐膊。"（四库本，617 页上）这种口语形式在用字上尚未统一。清代小说中习用"肐膊""胎膊"，偶尔使用"肐脖""胳脖"，另有音变形式"胳膀""肐膀"[①]（见于《永庆升平》，各 1 例）。清代案例汇编中则多用"胎膊"。据表 31 可知，文献性质的差异跟用字差异有关。正式文献中习用"胎膊"，通俗文献中则习用"肐膊"。

表 31　清代文献中｛胳膊｝的用字情况

	通俗文献							正式文献	
	醒世姻缘传	红楼梦	歧路灯	霓裳续谱	儿女英雄传	侠义传	永庆升平	刑案汇览	韩大中丞奏议[②]
肐膊	57	4	1	4	2	7			1
胳膊				1					
胎膊					28			约90	4
肐脖			3						
胳脖							2		

各个用字的实际用例如下：

（15）六万余言犹未详，重为画蛇添肐膊。（《秘殿珠林续编》"乾清宫藏第六"，清内府钞本，《故宫珍本丛刊》436 册 132 页上）

（16）大头圆肐膊，脑搭浅无多。（清朱从延《蛩孙鉴》卷上"头上等"，清乾隆刻本，302 页上）按，这是描写上等蟋蟀的长相。

（17）吕教谕当时怀印投井，经门斗捞救，未死，胎膊跌折。

[①] 民国时期"胳膀"也有用例。如臧克家（山东诸城人）《中原的胳膀》诗："关东，可不像／什么'西出阳关无故人'／关东是伸出去的一只胳膀／它和中原关连着痛痒。"（载《臧克家全集》第一卷，时代文艺出版社，2002 年，160 页）该诗中，"膀""痒"押韵。

[②] 清道光刻本。

（清托津等《平定教匪纪略》卷26，清嘉庆刻本，491页下）

（18）说着扎煞着两只胎膊直挺挺的就请了一个单腿儿安。（《儿女英雄传》第15回，504页上）

（19）把绿袄襟儿掀开，露出银盘一个脸，揶着双角，肐脖、腿袴直如藕瓜子一般。（《歧路灯》第34回，680页）

（20）伸开手将胳脖一抢，照定白德头顶之上就是一掌。（《永庆升平》第6回，73页）

（21）东边那床往南北一分，把贼人的腿分为左右；西边把那小淫人祁文龙的两支胳膊，有两个消息一拿。（《永庆升平》第55回，670页）

（22）他一问价钱，把我们掌柜的问烦了，叫人来打了一个腿伤肐膀烂。（《永庆升平》第53回，645页）

据表31可知，清代｛胳膊｝的用字没有统一。这是因为作为口语词，｛胳膊｝在日常生活中只要（以语音形式）说出来被听话人听到就完成了传递信息的要求。虽然有时需要诉诸笔下，但那不是大众的强烈需求，也就没有规范它的动力了。到了晚清，"肐膊"仍然经常用来记录｛胳膊｝。如《官场现形记》第11回："肐膊曲了往里弯。"（79页上）｛胳膊｝用字归一化的时间应该更晚[①]。

---

① 除｛胳膊｝外，在表示手臂时也可以用｛胳臂｝一词。｛胳臂｝主要见于通俗文献，很可能是一个方言词，用字有"肐臂""䯒臂"等。如：
（1）如今没有肐臂往外折的。（《隔帘花影》第12回，基225）
（2）你不曾记得你小的时候在妈妈䯒臂上拉青史（屎）的那时候？个个妈妈来了。（车王府曲本《普球山》，11册411页上）

第二章　理论篇：优选论框架下的用字分析

第一节　优选论与俗语词用字研究

新词语在历史上总是不断产生。吕叔湘先生在《语文常谈》中指出，"语言里出现一个新字眼或者新说法，慢慢地会见于文字，例如'棒''搞''注点儿意'"。① 这类俗语词特别俚俗，因而见诸文本的机会相对较小，也就不易被今人看到。一旦碰到必须使用它们的某些特定上下文，即存在要把它们用文字记录下来的强烈需求。如清蒲松龄在记录当时方言中的很多名物词时，往往感叹"每需一物，苦不能书其名"（《日用俗字·自序》，733页）。又清道光《遵义府志》卷20"风俗"："地方常言，有其声不得其文者多矣。"（清道光刻本，616页下）这时书写者无现成的规范字可用，就不得不想方设法达成目的。打开《日用俗字》，触处皆是略显奇怪的字。蒲氏的困惑并不算新鲜，早在东汉时期郑玄已经指出了解决这些问题的初步方法及其带来的问题。他指出：

> 其始书之也，仓卒无其字。或以音类比方假借为之，趋于近之而已。受之者非一邦之人，人用其乡，同言异字、同字异言于兹遂生矣。（《经典释文·序》引郑康成云，宋刊本，基7）

这段话中有两点值得注意，一是指出存在"或以音类比方假借为

---

① 载《吕叔湘文集》卷5，12页。

第二章 理论篇：优选论框架下的用字分析

之，趋于近之而已"的现象，就是要求文字必须具有提示读音的作用；二是提出了"同言异字"这一概念，指的是记录相同用词的不同用字。同言异字从书写者的角度说明了为达到"趋于近之"必然会出现不同的用字，这很好地概括了新词语产生后的面貌。下面一则故事则可以为郑玄语做注脚。

> 族婶陈氏顷寓严州，诸子宦游未归。偶族侄大琮过之，婶令代作书寄其子。因口占云："孩儿要劣奶子，又阂阂【音吸】霍霍地。且买一柄小剪子来，要剪脚上骨出【上声】儿胙【音胖】胝【音支】儿也。"大琮迟疑，不能下笔。婶笑云："元来这厮儿也不识字。"闻者哂之。因说当时有京师营妇，其夫出戍，尝以数十钱讬一教学秀才写书寄夫。云："窟懒儿娘传语窟懒儿爷，窟懒儿自爷去后，直是忔憎。每日恨【入声】特特地笑，勃腾腾地跳，天色汪【去声】囊，不要吃温吞【入声】蠖讬底物事。"秀才沉思久之，却其钱，云："你且别处倩人写去！"与此正相似。（清独逸窝退士《笑笑录》卷3"家信"，光绪申报馆丛书本，622页下）

陈氏和京师营妇讬人写信，目的是为了诉说家人的自然状况。这两人不像知识分子那么博古，也做不到用典雅的词语表达自己的内心世界。他们只是从日常生活中寻找词语，把这些日常生活用词借助读书人手中的笔转写下来。读书人习得的词语中不包含这样的俗语词，也就无法下笔。对《笑笑录》的编者来说，要想把这样的故事原汁原味地记录下来无疑也是一个挑战。编者知道利用同音替代、音近替代、注音等方法转写讲述的内容[①]，最大程度上保证读出来（语音上）不失真。即便如此，今天的读者看后也不免茫然。

从《笑笑录》所载的这则故事中可以看出，将口语中的俗语词转

[①] 承张涌泉先生告知，原信中所注的"平声""入声""音吸""音支"乃是《笑笑录》作者添加，而非出于寄信人之手。谨致谢忱。

写成文字并不是一件容易的事，在转写过程中应当存在某些策略。这些策略的内容和作用方式值得深究。可以想见，人们首先应该通过某种方式把这些词语用文字记录下来，结果就是产生了不同的用字；然后在使用过程中形成一种社会上认可度高的用字；最后是将这一用字作为规范形式固定下来并传承下去。

从上述分析可知，有两个问题需要做出解释。一是在某个特定时期给定词进入了人们的心理"词库"以后，通过什么方式来获得其用字。二是不同的用字彼此竞争后有的被淘汰，有的保留，其中的策略是什么。以下我们首先介绍 Prince Alan & Paul Smolensky（1993）所提出的优选论（Optimality Theory）的思想和分析框架，然后利用该框架解释规范用字的产生过程。

McCarthy（2002：10）曾经使用优选论的基本框架处理自然语言中的音变过程，并总结出高度抽象的模式，如下：[①]

Input → GEN → Candidates → EVAL → Output

这一模式模拟了人脑处理自然语言中不同形式的过程。就某给定输入形式（Input）而言，人脑可以为之生成若干候选项（Candidate）。这些候选项逻辑上都可以作为输出形式（Output）出现。现实生活中，这些候选项并不都能获得外在表现——它们或多或少违背了某些制约条件。经过筛选后，违背制约条件最少的候选项胜出。胜出的候选项就是最佳用字。这一用字应该符合或接近人们对汉字的"理想认知模式"（Idealized Cognitive Model，ICM）。

如果把俗语词（音义结合形式）作为输入形式，那么对应的用字就变成了候选项，最后胜出的用字就成为输出形式。相应地，GEN 部

---

① 2010 年夏，香港中文大学蒋平教授曾在南开大学讲授优选论课程，笔者听后获益匪浅，颇受启发。该模式中英文术语的汉译名称大致依蒋平所译。下文中使用的符号"☞"表示最佳输出，如"☞X"表示 X 是最佳输出形式。

分对应着人们怎样为某词创造新的用字，EVAL 部分对应着可能的制约条件及其排序。可见，汉语俗语词用字的生成过程与优选论在形式上是一致的，将上述模式应用于俗语词的用字分析上也就顺理成章了，额外的事情就是从字词关系上对上述各部分重新加以定义。如下：

Input（输入形式）：人们感知到的一个个俗语词（音义结合体）。

GEN（生成机能）：通过对词的处理，人脑生成该词的一种或多种用字。

Candidate（候选项）：由各种可能存在的用字构成的一个"字族"。

EVAL（筛选机能）：通过预先设定的各种制约条件，对该字族中的各个成员进行筛选。

Output（输出形式）：最终输出的用字。它是该字族中最"优"（Optimized）的成员（即违背制约条件最少的用字）。

有了上述定义以后，我们便可以借助实例将定义涉及的全部内容展现出来。以下将尝试用优选论说明若干组词的用字情况，然后指出暂不能用这一框架解释的一些例子。从整个流程上看，{躺}的用字生成和筛选具有代表性。如图4：

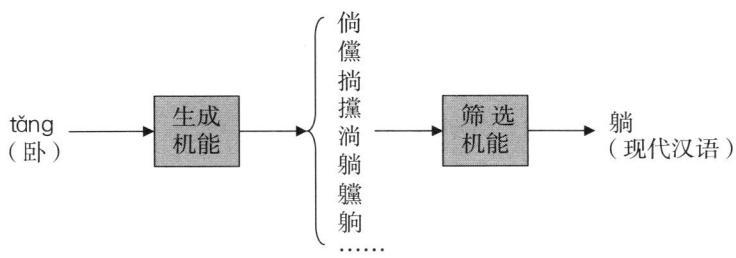

图 4　用字生成与筛选

{躺}在口语中出现以后，人脑的生成机能为之产出多种不同的用字。图4所列用字是在文献中记录下来的字[①]。筛选机能则要运用一

---

① 也可能有一些没有文字记录或有记录但没有保存下来的用字，置之不论。

系列的策略从这些用字中选出最优的一种用字，它会变成约定俗成的或规范的用字。下一代人则可以直接习得这一最优用字，无须再重复生成和筛选这一过程。换句话说，一旦有了约定俗成的用字，后来人可以将中间的过程自然略去。他们看到的就是由输入形式（Input）直接到输出形式（Output）。如图5：

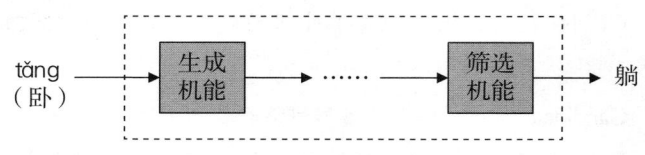

图 5　输入形式与输出形式

可见，生成机能与筛选机能在俗语词的用字确定过程中最为关键。前者提供材料，说明哪些可能的用字；后者决定取舍，淘汰掉不合适的用字。

一、对生成机能的分析

从事实篇中的若干组实例看，俗语词的用字有多种可能。最为常见的就是用他字记音，有些时候还有提示意义的要求。这类例子很多，生成的用字也非常丰富。

【翅膀】

｛翅膀｝指鸟类的翼。它从明代开始出现，其用字有"翅膊"①"翅

---

① "翅膊"这种形式在历史文献中并不多见，但并非孤例。如网传张海迪名言："即使翅膊断了，心也要飞翔。"（来源：http://news.xinhuanet.com/politics/2012-03/02/c_111596114.htm）《五台方言土语小说》收录有"金岗库地石鸡的，嘴红翅膊硬，贪色不要命"句。（来源：http://5tairen.com/simple/?t15041.html）内蒙古卓资县的民谣文本中还出现了笔下写作"膊"却跟阳声韵字"酱""上""方""房""忙"押韵的现象，如："灯盏没油挖上些酱，哥哥没钱我倒贴上。蒿滴溜溜雀儿呀灰翅膊，你家就是我的总地方。四合头院子五间房，娉动家妹妹你串忙。"（《卓资县政协文史资料》第二集《风土情》，58页）

挈""翅帮""翅挷""翅榜""翅邦""翅髈"等。

（1）被佛爷把手往上一指，那妖翅膊上就了勅，飞不去。（《西游记》第77回，374页上）

（2）耳朵搧动，如翅挈相似。（《三遂平妖传》第26回，766页）

（3）有翅帮飞腾天上，有鳞甲钻入深渊。（《二刻拍案惊奇》卷28，352页上）

（4）则教你翅挷儿展将春色闹场来。（《牡丹亭》卷上第23出，明万历刻本，基129）

（5）当日个三五良宵月半黄，银汉为乌鹊，秦楼做凤凰，都是俺昆仑的翅榜。（《酹江集·昆仑奴》第三折，明崇祯刻本，299页上）

（6）翅邦儿何处落才一闪命秋毫。（《六十种曲·邯郸记》卷下第22出，44页上）

（7）原来是一只野鸡，飞在桃太郎跟前，扇着翅髈儿说。（1904年《急就篇》"问答之下"，130页）

【肩膀】

｛肩膀｝指人或动物前肢和躯干相连的部分。它从元代起出现，用字有"肩膀""肩髈""肩巴"等①。"肩巴"是｛肩膀｝在口语中语音弱化（失去韵尾）后的用字。

（8）除灸疮五痕外，左右肩膀各一痕，系拳痕。（《元典章·刑部》卷16"违错"，526页上）

---

① 元代以前有"肩膊""肩髆"等形式，指的也是肩膀。如后秦鸠摩罗什译《大智度论》卷88："天竺国人于今故治肩髆令厚大，头上皆以有髻为好。"（丽藏本，584页下）隋阇那崛多译《善恭敬经》："勿以袈裟覆于肩髆。"（丽藏本，530页下）"髆""膀"二字关系密切，语音上有对应关系，意义上相当。它们不能看作是同一个词。

（9）土地老儿没肩髈，敢自有傍人话短长。(《群音类选·清腔》卷1苏子文"桂枝香一套"，明刻本，76页上）

（10）撞着有志气、肩巴硬的，拼得个不奉承他，不求告他，也无奈我何。(《二刻拍案惊奇》卷4，69页上）

【跤】

{跤}在现代汉语中指"跟头"，如"跌跤""摔了一跤"。它是近代汉语时期出现的一个新词。今天的规范字作"跤"。从历史上看，记录{跤}的用字有"交""跤""竣""蹻"等。如：

（11）不提防黑影里搬出一条板凳，把武松一交绊翻。(《水浒传》第30回，493页上）

（12）杨志大怒，把牛二推了一跤。(《水浒传》第12回，349页上）

（13）还未曾系上带子，扑的一蹻跌倒在地。(《西游记》第23回，626页下）

（14）要是照着你的话的时候，把财帛花尽了，一竣跌死了才好。(《清文指要》第三册，二十页右）

【马虎】

{马虎}一词，《现代汉语词典》释为"草率；敷衍；疏忽大意；不细心"，同时也收入其异体"马糊"。其内部结构及构词理据还不明确①。今天通行的"马虎"仅有记音作用，跟动物马、虎无关。文献中

---

① 李铭(1936)一文曾将{马虎}的语源上溯到《庄子·说剑》"剑士皆逢头特鬓，垂冠曼胡之缨"之"曼胡"。李文认为"曼胡"音转后变成"模糊""马虎"(《"马虎"考》，《逸经》1936年第9期）。先秦至清末时隔久远，中间没有用例，李文观点有些牵强。徐时仪(2005)指出它应该是"模糊"一词"隐实示虚趣"的结果，吴方言中有{耶耶乎}一词跟{马虎}在语义上相关，用字又作"约约乎""呀呀乎""呀呀呼""呀呀糊"(《"马虎"探源》，《语文研究》2005年第3期）。吴语中的{耶耶乎}是三音节词，跟双音词{马虎}或其重叠形式不能逐一对应。因此把它们视作两个词比较合适。

存在该词的多种用字,如"糆糊""吗糊""吗虎""马虎""猫虎""妈虎"等。用例多见于晚清或更晚,以四音节重叠形式为主。如:

(15)他们早已彼此心照,糆糆糊糊把制台敷衍过去就算了事。(《官场现形记》第30回,242页下)

(16)你到了这没起倒的人家来就学了这没起倒的称呼!我一向倒是吗吗糊糊的过了。(《二十年目睹之怪现状》第104回,741页)

(17)文七爷的脾气,一向是吗吗虎虎的,一句话便把他问住。(《官场现形记》卷14,104页上)

(18)那时彩云向张夫人要求另雇一只小船,附拖在后。张夫人也马马虎虎的应允了。(《孽海花》第30回,786页上)

(19)你要是中国人,向来猫猫虎虎的,我原可以恕你,可惜你是英国人。(《孽海花》第31回,791页下)

(20)文仙瞅了秋谷一眼,道:"耐格闲话,有点妈妈虎虎,勿好算数。倪倒勿相信耐枪花。"(《九尾龟》第72回,基369)

【坛】

{坛}作为名词或量词,一般指盛酒的器皿。这是近代汉语时期出现的新词。历史上的用字有"壜""坛""墰""玹""罈""罎""罐""鈜""礃""鐔"等。如:

(21)酒一壜,税钞一钱。(《(大德)南海志》卷6"酒课",元刻本,基32)

(22)两坛金华酒。(《金瓶梅词话》第42回,三页右)

(23)一墰南酒,四样殽品。(《金瓶梅词话》第43回,一页左)

(24)四海龙王急速到,快把甘露助一玹。(子弟书《疯僧扫秦》,《故宫珍本丛刊》669册60页下)

(25)放于净罈之内。(《三遂平妖传》第9回,240页)

（26）一石彔（绿）豆，六大罈酒。(《醒世姻缘传》第46回，1273页)

（27）前有酒旗动，上写着"开罎十里香"。(《白雪遗音》卷3，129页上)

（28）这三杯那礼（里）济得事？你大大的取一鈕来。(车王府曲本《香莲帕》，9册271页下)

（29）隔壁三家醉，开礓十里香。(车王府曲本《御龙封官》，10册172页上)

（30）再备白米一石、酒一鐏、肉十斤，送与孝子。(车王府曲本《后劝农》，11册317页下)

【着】

｛着｝作为名词指解决问题的方法，用字有"着""招""辙"。该词在明清时期已经习见，用字作"着"，如"三十六着，走为上着"。用字作"招"是比较晚起的。李荣（1987：91）已经指出，"北京说'高着、绝着、这一着'，不过入声变成阴平 zhāo，因此就出来招的写法：'高招、绝招、这一招'。"北京话中另有"辙"记录｛着｝。如老舍《茶馆》（1982年电影版）中，有一段唱词："现而今，到了民国，铰了小辫儿还是没有辙（zhé）。"

【呎】

｛呎｝指物体凸出。今天通行的规范用字是"努"，如"努着嘴""努着眼睛"。《现代汉语词典》另收"抷""呎""嗲"三种用字。唐代以后"努"可以表示凸出，各辞书多有收入，相应的组合如"努目""努眼""努臂""努膊"等。在表示口部凸出时，文献中还有"臇""弩""挪"等。如：①

---

① 《汉语大字典》收"嗲"字，例子为编者自造。

（31）那呆子努着嘴，口里埋怨道……（《西游记》第27回，651页下）

（32）良久，西门庆拟了个嘴儿。(《金瓶梅词话》第35回，三页右）

（33）[华公子]呶嘴道："张老二、魏老大就狠在行的。"(《品花宝鉴》第30回，1218页）

（34）也就垂头扭颈，㬿嘴皱眉，半晌不言。(《西游记》第23回，624页下）

（35）这个咬呀（牙）剉玉针，那个㬿目飞金焰。(《西游记》第35回，56页下）

（36）少年虽然说话不出，心下却甚明白，把嘴努着竹箱。(《醒世恒言》卷10，442页上）

（37）我到没弩着嘴。(《醒世姻缘传》第45回，1228页）

（38）就挪嘴儿望着舱里道。(《孽海花》第7回，663页上）

【揍】

｛揍｝指殴打，一般情况下殴打对象是人。这一词语大概到清代晚期方见诸记载，用字作"奏"，今天的用字为"揍"。如：

（39）【全白】我奏你小几八日的。（车王府曲本《四进士》，9册2页下）

（40）【田氏白】你白吃人家酒，难道不还席？【蠢白】没有人会做菜咋！【田氏白】还席呀！等之（着）我奏你们……【蠢白】你奏谁呀？【田氏白】我会做菜。【蠢白】那就是了。小儿！把二尸（爷）给我请来，快去！(《四进士》，3页上）按，蠢问"奏谁"，田氏以"做菜"答之，这一话轮利用了"奏""做"二字同音的特点以达到诙谐的效果。

（41）此时众人已经被刁迈彭灌足米汤，不由己的冲口而出，一齐说道："大人是我们军门的盟弟。军门过去了，大人就是我们的主人，谁敢说得一句什么！要是有人说话，标下亦不答应他，一定奏他。"①（《官场现形记》第49回，418页上）

（42）我是大我刚，专揍你这个孽海小子！接嘴巴罢！（绥中吴氏戏曲丛刊《施公新传》，34册59页）

普通话中有些读音为 zuò 的词（如"做"）在一些方言中读作 zòu②。如山东滕州电视台有一档节目，名为"揍嘛来"，即是指"做（什）么来"，"来"是句末语气词③。类似例子如：

（43）【光老明白】哎呀！抢了半天，敢情是你！你怎広个长像尔（儿）？你是什広奏的？【丑丫环仝白】你是个什広奏的哪？（车王府曲本《拿谢虎》，11册358页下）

（44）●你们不是山上大王尸（爷）们吗？○我们是过路的。●过路的？黑灯瞎火叫我的门奏煞？（绥中吴氏戏曲丛刊《五虎传》，40册192页）

（45）拉倒！拉倒！媳妇遮不了风，挡不了雨，吸吸哞哞的东挪不的西转不的。我们是粗鲁人，要那个奏煞？（《五虎传》，40册230页）

以上略举的这几组例子说明，人脑中的这一生成机能是非常强大的。

二、对筛选机能的分析

筛选机能是从既有的若干候选用字中选出最优的那一种，胜出者

---

① "二典"之"揍"字条均引此例，唯字录作"揍"，不确。
② 承汪维辉先生见告，宁波话亦如此。
③ 据百度百科"揍嘛来"条（http://baike.baidu.com/item/揍嘛来?sefr=enterbtn）。笔者母方言（山东济宁市兖州区）中，"做饭""做生意"之类的词语在口语中的实际读音是"zòu 饭""zòu 生意"，与"奏"同音。

的使用频次会快速增加，其他候选用字的使用频次会渐次衰减，最终不再出现。筛选机能采用的条件和策略应当明确指出，分析得到的条件及策略应当有较强的解释力。具体来说，制约条件和作用顺序就是我们要寻求的东西。

这一问题不易给出直接答案，不妨换一种思路来回答。理想状态下，记录某个词的某一候选用字满足所有的制约条件，那么它一定会成为最优输出形式。从实际情况看，语言中这样的状态并不很普遍。一个词的候选用字或多或少地违背了其中的制约条件，彼此相较，违背条件是最不重要的或者是最少的候选用字同样可以胜出。

从这种意义上说，所谓的制约条件也就是理想状态的"一字一词"关系的具体化。人们认为的理想状态是一种用字对应一词、一词对应一种用字。李荣（1987：46）指出："汉字是语素文字（logogram），有形有音有义。"裘锡圭（1991）更是明确指出，"判断文字的优劣不但要看字形的表意表音作用（对拼音文字来说，只看字形的表音作用），而且还要看字形是否既简单又不会彼此混淆。"形、音、义、简单、避免混淆这几个方面是对理想模式的最佳概括，据此可以设定筛选机能包含的四个制约条件。如下：

I. **提示读音**。当说话人说出一个词时，听话人首先感知到的是词的形式——读音，其次才是意义。提示读音优先于提示意义。如果音、义两方面都能顾及，那么这就是一个好的用字。退而求其次，则要求声旁的读音跟词的读音要保持一致。

II. **提示意义**。用字或其偏旁要能尽量好地提示词的意义。由于词本身具有多义性，而文字受形体局限只能从某个方面提示词义。因此，提示词义的变化，这种提示作用或强或弱。

Ⅲ. **无同形形式**。李荣（1987：80）在探讨汉字简化问题时指出，"简化字无形中受到一种限制，就是不能跟现行的字冲突。"对于任何一个新词而言，记录它的用字都应该尽可能不跟已经存在且使用频率较高的那些字冲突。没有同形形式是一种理想状态，很多情况下这一制约条件会被违背。

Ⅳ. **简约**。就是要求字形应当在表意清晰的前提下尽量简单、方便书写。

以上四条中，前两条主要着眼于字词关系，即要求候选用字的音、义跟词的音、义尽可能保持一致。后两条主要着眼于交际效果，即要求候选字在传达信息时既要准确又要简便[①]。前三条主要是从信息接收方（听话人）的角度考虑，目的是将搜索空间限制到尽可能小；最后一条是从信息发送方（说话人）角度考虑，要编码简单、利用有限的"带宽"传递尽可能多的信息。也就是说，接收方要求发送方提供足够的信息以满足解码的要求；发送方为了节约"带宽"则以最经济的方式提供相应的信息。

据此，我们可以将制约条件的排列顺序定为：Ⅰ＞＞Ⅱ＞＞Ⅲ＞＞Ⅳ[②]。大部分情况下第Ⅰ条是必须的，[③] 可以看作是忠实性制约（Faithfulness）；其余三条可以看作是标记性制约（Markedness）。这些制约条件还可以用来给候选用字排序，看看它们记录给定词时的优劣等级。应该指出的是，我们根据前人研究总结出来的这四点主要是立足于经

[①] 裘锡圭（1988：5）在探讨"文字形成的过程"时指出，"在文字形成的过程中，表意的造字方法和假借方法应该是同时发展起来的。""表意"和"假借"对应的就是提示意义和提示读音。

[②] 符号"＞＞"表示优先于，如"X＞＞Y"表示X优先于Y（即X比Y更好）。符号"＊"表示违背了某些制约条件，在二维表格中与"＊"同行的候选项违背了与"＊"同列的制约条件。

[③] 这可以解释为何新造字基本上都是形声字。感谢商务印书馆评审人指出这一点。

济原则，观察它们的解释力有多强，对于不能解释的内容在下文陆续探讨。

以上述操作规则为基础，我们来分析前文提到的{躺}例。

表 32 {躺}的优选分析[①]

输入形式	输出候选项	提示读音	提示意义	无同形形式	简约
tǎng（卧）	倘			*	
	儻			*	*
	搢		*		
	攩		*	*	*
	淌		*	*	
	☞躺				
	蠰				*
	躺				*

从竖列看，所有候选项都没有违背读音的要求，但"搢""攩""淌"违背了提示意义的要求，第一批被淘汰，不再参与后面的竞争。"倘""儻"违背了无同形形式的要求，第二批被淘汰。跟"倘"相比，"躺""蠰""躺"笔画增加，都违背了简约的要求。"蠰"笔画最多，严重违背了简约要求。此时"倘"已经被淘汰，因此最佳输出形式会在"躺""躺"中产生。两相比较，"尚"（8 画）比"向"（6 画）略复杂，按理说最佳输出形式不应该是"躺"。在历史上，"躺"仅仅在清代昙花一现，并没有跟"躺"形成竞争。因此，在"躺"已经成为习用字的情况下，若没有必要的理由人们也就不会放弃用字"躺"。从横行看，各个用字的优先级有别，从好到坏可以排列为：躺、躺＞＞蠰＞＞倘、儻＞＞搢、攩、淌。

[①] "*"表示违背制约条件，下同。各行中，"*"靠近左侧的首先被淘汰；若两行"*"位置相当，则数量较多的首先被淘汰。各形式的用例见事实篇{躺}条。

210　唐以后俗语词用字研究

表 33　{桌}的优选分析[①]

输入形式	输出候选项	提示读音	提示意义	无同形形式	简约
zhuō （台）	卓	*	*	*	
	棹			*	*
	☞ 桌				
	槕				*

"卓""桌""棹""槕"四种用字均在不同程度上违背了制约条件，"桌""槕"违背的制约条件最少，"桌"又比"槕"简约因而成为最佳输出形式。表示人名时"桌"在宋代有些用例但很罕见，因此它不违背无同形形式这一制约条件。各用字的优先级排列为：桌 > 槕 > 棹 > 卓。

表 34　{吩咐}的优选分析[②]

输入形式	输出候选项	提示读音	提示意义	无同形形式	简约
fēnfù （指派；命令）	分付		*	*	
	分咐		*		*
	吩付		*		*
	☞ 吩咐				*

{吩咐}一词的筛选过程比较简单。各形式都没有违背提示读音的要求，但"分付"两次违背了提示意义的要求，"分咐"和"吩付"各一次违背了提示意义的要求，三者均被淘汰。各用字排列为：吩咐 > 吩付、分咐 > 分付。

以上优选分析说明，完全不违背制约条件的理想用字并不常见；筛选机能得到的现实输出只是违背制约条件比较少的用字。必须承认，也有一定的偶然性因素影响到了最终输出的用字。

[①]　各形式的用例见事实篇{桌}条。
[②]　各形式的用例见事实篇{吩咐}条。

对于某个词的不同用字，还可以从原型与相似度的角度去看待。在这些用字构成的家族中，各成员的地位并不相同。少量成员违背的制约条件比较少，也就比较符合人们心中的理想认知模式，是该家族中较为"典型"的成员（Proto Type）。更多的成员则因违背的制约条件较多或级别较高而被看作是非典型成员。

第二节 用字变化的优选论解释

上节所举的例子是把所有的用字看作处于同一共时平面的。这就等于承认它们中的任意两个都可以彼此竞争，意味着任意两个都有彼此见面的机会。这种做法跟既有的语言事实并不完全符合，原因在于在特定时期人们的头脑中一般并不生成所有的用字，不同的用字往往有时代差异。我们不可能未卜先知，把一个在某一时期不存在的用字作为最佳输出形式。因此在用优选论进行分析时，必须考虑时间因素带来的影响。对于一个词来说，在某个共时平面上可能会有唯一的最佳输出。不过若从历时角度去观察，不同时期的最佳输出形式也并不相同，这反映的是用字习惯的变化。

古今学者对用字习惯的变化做了很多细致的研究，概括并提出了"音随形变""音随字转""形随义变""字从声变"等模式[①]。需要指出的是，这些概括都是就某些具体的字而言的，它们注重的是一个因素对另一因素的影响，对彼此之间的制约关系并没有充分阐明。因此，这些解释往往显得有些"就事论事"（ad hoc），普适性不够。新的用

---

① 如李荣《语音演变规律的例外》、张涌泉《论"音随形变"》、叶玉英《论音随字转》（复旦大学出土文献与古文字研究中心论坛，2008 年 1 月。http://www.guwenzi.com/SrcShow.asp?Src_ID=329）叶文总结的比较全面。徐时仪（2008）也指出，"词义的发展引起字形的分化，字形的分化同样也会引起词义的发展。"

字——也就是最佳输出形式——是各制约条件综合制衡的结果，因此需要一个统一的框架来解释用字的变化。制衡本身反映的又是生成机能和筛选机能对最佳输出形式的影响。

影响最佳输出形式的因素有两个：一是生成机能提供了多少候选用字；二是筛选机能发生作用的策略及方式。对于一个词而言，只有其用字经过生成机能创造出来进入候选队列，才可能作为候选用字参与筛选并有机会变成最佳输出形式。生成机能提供的用字主要依据文献中的字例归纳，筛选机能的作用方式是有先后顺序的，此举｛喂｝｛捂｝为例。

前文已经指出，｛喂｝的主导用字经历了"萎""餧""餵""喂"的变化，中间还夹杂着"委""偎"等。按照前文对语言现象的归纳，可以分三个阶段对其进行生成和筛选，分别为：隋唐、宋代、元代及以后。

表 35　隋唐时期｛喂｝的优选分析①

输入形式	输出候选项	提示读音	提示意义	无同形形式	简约
wèi（饲）	萎		*	*	*
	委		*	*	
	☞餧			*	*

表 36　宋代｛喂｝的优选分析

输入形式	输出候选项	提示读音	提示意义	无同形形式	简约
wèi（饲）	餧	*		*	*
	喂	*		*	
	☞餵				*

---

① 各形式的用例见事实篇｛喂｝条，表 36 同此。

表 37　元代以后 {喂} 的优选分析

输入形式	输出候选项	提示读音	提示意义	无同形形式	简约
wèi （饲）	餧	*		*	*
	喂	*		*	
	餵				*
	☞ 喂				
	偎		*	*	

隋唐时期，参与竞争的用字有"萎""委""餧"，其中"餧"违背的制约条件优先级最低成为最佳输出形式。入宋以后，随着"餵"的加入，"餵"违背的制约条件优先级又比"餧"低，因而得以输出。元代以后，"喂""偎"加入了候选队列，"喂"符合所有的制约条件，成为最佳输出形式；"偎"则因违背了提示意义的制约条件而被淘汰。这一过程说明，候选用字中新成员的加入会影响到最佳输出形式。生成机能产生的新成员如果优于既有成员，那么就会发生用字替换，也就是改变了用字习惯。

表 38　清末民国 {捂} 的优选分析 [①]

输入形式	输出候选项	提示读音	提示意义	无同形形式	简约
wǔ （掩）	☞ 捂				*
	握	*		*	*
	挴			*	
	侮		*	*	*
	忤		*	*	
	焐		*	*	*

---

① 各形式的用例见事实篇 {捂} 条，表 39 同此。

表 39　民国以后｛捂｝的优选分析

输入形式	输出候选项	提示读音	提示意义	无同形形式	简约
wǔ（掩）	搗				＊
	☞ 捂			（＊）	

　　表38、表39中，民国以前记录｛捂｝的各种用字均在不同程度上违背了制约条件，其中违背制约条件等级最低的"搗"胜出，成为最佳输出形式。这一时期的习用字便是"搗"。假如此时候选用字中存在从手、午声的字——扞，它就很可能成为最佳输出形式（因为它没有违背制约条件）。只是生成机能并没有提供这一用字，"扞"也就没有机会进入候选队列，自然也不可能输出。

　　"捂"又是如何战胜"搗"的呢？二者均没有违背提示读音、提示意义的制约条件。况且"捂"有同形形式，"搗"没有，按照规则最佳输出应该是"搗"。这里值得注意的是，"捂"的同形形式（作为"揩捂""抵捂"等词的构词语素）书面语色彩很强，在口语中几乎不会使用。对社会大众来说，他们很难有机会掌握这样一个书面语词。因此从口语角度看"捂"是没有同形形式的，也就没有违背该制约条件。这样下来，具有决定作用的制约条件便是最后一项——简约。"搗"比"捂"书写复杂因而被淘汰，"捂"就成为最佳输出形式。设想"搗"如果在更早的时候已经简化为"捣"，那么"捂"可能根本就没有机会取代"搗"变成今天的习用字，不过这种情况并没有发生。这同样说明，生成机能没有提供的用字不能进入候选队列。

　　以上二例着重说明了候选队列以及后两种制约条件是如何影响最佳输出形式的，以下将重点分析前两种制约条件对最佳输出形式的影响。

　　对于任何一种语言来说，词的语音形式和意义在使用中都会发生变化。汉语和汉字在这一方面的表现尤为突出。汉字是表意文字，绝大部分汉字（及其构件）都具有提示意义或读音的功能，词的音、义变化不可避免地会影响记录它的文字的变化。语言和文字的这种交互影响关系早已引起前代学者的注意，张永言先生在揭示《水经注》的语言价值时着重指出：

> 对于语言发展过程中语音（词的声音形式）和文字（词的书写形式）交互影响的现象，郦道元作了细致的观察，提示出这一现象的两个方面：一方面是"字随读改"或者说"字从声变"，另一方面是"读随字改"或者说"音从字变"。前者是语言影响文字，词的声音变了，写法会跟着变；后者是文字影响语言，词的写法变了，语音也会跟着变。①（张永言 1964）

词的意义发生变化又是怎样通过制约条件表现出来的呢？以下举{嘴}为例加以说明。

表 40　五代宋时期{嘴}的优选分析②

输入形式	输出候选项	提示读音	提示意义	无同形形式	简约
zuǐ（尖利的口）	觜		＊	＊	＊
	☞ 觜			＊	＊
	嘴	＊			

表 41　元明以后{嘴}的优选分析

输入形式	输出候选项	提示读音	提示意义	无同形形式	简约
zuǐ（口）	觜		＊	＊	
	咀	＊		＊	
	☞ 嘴				＊

---

① 张永言（1964）还对相关语言现象的研究史进行了梳理，指出中古时期人们已经意识到了此类现象，如《史记》卷 55 裴骃集解引徐广曰："但语音讹转，故字亦随改。"（见该文注 12）

② 各形式的用例见事实篇{嘴}条，表 41 同此。

｛嘴｝产生之初，人们对其认知的焦点在于其外形的尖利而非口部器官。"觜"有构件"角"提示意义，"柴"的构件"束"则因口语中不用而不能提示意义。"柴""觜"有"此"作为构件，可以提示读音；"柴"则违背了该条件。因此"觜"成为最佳输出形式。元明以后，随着｛嘴｝对｛口｝的替换，二者变成了同义词。这时人们对｛嘴｝认知的焦点变成口部器官，"觜"的构件"角"因违背了提示意义的制约条件而被淘汰，"嘴"违背的简约这一制约条件优先级最低，因而"嘴"胜出，成为最佳输出形式。

对于给定制约条件来说，二维表只能呈现出有无违背的问题（二值），而不能表现违背程度的问题（多值）。在实际操作中，当两个或两个以上的候选用字违背的制约条件等级和数量相同时，它们彼此之间的确存在程度差别。表 42 对｛脖｝的用字分析说明了这一点。

表 42 ｛脖｝的优选分析①

输入形式	输出候选项	提示读音	提示意义	无同形形式	简约
bó（颈）	孛		*	*	
	頞				*
	☞脖				*
	鈸	*		*	*
	胈			*	*
	膊			*	*

生成机能为｛脖｝提供了多种用字。"鈸""胈"的构件"犮"能够提示读音，作为"脖""頞"构件的"孛"以及单字"孛"也能提示读音，第一轮筛选均获得通过。第二轮中，"孛""鈸"违背了

---

① 各形式的用例见事实篇｛脖｝条。

提示意义这一优先级次高的条件,被淘汰后不再参与后续的筛选。"膊"和"胉"则因违背无同形形式这一条件,在第三轮中被淘汰。剩下的"脖""领"两种用字违背的制约条件最少且级别相同,理应都是最佳输出形式。文献中表现的情况是早期最佳输出形式为"领",晚期为"脖"。这是因为,"脖"的产生时代较"领"为晚,在没有"脖"参与竞争时"领"自然胜出。当"脖"与"领"竞争时,从"頁"的"领"跟从"月"(肉)的"脖"相比不够简约,且以构件"頁"提示意义比较困难(它后来变成指页码的专字,跟头部失去联系),所以"领"被淘汰。

以下将呈现一批个案的简化版(只包括二维表和书证),读者可以从中感受优选论的解释力。

表 43 {咧}的优选分析①

输入形式	输出候选项	提示读音	提示意义	无同形形式	简约
liě (嘴角伸展)	裂		*	*	*
	俫①	*	*		
	☞咧			*	

今天指咧嘴的{咧}产生时代较晚,本以"裂"记录,后来作"咧"。如:

(1)看见行者咨牙俫嘴,火眼金睛,磕头毛脸。(《西游记》第 18 回,590 页下)

(2)晁梁喜的那嘴裂的再也合不上来。(《醒世姻缘传》第 49 回,1336 页)

(3)撇咧嘴笑。(《满蒙汉三体字书》,222 页上)

---

① 据《中州音韵》,"俫"音郎爹切,归属车遮韵(《汉语大词典》"俫"条)。

表 44 ｛症｝的优选分析

输入形式	输出候选项	提示读音	提示意义	无同形形式	简约
zhèng （疾病）	證	*	*	*	*
	証		*	*	
	☞ 症				

各用字的例证如下：

（4）百合狐惑阴阳毒病證治第三。（题汉张仲景《金匮要略方论》标题，四部丛刊影明刊本，基 44）

（5）或阳气蕴积则生寒热，寒热不散皆致前证。（宋陈自明《外科精要》卷中"癰疽分表里證论第二十三"，明刻本，基 76）按，正文部分用"証"，标题用"證"，据此可知二者用法无别。

（6）论癰疽呕逆症第十九。（宋陈自明《外科精要》卷中标题，明刻本，基 65）

以上分析了若干组代表性用字，从中我们既可以看到优选论作为工具对语言现象提供了很强的解释力，通过设置的制约条件可以比较直观显明地解释用字的变化。同样，也暴露出它在级别相同时筛选最佳形式的不足。对某些词来说，其用字最佳输出形式的获得还没有在本框架下得到顺利的解释，这时就需要引入其他因素（设置新的制约条件）来说明。在保留该框架的前提下，如何调整制约条件和筛选策略，这些问题有待继续研究。就某一给定用字而言，例外现象主要有两种：一是当输出而未输出；二是不当输出而输出。

一、当输出而未输出

对于一个词而言，当生成机能提供了新的候选用字时，如果新用字违背的制约条件优先级比较低或者没有违背任何制约条件，那么它理应成为最佳输出形式，也就会取代原有的最佳输出。我们发现，在很多情况下虽然有了新的更好的用字，但既有用字仍在继续使用。新用字只是露出一些苗头，然后就消失了。兹举名词｛怪｝为例。

表 45 ｛怪｝的优选分析

输入形式	输出候选项	提示读音	提示意义	无同形形式	简约
guài（妖怪）	怪		＊	＊	
	☞ 娃				

各用字的例证如下：

（7）常言有云：山高必有娃，岭峻却生精。(《西游记》第 27 回，明书林杨氏刊本，七页右）

（8）那怪见棒子起时，依然抖叟又出化了元神，脱真儿云了。(《西游记》第 27 回，明书林杨氏刊本，十页右）

指称妖怪时，"怪"以"心"作为形旁，违背了提示意义这一制约条件，也有同形形式。"娃"则没有违背任何制约条件，无疑应当是最佳输出形式。《西游记》中两种用字都存在，尚未进行区分。其他文献中尚未发现"娃"的用例。对于这一现象，可能的解释是汉语中名词义和形容词义关系密切，如果分别用不同的字记录，就违背了经济原则[①]。

二、不当输出而输出

对于一个词而言，各候选用字经过筛选机能的过滤后，某个候选用字因违背了优先级较高的规则理应被淘汰，可是它却作为最佳输出形式出现了，成为人们生活中的习用字。此处以｛页｝、｛仁｝为例进行说明。

---

① 这一点承汪维辉先生见告，谨致谢忱。

表 46 {页}的优选分析[①]

输入形式	输出候选项	提示读音	提示意义	无同形形式	简约
yè （张）	☞葉			*	*
	頁	*	*		

在记录{页}时，"葉""頁"是生成机能提供的两种候选用字。"頁"违背了优先级最高和次高的条件——提示读音和提示意义，"葉"违背了优先级较低的两种条件——无同形形式和简约。因此"葉"理应作为最佳输出形式。就清代以前的例子来说，这种判断是符合实际的。不过，清代中期以后"頁"被人们广泛接受，替代了"葉"。为了使得最佳输出形式成为"頁"，则排序时简约这一制约条件应当高于提示读音。如果把简约的优先级提高，就会带来其他问题，比如前文提到的很多条目就不能获得正确的输出形式。目前看来，{页}只能看作是例外。

表 47 {仁}的优选分析[②]

输入形式	输出候选项	提示读音	提示意义	无同形形式	简约
rén （果核里较柔软的部分）	☞人		*	*	
	仁		*	*	*

指果仁的{仁}有两种用字"人"和"仁"。二者都违背了提示意义和无同形形式两种制约条件。"人"比"仁"简约，"仁"还违背了简约这一制约条件。最佳输出形式应该是"人"，今天的通行用字却是"仁"。对于这类现象，或可增加新的制约条件，或可对现有制约条件重新排序，这些都值得继续研究。

文字作为传递信息的媒介，应当有相当的稳定性。或者说文字自身存在"惰性"——在没有外在压力的情况下能不变则不变。从大处

---

① 各形式的用例见事实篇{页}条。
② 各形式的用例见事实篇{仁}条。

讲，无非就是改变付出的成本和改变后获得的收益之间的权衡。陆丙甫（2009：3—4）指出：

> 语言现象发生的可能性，大而言之，无非是需要程度和处理难度，包括说话者发生的难度和听话者的理解程度。这类似于决定商品价格和流通的"市场需求"和"成本代价"两大因素。

陆文中提及的需要程度就是用字改变的必要性，处理难度就是用字改变的难度。今天随着信息技术的发展和国家标准的实施，改变某一词的用字越来越难。从历史上看，有很多学者都支持稳定不变的观点。唐陆德明的看法代表了相对保守的学者在这个方面的认识，他指出：

> 且六文八体，各有其义；形声会意，宁拘一揆。岂必飞禽即须安鸟，水族便应著鱼，虫属要作虫旁，草类皆从两中？如此之类，实不可依。（《经典释文·序》，宋刊本，基10）

与传统看法相对的，则是从众从俗，即尊重实际生活中约定俗成的语言文字习惯。许政扬（1979）代表了这批学者的认识，他指出：

> 从来乡言俗语，悬于人口，往往仅有其音，而无其字。前人借用"弹"字，后人借用"蛋"（本同蟹）字，一取形圆，一取从虫。古今习惯不同，各从其便。所以，以为古是今非，诚然失之拘泥；而以为今正古讹，似乎也不全确当。譬犹"桌椅"字，古人但书"卓倚"，我们却也不能说古书里的便是错字。

许氏说"古今习惯不同，各从其便"，这里的"便"就是约定俗成的形式。也就是说，人们关注的是最佳输出形式而不在乎该形式是否有理有据或者有历史渊源。将优选论用于用字分析，结果自然是输出候选队列中的违背制约条件最少的那个成员。最佳输出形式是受到语音、语义等多种因素影响的，而不仅仅取决于造字之初的理据。因此，"古是今非"不可取，"今正古讹"也没有必要。

从用字习惯进行分析强调的是交际过程中真实的用字情况。它的重点不在于告诉人们某词的若干用字中哪个是"正字"或"本字",而只是说在某一时代(或地域)哪个是"通字"。这与传统文字学在取向上有很大不同。传统文字学在实践中关注形音义之间的关系,又特别在意这些用字中本字、借字(分化字)、字际关系等问题[①]。从前文讨论的一系列词项看,本字、借字这类的术语恐怕并不适用。因为这些词大多是社会大众"日用而不知"的,它们的用字是在长期的使用中约定俗成确定下来的,不是人为规定的。使用者借助它们传递信息,并不在意这些用字孰正孰俗。既然如此我们也就没有必要为之强生分别。换句话说,在描述这类现象时,拿本字、借字等术语说明这些词的用字并不合适,正如曾良(2006)所指出的,"如果我们用今天的汉字体系去理解古人的汉字体系,往往会出错。"总之,李荣(1987)所强调的不必讨论正俗的思想更适用于俗语词用字的描写和分析。[②]

第三节　用字的时代性

语言文字是有时代性的,往往表现为用词的时代性(汪维辉2006a)和用字的时代性。裘锡圭、张鸿魁、张涌泉、曾良等学者都对用字的时代性这一话题有所讨论,看法不尽一致。

就用字时代性定义来说,裘锡圭、周明升的观点有代表性。裘锡圭(1999)指出,"用字方法"指"人们记录语言时用哪一个字来表示

[①] 感谢商务印书馆评审人指出这一点。
[②] 这一思想源于李荣《文字问题》,李先生看到了问题的本质。在行文过程中,我们也通过统计数据和字书记载说明不同的历史时期哪个是"通"(主导用字),大部分字都是"俗"(新造的字)。至于"正"(规范字),很多时候是不清楚的。

哪一个词的习惯","用字习惯从古到今有不少变化"。周朋升（2015）指出，"用字习惯是一定时期的文字材料中约定俗成了的为表示某音义而选用某字的现象。"周文中讲的"某音义"，就是音义结合体，也就是词。

　　裘锡圭、周明升讲的是具体个案。张涌泉、曾良则讲得比较宏观。张涌泉（1995a：122—125）谈到"俗字的时代性"时指出它包含两个方面的内容，一是"正俗关系因时而异"；二是"形旁或声旁的变换与时代因素有关"。曾良（2002）指出，汉字的时代性包括两个方面：一是"一个字在古今不同的汉字体系中可能表达的词义不一样或不完全吻合"；二是"不同时代对汉字的正俗观也有变化"。其后，曾良（2006）又在"文字的时代性"中指出，"汉字在跟一个个词相对应的时候，在古代和现代既有相同，又有不一致的地方。……文字体系在不同的时代可能是不同的系统。"张荣荣（2008）又进一步阐发了曾良的观点，他指出，"所谓文字发展演变，是指用字方法发生了一些变化，即人们用哪一个字来表示哪一个词、哪个意义的习惯发生了一些变化。"

　　张小艳（2007：285）则扩大了时代性的范围。她指出，"所谓用字的时代特色其实有两层含义：一是某个语词在不同的时期选用不同的汉字形体来记录，在字形上表现出一定的时代差异，即古今用字的不同；二是某个语词在特定的时期常借一个与之读音相同或相近的词来表示，即'通假字'的时代性。"张文说的第一方面与裘锡圭讨论的相同，第二方面则是对用字范围的拓展。

　　就用字变化的动因来说，张鸿魁（1994）的观点有代表性。他指出，"由于语言的发展（语音变化、词义发展），字的功用就产生了时代差异，并进而影响字形，主要有音符的添加和音符的改换。"

　　概括而言，学界对"时代性"的认识可分两类：第一类是以字为基准，看某字所记录的词的意义/用法的时代差异。汪维辉（2006a）把这类现象归入"词的时代性"。第二类是立足于价值评判，即观察某个字在记录词的时候是正字、通字还是俗字。对于文献中呈现出的种种语言现象，我们可以从不同的视角去观察它们，得出彼此有别但又相互补充的结论，以进一步深化人们对这类现象的认识。此举"人""仁"对应关系的变化为例。

表 48 "人""仁"的古今差异

时代	高等动物	果核中柔软部分	仁爱
古	人	人	仁
今	人	仁	仁

文字是用来记录词的。从这一角度观察，古代用字"人"可以指高等动物，也可以指果核中的柔软部分；用字"仁"指仁爱。今天，"人"不再指果核中的柔软部分，"仁"可以指果核中的柔软部分。这就是曾良（2002）所说的"一个字在古今不同的汉字体系中可能表达的词义不一样"。

词是需要用文字记录的。从这一角度观察，指高等动物时古今都用"人"，指仁爱时古今都用"仁"；指果核中柔软部分——{仁}时，古用"人"而今用"仁"。这一观察方式是以词义作为参照，观察词的用字的历时变化。

我们认为，指出用字的时代性就是要回答在记录一个词时，每个用字的行用时段（起讫时间）[①]。如果起点和终点明确，那么该用字的时代性就很明确，否则就是泛时的。这跟"古今字"有相通之处，相

[①] 汪维辉（2006a）提到，词的时代性和地域性的研究内容之一就是"同一个义位在不同时代或不同地域用不同的词表示"。这一观点给笔者很大启发，套用汪文则是"同一个词在不同时代或不同地域用不同的字表示"。

比来说定义更明确、内涵更丰富。古今字仅限于文字层面；用字的时代性则关注字词关系，是语言和文字的"接口"。古今字涉及两个字的相对时间关系，真实用字情况则复杂得多。下举{喝}的用字为例加以说明。

表示饮流食的{喝}，有"欱""哈""呵""嗑""喝"等用字。经王力、平山久雄、吕传峰等多位学者研究，目前已经探明了{喝}最早是用"欱"来记录的。各用字之间在时代上有什么关系，这一点前人似未措意。文献调查表明，"欱"具有泛时性，其他用字各在某一时期使用。

"欱"字见于《说文》，被释为"歠也"。此字源远流长，直到清代仍见使用。平山久雄（1997）[①]举了唐以前的用例，此后的用例约举若干（对象为汤、水、酒、茶等流体）如下：

（1）世俗……谓小歠为欱，音火洽切。（宋杨彦龄《杨公笔录》，四库本，基8）

（2）欱，歠汤。（明兰廷秀《韵略易通》卷上九缄咸韵入声，明嘉靖刻本，153页上）

（3）饮水曰欱[音喝]。（清乾隆河北《大名县志》卷20"方言"）

（4）饮酒曰欱。（清桂馥《札朴》卷9"乡言正字·杂言"，196页上）

（5）吃茶曰欱忌。吃酒曰欱酒。（清光绪《湖南通志》卷40"附苗俗·方言"，366页下）

（6）德夫人笑道："别让他一个人进桃源洞，我们也得分点仙

[①] 平山久雄《说"欱"——论饮义"喝"的语源》，第一届国际训诂学研讨会论文；又载《平山久雄语言学论文集》，商务印书馆，2005年。

酒欱欱。"(《老残游记》二编卷 5，615 页下）

"哈"用于记录｛喝｝是隋唐时期出现的新现象。这种做法在当时是民间做法，还不能被读书人接受。唐人慧琳经常批评这种现象，《慧琳音义》卷 76 "呼欱"："《经》文作哈，虽俗用，音吐合反。非《经》义也。"（994 页上）"非《经》义"指的就是"哈"的意思跟经文中的意思不一致，也就是写了别字。

当"哈"记录｛喝｝流行开来，人们也就接受了这种用法并将之收入了韵书。如《集韵》入声合韵："欱，哈，呼合切。《说文》：'歠也。'或从口。"这是把从"欠"的"欱"跟从"口"的"哈"看作是异体字了。元明时期"哈"的用例如下：

（7）右剉散，每服二钱，水一盏，煎六分沸，投醋半盏，取出时哈之甚妙。（《世医得效方》卷 4 "咳逆·毕□茹散"，元至正刻本，基 524）

（8）逢子朋友也要哈酒，遇子娼妓也要使几个铜钱。（《六十种曲·精忠记》卷上第 9 出，56 页下）

清代通俗文献中"哈"的用例不多，它往往出现在一些记录口语现象的字书或教科书中。清初钞本《满蒙汉三体字书》："哈之，歠。"（232 页上）19 世纪晚期的教科书《华音启蒙谚解》（1883）一书全用"哈"记录｛喝｝。清末戏曲中也见使用，如：

（9）走！咱尸（爷）儿们哈两盅去巴（吧）。（绥中吴氏戏曲丛刊《五虎传》，39 册 149 页）

"呵"记录｛喝｝最早见于明万历刻本《金瓶梅词话》（平山久雄 1997）[①]。除此以外，明清时期其他文献（如《海浮山堂词稿》

[①] 平山久雄（1997）引用大岛吉郎的观察，指出《金瓶梅词话》中少量以"呵"记录｛喝｝的用例。

《花影集》《醒世姻缘传》《歧路灯》《清文启蒙》等）中也可见到用例。如：

（10）有酒当呵，逢花插一朵，有曲当歌，知音合一夥。（《海浮山堂词稿》卷2"玉江引·阅世"，634页下）

（11）铺个青毡，摊个蒲团，只见那花枝下呵酒猜拳。（《花影集》卷2"清明·折桂令"，明末刻本，基330）

（12）吃了江瑶柱碟子，呵了人参茶。（《歧路灯》第79回，1652页）

清代前期｛喝｝的用字情况可以用18世纪前期教科书《清文启蒙》①为例来说明。该书卷2"兼汉满洲套语"部分为满汉对照的课文，采用对话体记录了一批反映汉语口语（北京话）的资料。这一部分篇幅不太大，共33次出现｛喝｝②，用字均为"呵"。下面是敬酒时对话的片段（原文不区分对话双方，今以A、B代之）。

（13）A：大小子斟上酒，阿哥你呵一钟。

B：我呵过了。这个酒狠酽利害，我只呵一钟就醉咧。

……

B：……我原本不会饮酒，因为阿哥这样的疼爱我，才呵一钟罢咧。若在别处，断然不呵。……

A：……会呵不会呵我也不管，你只饮完了我的三杯酒，我饶了你。

"嗑"记录｛喝｝最初见于晚明，进入清代持续使用。如：

（14）小姐见着，将饮残加杯酒倾何池中，被妖鱼一嗑而

---

① 该书卷首有程明远雍正庚戌（1730）序："《清文启蒙》一书，乃吾友寿平先生著述，以课家塾者也。其所注释汉语，虽甚浅近，然开蒙循序，由浅入深，行远自迩之寓意焉。"

② 在表示喝酒时，该书不用｛吃｝，偶尔用｛饮｝。

尽。①（明安遇时编《包公案》第44回，明万历刻本，基227）

（15）食无必事，菜果后当食连，啖姜嗑醋，尽一杯而病作。（清邱维屏《亡儿成镐墓碣》，《邱邦士文集》卷14，清道光刻本，410页上）

到了晚清，汉语教科书《华音撮要》中仍习用"嗑"。直至民国时期，文献中依旧存在相当数量"嗑"的用例。如郭沫若《孔雀胆》②（1946年群益出版）第二幕："没有嗑多少，我只嗑了些肥杨林酒和蜜酒。"（48页）

"喝"记录｛喝｝始见于元代。平山久雄（1997）引用大岛吉郎所举《古今杂剧》中的2处用例。元明时期其他文献中的用例，如：

（16）有林和靖是邻家，喝口水西湖上快活煞。（《梨园按试乐府新声》卷上马致远"双调新水令·题西湖"，631页）

（17）娘吃了兔儿肉，儿少了口唇皮。喝茶喝水空劳力，说长说短干淘气。（《海浮山堂词稿》卷2"寄生草·四不全"，648页上）

入清以后，汉语教科书《重刊老乞大》《语言自迩集》（第四、五章）均用"喝"。它作为记录｛喝｝的习用字持续至今。

通过｛喝｝的用字分析我们可以发现，确定某个俗语词的用字时可以遵循一套按部就班的分析过程。在从实际书写文本中搜寻到各个用字的基础上，说明每个用字的行用时段及文体（文献）特点；对于同一时代存在多个用字时，要讲清楚彼此的关系；最后说明不同时期的主导用字。

---

① 此句原刻本如此，疑有误字。

② 此书中多用"嗑"，个别地方作"喝"。到了中华人民共和国成立以后该书再版时，"嗑"则大量被改成了"喝"（见《郭沫若全集》）。郭氏是四川人，现今西南地区将｛喝｝这个词读为合口，跟普通话不同。

第四节　用字的当代化

文本在流传中经过一次次的抄写或者翻刻，距离其形成时的面貌越来越远。这些差异有些是无心之失，也有一些是为了便于阅读而有意改动。这样的改动是好是坏？应当怎样判断其价值？日本学者太田辰夫很早便意识到了这个话题的重要性。他在《中国语历史文法·跋》中指出，很多整理者往往"由于缺乏语言变化的知识而把文字任意改成时髦的了"，"看来把文字改成时髦的，这一点，从古到今所有的校订者无一例外地一直在做。"（太田辰夫1991：375）太田先生把这一现象的原因归为"缺乏语言变化的知识"，这一分析切中肯綮。但"把文字任意改成时髦"是对现象的描写，如果给它科学的命名可以称其为"用字的当代化"。

以"当代化"命名此类现象，是受到了李荣先生的启发。他在《文字问题》一书中初次使用了这个名称并指出，"传世古籍屡经抄刊，屡经'当代化'，某字某种演变始于何时往往无法查考，始见于何书也难于查考。我们只能一面采用前人的说法，一面根据文献来检验补充。"（李荣1987：76）吕叔湘讨论近指代词"这"的来源时说："传抄翻刻的时候往往有改'遮'为'这'的，如宋刊本《传灯录》的'遮'字在明藏里就多数改成'这'了。"（吕叔湘1985：184）张涌泉在《汉语俗字研究》"关于刻本文献的校理"一节也指出，"古籍在流传过程中，文字不断地被'当代'化。传世古籍一经六朝以迄唐五代人的染指，无不打上俗字的烙印，至宋以后刊板流行，则又往往以正字改易俗字。"（张涌泉1995a：148）

李荣、张涌泉都使用了"当代化"而没有做出明确的界定。我们认为，语言文字的当代化，即是指后人在整理或者引用以往时代的文献时，将其中那些不符合后人所在时代习惯的用词/用字改为符合当时习惯的形式。"当代化"是一种具体的操作行为，它应该分为语言和文字两个层面。前者反映的是用词的改变，即概念与词的对应关系变了[①]；后者反映的是用字的改变，即词与用字的对应关系变了。为了确定哪些地方经历了当代化，异文无疑是最直接也是最有说服力的证据，下面的讨论主要依据版本异文和引用异文。

语言的当代化在《老乞大》四种版本的异文中表现得最为明显。编者根据汉语本身的变化，改掉那些不符合所在时代习惯的词语，并更换为符合习惯的词语。其他引用异文的例子如《战国策·燕策二》："蚌方出曝而鹬啄其肉，蚌合而钳其喙。"宋百川学海本《释常谈》卷上"蚌鹬相持"条引作"钳其觜"（基18）。改"喙"为"觜"是用词的当代化，即在引用古人文字时把不符合宋代习惯的"喙"改为了当时人们熟悉的"觜"。

文字的当代化在广义上可以指称以下两种现象：一是转写，比如将甲骨文、金文转写为现代规范汉字；二是将早期的用字改为传抄翻刻时的用字。前者类似古文字研究中的"隶定"，后者可以命名为"用字的当代化"。近代汉语阶段，用字当代化表现得十分突出。接下来，我们以｛搬｝｛挪｝｛赔｝｛嘴｝用字中表现的异文为例逐一列表说明。

表 49 ｛搬｝的版本异文差异

	甲本	乙本
1	五代何光远《鉴诫录》卷4"得夫地"："率强丁及驴马悉遣入蜀般拔。"（基44）。	四库本《鉴诫录》作"搬取"（889页上）
2	宋华岳《翠微先生北征录》卷1"御骑"："古之车大而艰于般运也，吾之车小而易于般运也。"（基24）	光绪刘氏唐石簃刻本《北征录》二处均作"搬运"（231页上）
3	残宋本《类说·仇池笔记》"般运法"："乃般运捷法也。"（4038—4039页）	四库本《类说》二处均作"搬"（176页下）

[①] 真大成（2008）称这种现象为"以时语改易前文"。

第二章 理论篇：优选论框架下的用字分析

表 50 {挪}的版本异文差异

	甲本	乙本
1	《朱子语类》卷 120："理会政事，渐渐那得近里。"（基 4720）	四库本《朱子语类》作"挪"（462 页上）
2	《诸臣奏议》卷 134 范仲淹等《上仁宗和守攻备四策》："兵马合那减于何处驻泊？"（基 4325）	四库本《宋名臣奏议》卷 134 作"挪减"（696 页下）

表 51 {赔}的版本异文差异

	甲本	乙本
1	明嘉靖刻本《太平广记》卷 79"杜可筠"："既已啮损，即须据物陪。"（基 1300）	四库本《太平广记》作"赔"（404 页下）
2	明刻本《文苑英华》卷 616 张廷桂《论莱州置监牧及和市牛羊奴婢表》："百姓私倍则破家业。"（基 12770）	四库本《文苑英华》作"私赔"（725 页上）
3	《诸臣奏议》（宋刻元明递修本）卷 128 司马光《上英宗论禁中修造》："有产业之人每遇押竹木网散失陪填，无有不破家者。"（基 4066）	四库本《宋名臣奏议》卷 128 作"赔填"（595 页上）
4	宋傅霖《刑统赋解》（元刻本）卷下："其于人损伤，于物不可倍偿。"（基 43）	清道光士礼居钞本《刑统赋解》作"赔偿"（基 108）
5	明成化刻本《朱子语类》卷 92"堂上乐"："悉为人破损，无可陪还。"（基 3791）	四库本《朱子语类》作"赔还"（914 页下）
6	宋袁采《袁氏世范》（宋刻本）卷 1"子孙有过"："典买婢妾，限以低价而使他人填陪。"（基 34）	清知不足斋丛书本《袁氏世范》作"填赔"（基 45）
7	影写宋刊本《云麓漫钞》卷 3："宴设修造则令陪备。"（基 86）	清咸丰刻本《云麓漫钞》作"赔补"（基 68）
8	明冯天驭刻本《文献通考》卷 13："若将带官物，勒正身陪填。"（基 675）	清浙江书局本《文献通考》作"赔填"（基 1066）

表 52 {嘴}的版本异文差异

	甲本	乙本
1	元刊本《契丹国志》卷 27"中秋"："埋其头，露其觜。"	清乾隆刻本《契丹国志》作"露其嘴"（基 454）
2	宋刻本《湘山野录》卷下"江南徐侨谔"："金觜如生。"	明津逮秘书本《湘山野录》卷下作"嘴"（基 168）

续表 52

3	清道光影元钞本《(宝祐)重修琴川志》卷3"第四十九都"下:"乌觜。"	清嘉庆宛委别藏本《重修琴川志》作"乌嘴"(基145)
4	宋刻本《(宝庆)四明志》卷21"东摄潭":"觜如鹦鹉。"	清刻宋元四明六志本《四明志》作"嘴"(基1111)
5	元刊本《太平惠民和剂局方》卷7"治眼目疾·锦鸠丸"下"斑鸠"小注:去皮毛肠觜爪。(基358)	清知不足斋丛书本《太平惠民和剂局方》作"嘴"(基456)
6	《三因极一病证方论》(南宋刊本补元麻沙覆刻本)卷15"大风治法·遇仙丹"下"白殭蚕"小注:"去觜各二两。"(基560)	四库本《三因极一病证方论》作"嘴"(基867)
7	四部丛刊本《太平御览》卷940"含光鱼":"头觜长而鳞背金色。"	南京图书馆藏明活字本《太平御览》胶片(No 270)作"嘴"
8	元刊本《碧岩录》卷10"牌中数个字"注:"天下衲僧插觜不得。"	清藏本《碧岩录》作"插嘴"
9	宋刻本《锦绣万花谷别集》卷3"秋类·诗"引宋林逋诗:"苍茫沙觜鹭鸶眠。"	明嘉靖刻本《锦绣万花谷别集》作"沙嘴"(基63)
10	残宋本《类说》引《仇池笔记》"蒸豚诗":"觜长毛短。"	明刻本《类说》卷10此条作"嘴长"
11	宋刻元明递修本《临川集》卷13《鲍公水》诗:"泠泠落山觜。"	四部丛刊影明嘉靖本《临川集》作"山嘴"(基476)
12	宋刻本《后山集》卷6《沈道院有水墨壁画……》:"路从沙觜断。"	明弘治刻本《后山先生集》卷11引作"沙嘴"(基286)
13	宋刻本《北涧文集》卷6"赠辉书记":"麟角凤觜。"(基206)	四库本《北涧文集》作"嘴"(基345)
14	残宋本《文苑英华》卷254《上杜元颖学士》诗:"马上唤遮红觜鸭。"	南京图书馆藏明隆庆刻万历递修本《文苑英华》作"嘴"

表49、表50、表51、表52分别呈现了"般/搬""那/挪""陪/倍/赔""觜/嘴"的异文。最右列是改动后的用字,对应的左栏则是

第二章 理论篇：优选论框架下的用字分析

改动前的用字。这说明用字异文现象是普遍存在的。如此普遍的存在恰好印证了太田辰夫所说的"把文字改成时髦的这一点从古到今所有的校订者无一例外地一直在做"。如果我们有更大更准确的可以核实底本的语料库，或者有一个比较全面的版本异文数据库，那么这类现象数量会更多，类型会更丰富。

文本中用字一次次的"当代化"使得传世文献的面貌距离原貌越来越远，从"求真"上看这种做法令人遗憾。不过换个角度来说，"当代化"了的文本也给研究者提供了丰富的异文材料，它打开了一个"窗口"，让我们得以从中窥见不同时期的用字现象。

虽然把文字改成时髦的这一现象普遍存在，但也有整理者在整理文本过程中有意识地保留底本原貌。能够这样做的人往往都有明确的存古意识，或者说有关于语言文字时代性的知识。以《冥报记》（民国时期商务印书馆出版）[①]一书卷末孙毓修跋为例，其中提到：

> 卷子本"隋"皆作"随"。按，罗泌《路史》："隋文帝恶'随'从'辵'，改为'隋'。"然唐人书碑皆作"随"字，是"随""隋"本可通用，唐以后始严别之耳。往见宋时雕本，书"殺"或作"煞"，"無"或作"无"，此书亦然。知宋人雕刻古书，字画多依唐本。又如"佛"作"仏"，"坏"作"怀"，"归"作"皈"，"苑"作"菀"，"愈"作"逾"，当为唐时经生字体，今悉仍之。（《冥报记》孙毓修跋，417页上下）

孙毓修在整理《冥报记》时对待特殊文字现象的做法是"悉仍之"而非径改为通行字，这是他的见识比同时代人高明的地方。一个世纪过去了，我们有机会看到更多隋唐时期的材料，也就有机会重新审视他提及的这些用字现象。他依据《冥报记》总结的这些用字特点

[①] 该书据日本高山寺藏唐钞卷子本排印，收入商务印书馆《涵芬楼秘笈》。

在唐代文献（以《高丽大藏经》唐代佛教部分为代表）中大量存在并且分布广泛。这些现象在今天看来未免有些特殊，但在当时却是司空见惯的。《冥报记》卷子和唐代译经在用字上表现出的一致性，说明宋人在刊刻佛经时改动幅度相对较小。① 从时代上说今天看到的唐代译经多是"后时资料"，不宜作为证明用字有无的直接证据，不过其中那些没有经历太多"当代化"的译经是可以视为"同时资料"的。在鉴别"后时资料"的改动幅度时，用字无疑是一个很刚性的标准。

用字在当代化过程中往往伴随着这样一种现象，即当某一用字记录了多个词时，其中一个词用字的变化会影响到该用字记录的其他词。这可以算得上是"过度类推"，即不应该出现但实际上出现了的用字现象，这是文字对语言的影响。这些现象有些被人们接受了，有些昙花一现。

现象之一：

$\{词\}_1$ —— A→B

$\{词\}_2$ —— A→B（？）

说明：用字 A 记录了 $\{词\}_1$ 和 $\{词\}_2$，$\{词\}_1$ 的用字经历了从 A 到 B 的变化。在这一过程中受其影响，$\{词\}_2$ 也可以采用用字 B 来记录。例证如下：

【弹→蛋】

$\{弹\}$ 可指无生命的圆形物体，也可指有生命的禽类的卵。后者用字发生了自"弹"到"蛋"的变化。受其影响，前者的用字也可以作"蛋"。比如军事学上 $\{火弹\}$ 一词，最初作"火弹"，后来变为"火蛋"。

（1）……火药火炮箭二千只、火弹二千枚、铁额子五千枚先

---

① 高丽藏与北宋刊刻的开宝藏有极密切的关系。

次发去。(宋李焘《续资治通鉴长编》卷343,四库本,734页下)

明崇祯刻本《兵录》卷11有"火弹子方"一节,专门介绍火弹制作方法。元明清文献中"火弹"十分常见。"火蛋"则见于清代中期,存在不少例证。显然此时"蛋"已经取代了"弹"。如:

(2)其后用大炮突然轰之,火箭火蛋齐时并发。(清胡林翼《水师击毁贼船疏》,《胡文忠公遗集》卷11,清同治刻本,322页下)

又指圆形无生命物时,"炮弹""子弹""铅弹"没有变化,"铁弹"则变为"铁蛋"。

【怪→姪】

{怪}做名词,指妖怪、怪物;也可以做形容词,表示奇怪。《西游记》中,前者经常以从"女"的用字"姪"记录。清施十洲编《新刻启蒙同声字音》:"姪,妖姪。"受其影响,表示奇怪时偶尔也以"姪"字记录。分别举例如下:

(3)小龙抵敌不住,飞起刀去砍那妖姪。(《西游记》第30回,18页上)

(4)睁开眼看见行者,连忙跪下磕头,叫"爷爷"。行者道:"你休胡惊作姪,我又不是甚么恶神。你叫爷爷怎的?"(《西游记》第78回,375页上)

【陪→赔】

{陪}既可指陪同、陪伴,也可以表示赔偿。后者的用字经历了从"倍/陪"到"赔"的变化。受其影响,在表示陪同、陪伴时也有一些写作"赔"的。这种做法有零星用例,并没有被社会大众接受。如:

(5)小生倍侍小姐同看花咱。(《元曲选·萨真人夜断碧桃花》楔子,596页上)

(6)令堂亦当着老妻过去倍伴,不须挂意。(《清平山堂话

本·快嘴李翠莲记》,23页下)

(7)田有获又一把扯妙智起来,……那妙智还是磕头。……田有获道:"学生也赔跪,饶了他。等他送五十两银子买果子吃。"(《型世言》第29回,十二页左)

(8)将楼上十六个箱笼,原封不动连匙钥送到吴知县船上,交割与三巧儿当个赔嫁。(《古今小说》卷1,148页下)

(9)小姐我在千军万马相赔伴。云娘我为诗笺呵,百打千敲苦怎当。(明阮大铖《燕子笺》卷下"前腔",明末刊本,基280—281)

(10)妾本出于皇甫宅,尹夫人赔房之婢鲍芸仙。(《再生缘全传》卷2,656页下)

(11)只是小弟归心似箭,不能奉赔,便在郢都相候。(《梨园集成·双义节》第4回"柳阴相会",清光绪刻本,基300)

【觜→嘴】[1]

{觜}既指人的口,也是二十八星宿之一的觜宿。前者用字经历了由"觜"到"嘴"的变化。受其影响指星名的{觜}时也有用字写作"嘴"的。这种现象在明代晚期以后刊刻的文献中确实存在,虽然数量相对不多,最后没有被人们接受。如:

(12)甲申旬遇嘴宿,遣二人着皂道衣。(明佚名《万法归宗》卷中"五帝破城法",明刻本,基128)

(13)卫分疆畛,嘴参呈陵犯之源;赵界陬维,毕昂示福祥之庆。(《(正德)大名府志》卷10引公桑亿《唐太师南阳王罗公神道碑记》,明正德刻本,基823)

(14)嘴,火宿也。四,亦火位也。潜龙伏于火位,深失其所。故有伏嘴之仪。(明程宗舜《洪范浅解》卷5"二四伏于嘴凶"注,明嘉靖刻本,基432)

第二章 理论篇：优选论框架下的用字分析

（15）立夏常阳，云出嘴，如赤珠。(《事类赋》卷2《云赋》"别有缥缈赤绘"注引《易通卦验》，明校刻宋本，基58）按，宋绍兴刻本《事类赋》作"云出觜"。

【觜→嘴】₂

｛觜｝既指人的口，还可指物体尖利的部分。前者的用字自"觜"变为"嘴"。受其影响，指物体尖利的部分时也都写作从"口"的"嘴"，虽然物体尖利部分在意义上跟"口"无关。这种做法已经被人们接受并保存至今。

现象之二：

｛词｝₁—— A→B
｛词｝₂—— B→A（✗）

｛词｝₁的用字经历了从A到B的变化，结果跟｛词｝₂采用了相同的用字B。受其影响，人们会将用字A赋予｛词｝₂，作为其早期用字。这在繁简字对应时表现得尤其突出。张荣荣（2007：35）称这种现象为文字校勘中的"以今律古"现象。这种现象从古至今一直存在，在明清通俗文献的整理过程中表现得更加突出。如：

【吃→喫】

表示把食物放在嘴里咽下去的｛吃｝其用字由"喫"变为"吃"后，在用字上跟表示结巴的"吃"相同。这一现象大致在元代出现。清胡鸣玉《订讹杂录》卷2"吃"："'吃'音吉，与'喫'音义迥别。……俗混作'吃'字用，非。"（四库本，442页下）受其影响，后人在翻刻早期文献时遇到指说话结巴的｛吃｝时，会将其改作"喫"。如：

（16）邓艾口喫，语称艾艾。(《世说新语·言语》，四部丛刊景明嘉趣堂本，缩本15页上）按，本条在宋绍兴刻本《艺文类聚》、四部丛刊三编本《太平御览》等文献中多次被引用，字均作"吃",可证作"喫"为后人整理时所改。

【娘→孃】

指老年女性的｛娘｝其用字由"孃"变为"娘"后,在用字上跟指年轻女子的"娘"相同。张涌泉曾指出这一现象在"敦煌文献中已经常见"[①]。受其影响,后人翻刻早期文献时因不能区分二者也会将指年轻女子的"娘"改作"孃"。如:

（17）口云:"非唯得孃子此物,兼留下二衣共某辞别,留为食物。"（《法苑珠林》卷92,四部丛刊景明万历刊本,缩本1110页上）按,丽藏本《法苑珠林》卷75也记录了这一段,文字作"娘子"（417页下）。可证原本作"娘",明万历本改作"孃"实为以今律古。

（18）久闻姑孃生的俏,我可忙里偷闲特来瞧瞧。（《白雪遗音》卷2"久闻姑娘",96页下）

---

① 这一点承张涌泉先生告知,谨致谢忱。

第三章 应用篇：用字研究的应用价值

第一节 用字与异文处理

异文是古籍流传过程中广泛产生的现象。学术界在对其分类、归纳其特点时角度各不相同①，在考定异文正误优劣时也产生了很多方法（真大成 2008），成果十分丰富。近年来，随着汉语词汇史研究的深入，人们越来越注重从用词习惯角度探讨异文的性质，同时也注重从异文角度探讨词汇、用字的兴替（如张美兰 2013a）。用词习惯可以帮助我们决定异文的取舍，用字习惯同样可以用来决定异文的取舍。对于完全不涉及文义的异文，用字习惯往往能发挥更大的作用。对异文加以取舍的依据就是用字的时代性，即在记录同一词时不同时期的习用字不同。以下略举若干例子，说明用字习惯在甄别异文时的力量。

【哑】

影南宋黄善夫本《史记》卷86《刺客列传》在讲述豫让吞炭为哑一事时，如下：

> 居顷之，豫让又漆身为厉，吞炭为哑。……其友识之曰："汝非豫让邪？"曰："我是也。【索隐："哑"字，乌雅反。谓瘖病。《战国策》云："漆身为厉，灭须去眉以变其容，为乞食人。其妻曰：'状貌不似吾夫，何其音之甚相类也。'让遂吞炭以变其音

---

① 真大成将异文分为三类：版本异文、引用异文和异载异文。

也。"}……且吾所为者极难耳。"【索隐：刘氏云："谓今为厉哑也。"】

"吞炭为哑"一事被后人反复转引，引用次数很多。据中国基本古籍库检索并核实底本，他书引用该段文字时用字往往都作"哑"，如《战国策·赵策一》（宋绍兴刻本）文字作"吞炭为哑"、贾谊《新书》（四部丛刊影明正德刻本）文字作"吞炭而为哑"、《说苑·复恩》（四部丛刊影明钞本）文字作"吞炭为哑"。

我们认为，《史记》正文之"哑"字应该作"瘂"，后者是更近原貌的用字。前文｛哑｝字部分的结论是，东汉之前表示"不会说话"的"瘂"字还不可以写作"哑"，二者泾渭分明。域外文献中也有很多证据。如日本学者空海所撰《篆隶万象名义》①一书中，"疒"部"瘂"字下引例："吞炭为瘂。"该书源自《玉篇》，其文字与《史记》相近，说明顾氏看到的本子是写作"瘂"的。

初唐时期，司马贞在做索隐时看到的本子会不会写作"哑"呢？这种可能性也不大。因为这一时期，"瘂"仍是记录｛哑｝的习用字，实际文本中虽然出现了以"哑"代"瘂"的情况，但这种做法却迟迟不为学者承认。在已经存在规范用字"瘂"时，作为正史的《史记》不会在用字上选择"哑"这一不为读书人接受的别字。传世本《史记》最早刊刻于北宋，这时"哑"已经取代"瘂"变成了习用字。正文、注文互相影响使得记录｛哑｝时改成了"哑"字②。

【喂】

百衲本《梁书》出现一例"餵"，见卷54《扶南国》："又于城沟

---

① 该书据顾野王《玉篇》编辑时，删除了顾野王按语及书证的来源。
② 清人章太炎指出："哑，本训笑。《易》：'笑言哑哑。'然《史记·刺客列传》已云'吞炭为哑'。其假借久矣。"（《新方言》卷4，225页上）这是把传世本《史记》的面貌当作了司马迁撰写时的原貌，于字未安。

中养鳄鱼，门外圈猛兽。有罪者辄以餧猛兽及鳄鱼。"（基1759）其所据底本为宋蜀本配补元明递修本。据前文{喂}的考察，南北朝时期用字"餧"还没有流行开来。该处"餧"字又存在异文"餒"。《南史》卷78《扶南国》叙事与《梁书》相同，文字作"辄以餒猛兽"（百衲本影元刻本，基3176）。《南史》《梁书》均编于唐代前期，而当时的用字习惯是"餒"。因此《南史》的文字比《梁书》更接近原貌，"餒"字优于"餧"，"餧"可能是后人所改。

【嘴】

百衲本《旧唐书》出现一例"嘴"，见于卷37《五行》："眼鼻嘴甲"。其所据底本为宋本配补明覆宋本，卷37为明闻人诠补刻。前文{嘴}条指出，唐代"嘴"极其罕见，且直到北宋该字仍不被社会认可。在有规范字"觜"的情况下，正史中没有必要采用不被认可的"嘴"。《新唐书》卷34亦有相近叙述，文字作"眼鼻觜甲"。据此可知，欧阳修等在编撰《新唐书》时所看到的《旧唐书》应该是写作没有"口"旁的"觜"。《旧唐书》"嘴"的用例反映的不是写定时的面貌，应该是后人所改。

清乾隆武英殿刻本《旧五代史》卷131《贾纬传》出现一例"嘴"，原文作"因目之为贾铁嘴"[①]。《旧五代史》为后人辑录，已非原貌。该字属异载异文，如宋刻本《锦绣万花谷》卷12引《五代史》此文作"贾铁觜"，属引用异文。可以推知《锦绣万花谷》所引的文字与宋人看到的文字一致，《旧五代史》用字应为"觜"，清武英殿刻本作"嘴"是后人所改。

【唇】

宋刻本《曹子建集》中共出现4例{唇}，用字均作"唇"。据前

[①] 《新五代史》（百衲本景宋庆元本）卷57《贾纬传》不载此事。

文{唇}条，直至五代"脣""唇"二字在功能上仍然有别，不能混用。三国时期较唐代早了很多，在逻辑上也不应该出现以"唇"记录{唇}的例子。宋本《曹子建集》的这4例"唇"字可能都是后人所改。这些"唇"字都有异文作"脣"，可证。

表53 《曹子建集》中{唇}的异文情况

	曹子建集	其他文献
1	卷3《洛神赋》："丹唇外朗，皓齿内鲜。"（基62）	《太平御览》卷368引作"脣"（1695页上）
2	卷3《洛神赋》："动朱唇以徐言。"（基66）	《太平御览》卷368引作"脣"（1695页下）
3	卷6《善哉行》："来日大难，口燥唇干。"（基148）	百衲本《宋书》卷21《乐三》引作"脣"（基1453）
4	卷9《七启》："朱唇发清。"（基255）	《初学记》卷15"歌第四"注引曹植《七启》作"脣"（基487）

根据{唇}的用字习惯及表53中的异文现象，可以推知《曹子建集》中的用例均作"脣"才更接近原貌。宋刻本《曹子建集》刊刻时代虽然很早，但在刊刻时{唇}的用字习惯已经发生了变化。因此才会出现"脣""唇"并用的现象，既改之未尽。与之形成对照的是四部丛刊影宋本《鲍明远集》，该书出现3处{唇}，用字均作"脣"。可见如果刊刻时某词的用字习惯已经变化，那么刻本在记录该词时往往会出现用字异文，这也为探究用字提供了间接证据。

第二节 考察"后时资料"的性质

太田辰夫（1953）把研究汉语历史演变的材料分为两类——"同时资料"和"后时资料"。在说明某一现象时，"同时资料"的可靠性要比"后时资料"大得多，然而"后时资料"的数量和规模远多于

"同时资料"。正是由于"同时资料"的稀缺性，在很多情况下人们也不得不大量利用"后时资料"来说明某一现象，并把它们作为立论的核心证据。

"后时资料"刊刻时代晚于写定时代，其中必然存在后人改动的情况。在没有相应的早期文本时，我们是没有办法判断哪些地方改过、哪些地方没改的。这对语言研究来说，无疑会带来严重影响。它使原本确定的结论变得模糊，表面上看似正确的结论可能会被推翻。为了解决这一问题，词的时代性和用字的时代性为我们提供了检验改动幅度的"标尺"，在某种意义上达到了"窥一斑而知全豹"的目的。太田辰夫（1953）导夫先路，他抽取了一些语法特征作为标尺去评估"后时资料"的可靠性。用字习惯也很适合作为鉴别特征去评估保真程度。

通过分析给定文本中的某些用字，我们可以检测出该作品的某个版本中哪些是保存原貌，哪些是人为改动。当检测结果累积到一定程度后，就可以对该版本的保真度进行价值评估。下面以《太平广记》作为检测对象。

《太平广记》一书编于北宋初年，现存较早的（也是比较流行的）版本是明嘉靖谈恺刻本[①]，民国时期曾经影印出版。明嘉靖年间距离北宋初年已有五个世纪之遥，该书在流传中辗转抄录、讹误颇多，这是学界共识。谈恺刻本《太平广记》作为"后时资料"，跟宋初面貌相比有多大差异呢？假如没有用字分析作为基础，这一问题是很不易回答的。以下选取｛嘴｝｛唇｝二词的用字作为鉴别标准进行分析。

谈恺刻本《太平广记》中出现"觜"25例，"嘴"16例。与之编写时代相近的《太平御览》一书（其底本主要是宋本），出现"觜"20

[①] 韩国存有《太平广记钞》残本（朴在渊整理），笔者目前尚未看到。

余例，未见"嘴"字。二书编写时代相近，用字差别很大，其中必有一种在用字上是不符合编写时情况的。据前文，北宋以前的文本中极少出现"嘴"字，"觜"作为规范字和习用字的地位在宋代已经确立且为大众所接受。《太平广记》的编者不存在改"觜"为"嘴"的动机，明嘉靖刻本中的多处"嘴"就有可能是后人（可能是明代人）所改。这些"嘴"的位置往往会有异文，如表54：

表54 《太平广记》中｛嘴｝的异文情况

	太平广记	其他文献	类型
1	卷18"柳归舜"："丹嘴翠衣。"（出《续玄怪录》，基540）	清光绪刻本《（光绪）湖南通志》卷末十引《幽怪录》《述异记》均引作"丹觜"（基11218）	A
2	卷22"罗公远"："叶举至瓶嘴。"（出《神仙感遇传》等，基591）	—	C
3	卷158"支戬"："插箸为嘴。"（出《稽神录》，基2451）	①明津逮秘书本《稽神录》卷6"支戬"条引作"觜"（基213） ②清十万卷楼丛书本《岁时广记》卷12"卜饭箕"引作"觜"（基396）	A
4	卷230"王度"："嘴尖状如鲟鱼"。（出《异闻集》，基3534）	①明刻本《虞初志》卷7"古镜记"引作"觜尖"（基560） ②明万历刻本《广博物志》卷39引《异闻集》"隋汾阴侯生"引作"觜"（基3342）	A
5	卷232"李德裕"："羽翼嘴足巨细毕备。"（出《录异记》，基3559）	明正统道藏本《录异记》卷2引作"爪足"（基21）	D
6	卷243"窦义"："然后置石嘴碓五具。"（出《乾𦠆子》，基3733）	明积秀堂刻本《智囊补》卷28"窦义"引作"石觜碓"（基1705）	A
7	卷256"李宣古"："长嘴出歌迟。"（出《云溪友议》，基3924）	①明天启刻本《类说》卷41引《云溪友议》"抛耍令"引作"长觜"（基2711） ②明万历刻本《谐语》卷4引唐范摅《云溪友议》引作"长觜"（基827）	A

续表 54

8	卷 259 "陆余庆":"笔头无力嘴头硬。"(出《朝野佥载》,基 3965)	明万历刻本《天中记》卷 17 "嘲父"引《朝野佥载》作"觜"(基 2184)	A
9	卷 382 "程道惠":"其嘴如锋。"(出《广异记》,基 5789)	宋碛砂藏本《法苑珠林》卷 55 引《冥祥记》"程道慧"引作"其喙如锋"(基 1215)	D
10	卷 434 "青牛":"腹嘴皆红。"(出《稽神录》,基 6586)	—	C
11	卷 462 "魏伶":"养一赤嘴乌。"(出《朝野佥载》,基 7072)	明万历刻本《天中记》卷 59 "魏丞乌"引《朝野佥载》作"赤觜乌"(基 7719)	A
12	卷 463 "王母使者":"足青嘴赤。"(出《酉阳杂俎》,基 7085)	四部丛刊影宋本《分门集注杜工部诗》卷 8《玄都坛歌寄元逸人》"云旗飞"注引《酉阳杂俎》作"足青觜赤"(基 596)	B
13	卷 463 "瑞鸟":"素羽丹嘴。"(出《大业拾遗》,基 7090)	清雍正刻本《格致镜原》卷 81 引《大业拾遗》作"觜"(基 3678)	A
14	卷 463 "蚊母鸟":"嘴大而长。"(出《岭表录异》,基 7096)	四部丛刊本《太平御览》卷 945 "蚊"引《岭表录异》作"觜大"(4196 页)	B
15	卷 465 "鸡觜鱼":"嘴似鸡。"(出《酉阳杂俎》,基 7128)	①四部丛刊影明本《酉阳杂俎》卷 8 "卫公幼时"条引作"觜似鸡"(基 625) ②明津逮秘书本《酉阳杂俎》引作"觜"(基 725)	A
16	卷 494 "薛令之":"啄木嘴距长。"(出《闽川名士传》,基 7539)	①宋百川学海本《庚溪诗话》卷下"唐明皇"条作"觜"(基 37) ②四部丛刊影宋本《笺注简斋诗集》卷 6《答元方述怀作》注引作"觜"(基 123)	B

表 54 中,A 类明清文献引用时有异文"觜",取舍时应以保留"觜"为是。B 类有宋刻本的其他文献作为证据,证明《太平广记》原文作"觜"。C 类目前尚未找到异文证据,暂阙。D 类则超出了用字习惯所能判定的范围。

谈恺刻本《太平广记》中出现"脣"18例,"唇"29例。其中"脣"字有异载异文18处(见表55)。另有一则故事被收录两次,一处引作"脣",另一处引作"唇"(表55第13条)。另有一则故事中出现了"脣""唇"并用的情况(表55第8条),如下:

  齐武帝时,东山人握[①]土见一物,状如两脣,其中舌鲜红赤色。……才发声,其唇舌一时鼓动,见者毛竖。(卷109"沙门法尚",基1756)按,此事源于《续高僧传》卷28"释志谌",原文两处均作"脣"。

表55 《太平广记》中{脣}的异文情况

	太平广记	其他文献	类型
1	卷1"老子":"疏齿方口厚脣。"(出《神仙传》,基299)	①四部丛刊三编本《太平御览》卷363引《神仙传》作"唇"(1673页上) ②宋刻配补本《初学记》卷23"道第一"作"唇"(基694)	B
2	卷2"彭祖":"舐脣咽唾。"(出《神仙传》,基311)	明正统道藏本《云笈七籖》卷32"服气疗病"作"唇"(基700)	A
3	卷4"月支使者":"兽舐脣良久(基351)	明顾氏文房小说本《海内十洲记》作"唇"(基16)	A
4	卷34"崔炜":"细视蛇之脣吻。"(出《传奇》,基732)	—	C
5	卷48"轩辕先生":"缒发朱脣。"(出《杜阳篇》,基899)	清岭南丛书本《广东人物传》卷21"轩辕集"作"唇"(基450)	A
6	卷57"太真夫人":"脣口不辨其机。"(出《神仙传》,基1006)	—	C
7	卷109"沙门法尚":"其脣舌一时鼓动。"(出《梁高僧传》,基1756)	丽藏本《续高僧传》卷28"释志谌"作"唇"(598页上)	A

[①] "握"字,《续高僧传》作"掘"。"掘"字为是。

第三章 应用篇：用字研究的应用价值 247

续表55

8	卷109"悟真寺僧"："唇吻与舌。"（出《宣室志》，基1766）	—	C
9	卷116"僧义孚"："两唇反引。"（出《冥报录》，基1885）	—	C
10	卷210"黄花寺壁"："露于唇口外。"（出《林登博物志》，基3258）	—	C
11	卷234"刘孝仪"："鸡跖猩唇。"（出《酉阳杂俎》，基3583）	四部丛刊影明刊本《酉阳杂俎》前集卷7作"脣"（42页下）	A
12	卷234"鮿议"："唇吻外缄。"（出《酉阳杂俎》，基3584）	四部丛刊影明刊本《酉阳杂俎》前集卷7作"脣"（42页下）	A
13	卷234"鮿表"："逍遥朱唇之内。"（出《酉阳杂俎》，基3585）	《太平广记》卷246"王琳"条作"脣"（基3784）	A
14	卷237"李使君"："白猩唇。"（出《剧谈录》，基3645）	—	C
15	卷251"邻夫"："吹火朱唇动……吹火青唇动。"（出《笑言》，基3851）	明万历刻本《六语》谐语卷5引《渑水燕谈》均作"脣"（366页上）	A
16	卷258"李良弼"："自矜唇颊。"（出《朝野佥载》，基3957）	清光绪刻本《字触补》卷3"孙万荣"引作"脣"（558页下）	A
17	卷305"崔汾"："以帛抹唇。"（出《酉阳杂俎》，基4653）	《酉阳杂俎》续集卷1作"脣"（117页上）	A
18	卷311"萧旷"："龙唇吻间。"（出《传记》，基4737）	明刻本《艳异编》卷1引《洛神传》作"脣"（基57）	A
19	卷330"韦氏女"："张口哆唇。"（出《惊听录》，基5019）	—	C
20	卷393"杨道和"："唇如丹。"（出《搜神记》，基5959）	—	C

续表 55

21	卷 442 "张某妻"："舐唇咬齿。"（出《稽神录》，基 6739）	四库本《渊鉴类函》卷 429 "狼二"引作"舐脣"（432 页下）	A
22	卷 444 "陈岩"："每以唇齿相及。"（出《宣室志》，基 6774）	—	C
23	卷 480 "毛人"："上唇覆面下唇覆胸。"（未标出处，基 7331）	四库本《渊鉴类函》卷 232 "南蛮总叙二·毛民"注引均作"脣"（35 页上）	A
24	卷 488 "莺莺传"："膏唇之饰。"（出《莺莺传》，基 7452）	明嘉靖刻本《诗女史》卷 8 "崔莺莺"作"脣"（745 页上）	A
25	卷 488 "莺莺传"：唇朱暖更融。"（出《莺莺传》，基 7455）	《诗女史》卷 8 "崔莺莺"作"脣"（746 页上）	A
26	卷 500 "京都儒士"："唇齿缺破。"（出《原化记》，基 7611）	—	C
27	卷 500 "杨蓬"："唇绽齿落。"（出《稽神录》，基 7620）	—	C

按照《太平广记》编写时间，它引用的内容多是汉魏六朝隋唐的文献。宋以前"脣"是记录{唇}的习用字，北宋初期新用字"唇"尚未流行。因此编者没有动机把原文中的"脣"大幅度改为"唇"。A、B 两类当以"脣"字为是。C 类有待寻找异文证据，且将来很有可能发现作"脣"的异文。

借助{嘴}{唇}的用字习惯，我们可以说明嘉靖刻本《太平广记》改动幅度较大，距离原貌已经相当遥远；在以其中出现的文字作为证据说明某些语言现象的有无时，一定要注意这些文字是否有异文以及这些异文中有没有构成相应现象的反例。

有了用字习惯这一视角，原来看上去平淡无奇的异文现象被赋予了新的价值。这对于古籍整理者尤为重要，他们如具备相应知识就能更好地把握改动的"尺度"。就语料的可靠性方面而言，我们可以在太田辰夫先生"同时资料"和"后时资料"二分的基础上，以用字现象的评估结果为依据对"后时资料"做进一步划分。把用字改动幅度较小或者基本没有改动的"后时资料"视为"准同时资料"，把其余改动幅度较大的看作"后时资料"。其中，"同时资料"和"准同时资料"是比较可靠的，可以直接利用，"后时资料"则需要先剔除改动了的内容后再利用。

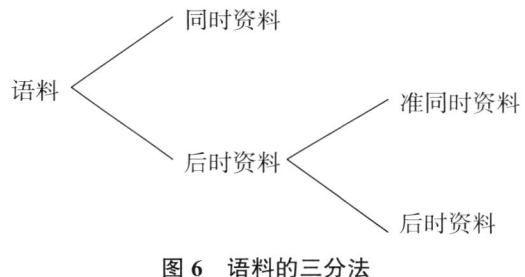

图 6　语料的三分法

第三节　用字与文献断代

古今用字习惯不同，这一点早已被学者注意到。宋人洪适指出，"盖古人用字与后世颇异，又多假借，故时有难晓处。"（《隶释》卷24"郎中郑君碑"，四部丛刊三编影明万历刻本，十六页右）曾良（2006：180）提出"凭借文字来帮助断定文献的时代"这一方法。张涌泉（1996a）"明时代"一节及张涌泉（2003b）对用字断代均做了非常深入的讨论。其实这一实践并非今人独创，清代学者已经有意识地运用这种规律了。如：

> 家藏明万历年间刊本《金匮要略》，"鳖甲煎圆""乌梅圆"之类，"丸"皆作"圆"，又"杏仁"作"杏人"，其为旧版无疑。

(清朱士端撰《强识编续》"古丸圆通",清同治刻本,513页上)

> 今人目物之灿烂者曰烂熳,非也。案,字书无"熳"字,止合作烂漫,淋漓众多也。如杜韩诗"烂漫倒家酿""众雏烂漫睡""烂漫通经术""烂漫忽无次""烂漫堆众雏""烂漫长醉多",文辞之类不可殚述也。【凡古人诗文集"烂漫"作"烂熳",并系后人传写之讹。】(清胡鸣玉《订讹杂录》卷6"烂漫",四库本,481页下)

应该指出的是,这些讨论的依据往往都是古人的记载。受主客观因素限制,古人记载的可信度有时会"打折扣"。他们说某现象存在,这大致是可靠的。如果要根据他们的结论去断言某一现象不存在(或在他们生活之外的某个时期不存在),这就很容易出问题。因为古人的图书条件不像今天这么好,他们受个人精力、物力、财力的限制看到的材料不像今天那么多。即便是像段玉裁那样的"高手"有时候也会把话说得过于绝对(参前文"仁"条)。因此,我们认为从实际材料中总结出来的一般性规律更有说服力,适合作为鉴定标准[①]。

当我们研究清楚一批俗语词用字的分布规律后,就可以用它们来做很多事情。比如以用字情况为线索并结合其他证据,寻找出古籍刻本的刊刻层次,分离原版与补版。兹举《钜鹿东观集》《海浮山堂词稿》《词林正韵》三书为例。

宋魏野《钜鹿东观集》(宋绍定元年严陵郡斋刻本)中出现1例"嘴",见于卷6《池上闲咏》:"水鸟嘴多长。"(基97)按,卷4、卷5、卷6三卷墨色、字迹与其余宋刻部分不同,应当是后人补抄[②](见图7、图8)。又四库本《宋百家诗存》卷2引本诗作"觜"(基165)。据此可以推断,宋本原貌应该是作"觜"。

---

① 前文中个案研究部分已经总结的一些条目将在下面用到。
② 卷末黄丕烈跋未提。

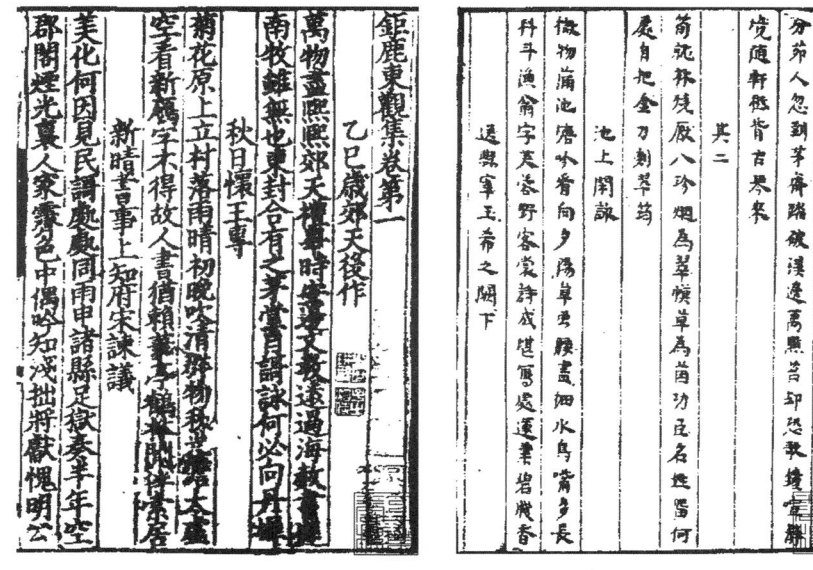

图 7　原版　　　　　图 8　卷 6 "嘴" 用例

明冯惟敏《海浮山堂词稿》（明嘉靖四十五年刻本）记录{账}的用字是"賬"字（共计 2 例），均位于同一版内（见图 9、图 10）。如下：

> 一个个攘賬的翻盆弄瓦，一个个少钱的带锁被枷。……賬难清屡次驳查，展转那移下笔差。（《海浮山堂词稿》卷 4 "沉醉东风"，705 页上）

本版与其他版片字迹、墨色差别较大，应该是后人所补。要想断定补版的时代，用字特征是很有说服力的。据李荣（1987：66）、苏培成（1997）①，"賬"字由"帳"字分化而来，专门用以表示账本义，用字"賬"的通行年代要晚至清代中期。据此可以判定，补版部分的刊刻时代大概在清中期以后。

---

① 苏培成《"帐"与"账"》，《中国语文》1997 年第 3 期。

图 9　原版　　　　　图 10　卷 4 "賬" 用例

宋刘克庄《后村先生大全集》（四部丛刊影旧钞本）中有"賠"字，计 2 例，均位于同一版内（见图 11）。如下：

　　押下本县，限十日监賠寿木一具并修整打坏门窗户扇什物……如恃顽不服賠还，解来引断押发。（卷 193《鄱阳县申勘余干县许珪为殴叔及妄诉弟妇堕胎惊死弟许十八事》，1724 页上）

由于该钞本没有说明抄写年代，在给它断代时就只能另觅他径。{賠}的用字为断代提供了很好的证据，据用字"賠"的出现时间可推定该钞本的抄写年代是在明嘉靖以后。

此外，用字特点也可以为文本断代。如《词林韵释》一书，未标作者和写作年代。清代厉鹗、阮元等人认为该书出自南宋某人之手。秦恩复、陈廷焯等人则看到其体例（入声配平声）与《中原音韵》相似，据此认定该书是元明人所作[①]。断代结果之所以出现差异，是因为

---

① 曹祝兵《〈词林韵释〉研究》（吉林大学硕士学位论文，2005 年）第一章论述作者及成书时代甚详，此处据曹文简述之。

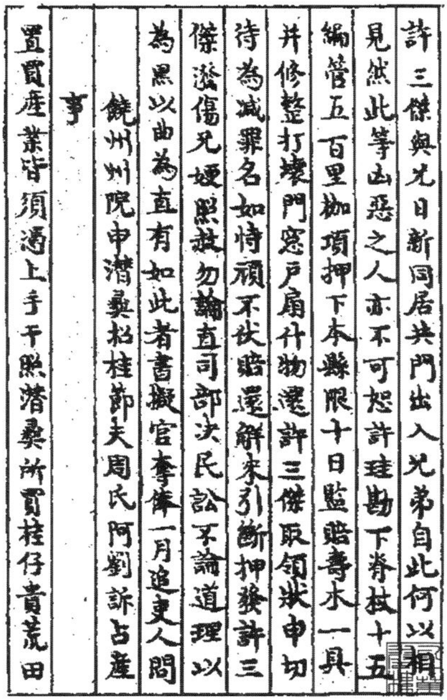
許三傑與兄日新同居共門出入兄弟自此何以相
見然此等凶惡之人亦不可恕許珪勘下脊杖十五
編管五百里枷項押下本縣限十日監賠壽木一具
并修整打壞門窗戶扇什物還許三傑取領狀申切
待為減罪名如特頑不伏賠還解來引斷押發許三
傑潑傷兄嫂照赦勿論直司部決民訟不論道理以
為黑以曲為直有如此者書擬官李僝一月追吏人問
饒州州院申潛彝招桂節夫周氏阿劉訴占產
事
置買產業皆須憑上手干照潛彝所買桂仔責荒田

图 11 《后村集》卷 193“賠”的用例

研究者用于断代的特征在时代性方面不准确，作为证据来用可靠性不足。今人赵荫棠认为该书“简直是《洪武正韵》以后的东西”，作者应该是明人陈铎。证据之一就是“怎么”。他指出：

“怎”注为“怎么”在韵书中恐怕是前无古人，后无来者。《洪韵》无“怎”字，《中原韵》无注，《中州韵》很谦虚的注为“或曰何也”。菉斐轩竟然这样注，不是在这种惯语盛行的时候，是决不会如此。“怎么”二字固然里，但要知道某种语言的记载，必在某种语言大盛行之后。《中州韵》在元末尚不如是注，菉斐轩当然是明代的东西了。（《菉斐轩词韵时代考（二）》，《北平晨报学园》第十二号，1930 年 12 期，17—18）

赵氏认为“要知道某种语言的记载，必在某种语言大盛行之后”，这种看法很准确。不过，要判断如何才算是"大盛行"就见仁见智了。就以"怎么"为例，它的用字比较复杂，早期往往作"怎么生"（见宋代语录如《景德传灯录》《近思录》等，据吕叔湘（1985）的归纳分析）。既然"怎么生"连文的情况在宋代反映口语的材料中出现，且"怎么"一词已经"见于元代初期的杂剧"，而元代杂剧也是反映口语的。在这种情况下把"怎么"的大盛行时代设定为明代，说服力是不够的。严格地说，赵荫棠提出的"怎么"这一用例也不算是铁证。该书的用字情况提供了更为直接而可靠的证据。如下：

四齐微上声：舔，喙也。（586 页上）

四齐微上声：嘴，鸟啄。觜同。（586 页下）

据前文对｛舔｝｛嘴｝二词的用字分析，宋代文献中用"餂"而不用"喙"，用"觜"而不用"嘴"。《词林韵释》的编者以"喙"注"舔"、把"嘴"作为正条、把"觜"作为异体的做法只有在"喙""嘴"盛行以后。参照二词用字的时代性，宋人自然不会这样做，元人也不会，只有到了明代中期"喙""嘴"成为习用字以后，人们在编写时才会这样做。用字的证据支持赵荫棠的结论。

第四节　用字与古籍整理

古籍整理的目的是为读者提供一个真实而可靠的文本。整理者既要最大限度忠实于底本，又要使整理后的文本符合今人的阅读习惯。就前者而言，改动越少越好，最好直接影印出版；就后者而言，就是要把文本中的用字都改为今天的通行（规范）字。即便不考虑繁简字转化的问题，如何在改与不改二者之间取得平衡也是古籍整理者面临的共同难题。

严格意义上说，传世文献的今人整理本也属于"后时资料"。整理者基于某些预设的知识自然会对底本的文字做出一定程度的改动。如果以"词—用字—字例"为标尺，那么整理者调整的应该是用字的字例，而非词的用字。现实中，他们除了改动某些字例外，还会将一些不符合今人习惯的用字改成今天的规范形式。改动字例无疑是必要的，它方便了读者。改动用字这一做法却多有可商之处。

前人也意识到了在整理古籍时尽量不要随意改动用字。陈垣指出，"翻刻古籍与翻译古籍不同，非不得已不以后起字易前代字，所以存其真也。"（《校勘学释例》卷3"用后起字易元代字"，67页）又据前文研究，在传世文献特别是唐以后的文献中，一个词语对应多种书写形式并不奇怪，这是历史上用字情况的实际反映。如果整理者将各书写形式均改为今天的规范字，将这种一对多的关系变成一对一，实际上就是没有在改与不改的问题上加以权衡。

20世纪以来，古籍整理与出版事业蓬勃发展。在整理过程中，能够有意识地处理用字问题的实践并不太多。孙昌武、衣川贤次、西口芳男点校的《祖堂集》（中华书局2007年版）可以作为范例，他们处理文字的做法是相当高明的。该书末附上了"异体字对照表"（附录一），并在凡例部分说明了依据。

> 本表在常用字本字之后列出《祖堂集》所用异体字，广义的异体字包括一般异体字、简体字、通借字、古今字、俗写字、通用讹字等。（《祖堂集》"凡例"，903页）

我们摘引"口部"异体字表的一部分，如下（《祖堂集》911页）：

嗣	喝	喂	喪	喚	嗒	啓	喙	啞	哭	啄	咬	咽	哉	咎
嗣嗣	喝	喴	器㗱	嗄	吥	启	喍	嗯嗯	哭哭	喙	齩	咽喠	哉哉	各武

相比其他古籍整理的成果，《祖堂集》列出字表的做法是个很大的进步。但在我们看来，这一对照表还没有区分"词—用字—字例"三个层

次。它既包含了词和用字的对应，也包含了用字跟字例的对应。如下：

（一）词—用字

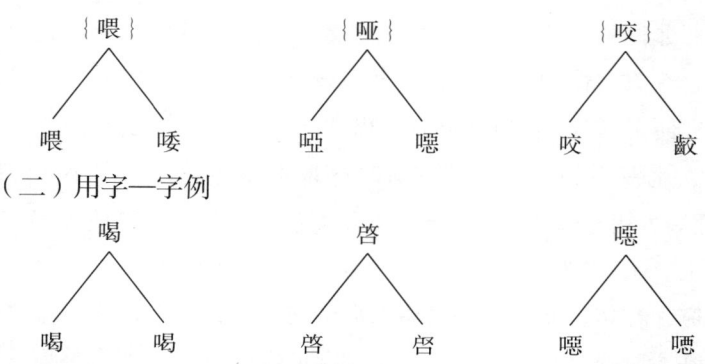

（二）用字—字例

用字是封闭类，是有限的。相比之下，字例作为用字的变体往往具有开放性。广义上说同一个用字在不同人的笔下都算不同的字例。整理者没有必要将这些字例逐一摘出，他们只要将文本中出现的字例概括为用字，然后制作"词—用字"的对照表即可。这一表格可以以词为纲，搜罗某一文本中记录该词的所有用字并说明这些用字在功能上的细微差异。

有了上述认识再来观察图 13。其中的"喂""哑""咬"[1] 是｛喂｝｛哑｝｛咬｝三个词在不同时期的习用字，"嗯""嗯"则是同一用字的字例。两种类型泾渭分明。如果整理古籍时能够对用字情况描写到位，那么语言文字研究者将受益良多，对辞书编纂人员来说也免去很多检索之苦。张鸿魁（1994）指出，"专书用字的调查研究是建立近代文字学的基础工程。"此言甚是。

---

[1] 《玉篇·口部》："咬，俗为齩字。"（引自《汉语大字典》"咬"条）

第四章　结语

研究汉语的历史，在很大程度上是研究口语变化发展的历史。其中不可或缺的一个环节就是口语词的研究。郭在贻（1983）明确指出："从现代语言学的观点看，俗语词研究乃是汉语词汇史研究的重要组成部分。"20世纪初，日本学者入矢义高（2004）就为我们描绘了一幅汉语口语词汇研究的蓝图。他指出：

> 应就每一个词语进行研究，要一开始就进行扎扎实实的断代研究。在此基础上，再进行动态的通时研究。……这也许是一项干不完的研究工作，口语史的构想也许不可能实现。但通过这样一个一个词的研究，在或进或退的反复中总会获得一些成熟的想法。（《中国口语史的构想》，《汉语史学报》第四辑，4—5页）

作为日常交际活动中经常用到的词汇，俗语词在口语中随处可见。它们往往存在对应的书面语词，在以书面语为媒介进行的交际中很少出现。这就意味着俗语词缺少以文字表现出来的机会，也就没有供后人学习的规范用字。只有在口语语料或者反映口语的片段中它们才会出现，出现后就需要用文字记录下来。因为没有规范用字，人们就要为它们选择合适的用字。为了突出重点，我们实践中总结了选词的两个标准：一是该词项的用字能够尽量反映出时代性；二是该词项的用字能反映新词产生之初被记录下时的诸多可能。

在认知这些俗语词时，不同时期、不同的人的侧重点各不相同。我们既要观察出现了哪些用字，也要分析创造这些用字背后的心理。换句话说，我们从用字入手，上讨其源，下溯其流，揭示一个词用字的历时变迁，总结不同用字的时代特征。在此基础上，分析造字心理，鉴别口语语料。我们讨论的核心是以词为枢纽的字词关系，它位于"字形""字构""字用"三个平面中的"字用"平面。

在国家力量还没有将规范用字推广给社会大众时，很多词会有不同的用字，同一用字也会记录不同的词。当标准化程度提高以后，很多用字就消失不见了，但同一用字依旧可以记录不同的词。李运富（2008）图示了字、词关系的复杂性。如图12：

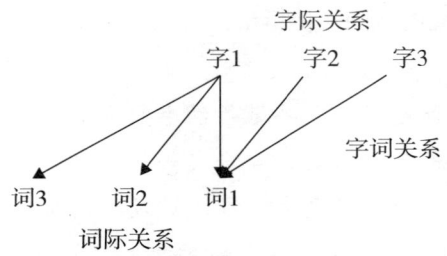

图12　字、词关系示意图（李运富2008）

按照李文思路，我们既要研究字际关系、词际关系，也要探讨字词关系。字词关系是汉语中"字"和"词"的"接口"（Interface），反映了汉民族对语言文字的理解和认知心理。字词关系的探讨包含两个方面。一方面可以从"字"入手，以字为纲观察其记录的词的变化（词义演变）。这类研究要说明同一个字记录了哪些词，这些词选用同一字是因为语义相关还是偶然同形还是其他原因。具体做法方面，可以从现有工具书（如《汉语大字典》《汉语大词典》等）的记载入手归纳各用字的功能，也可以把给定字作为关键字检索语料库。不论是借助辞书还是语料库，这种思路可以在较短的时间内获得丰富的用例。另一方面也可从"词"入手，以词为纲观察汉语中的词选择了哪些用字来记录它们。具体做法方面，就要从实际文本中人工检索搜集可能存在的关键字，然后再利用语料库检索。

以"字"为中心组织词跟以"词"为中心组织用字两相比较，得到的结果一定是很不一样的。后者的做法会发掘出很多有意思的语言文字现象。以《说文》研究做个比方，许慎本着"始一终亥"的原则把同一部首的字组织在一起，意义相类的字就近排列，读者了解到的主要是各字的意义，语音方面的规律不易被发现。后世治《说文》者大都坚持这一思路，他们看到的内容或许更准确、更细致，但大都在许慎的框架内修修补补，很难有大的发现。清代学者如段玉裁、朱骏声等人打乱《说文》中汉字的原有排列顺序，依据古音知识把《说文》中读音相近的字就近排列。这时再看那些就近排列的字，它们往往具有相同的声旁，"凡谐声者必同部"这一规律便呼之欲出了。

以上两个事例说明，对同一研究对象的材料加以不同的排比就会给我们呈现出完全不同的现象。同一个研究对象，"横看成岭侧成峰"，"岭"看多了，成了老生常谈，人们便想看"峰"；"峰"看多了亦然。在排比材料时，采用哪种类型的排比方法反映了研究者对"峰"或"岭"的理解深度。比如编撰辞书着眼于"字"，从"字"看词；用字研究则着眼于"词"，从"词"看字。着眼点的区别都可在图14中呈现出来。

汉字中的主体是形声字。形旁一般都有提示意义（表意）的功能，声旁一般也有提示读音的功能。选择哪些形旁来表意、哪些声旁来表音这是颇费思量的。形旁与意义、声旁与读音的对应关系比较复杂。它们既可以反映出人们选择汉字对词加以"编码"这一行为背后的心理，同时也提示人们在理解特定词的意义时的关注点。从认知心理方面审视这些用字现象，借此考察不同时期人们对这批词的理解，这是值得进一步探讨的话题[①]。

以"二典"为代表的工具书收录了相当数量的异体字，其中一部分可以归入同一俗语词的不同用字。限于编写时的人力、物力条件，"二典"利用的语料中有很多是整理本。由于整理者往往改"俗"为"正"，底本中的很多用字现象在整理本中就看不到了。这对辞书编纂来说不免留下了很多遗憾。正因存在这些遗憾，我们选择用字问题作为研究对象，分事实篇、理论篇和应用篇三部分探讨了与用字相关的若干问题。

事实篇部分，我们选取了二十余条口语词。它们都活跃在北方地区的口语中，都表现出了用字的多样性。每个词条都是一个"个案"，我们追溯其源头、说明其流变。在操作方法上，我们选择以词的书写形式（用字）为切入点，借助描写不同时期的用字情况呈现出用字习惯的时代差异，同时兼及意义或用法的变化，以期揭示出用字变化与语言、认知心理之间的关系。个案研究部分没有涉及"正""俗"的问题，或许与一般文字学意义上的做法不尽一致。李荣（1985：98）在讨论涉及文字的繁简时指出，"必须撇开正俗的观点，从文字的作用来研究繁简得失。"文字的繁简，字面上看是笔画多少的问题。繁体与简体记录的都是同一个词，但有时并不是同一用字。不同的用字也存在繁简问题，它们反映了人们的认知心理。因此，李荣先生的看法不仅在繁简方面有意义，在方法论方面对所有的用字研究都是具有指导性的。在实践中我们发现，若继续以正、俗的观点看待唐代以后俗语词

[①] 这一想法受到了陆志韦先生的启发。陆先生原本是研究心理学的，与语言文字学关系较远。然而他编成了像《北京话单音词词汇》这样的语言学著作，让人颇感意外。他自己在该书"序"中说："我为什么要耗费成年累月的时间来采集北京话的单音词呢？这词汇有什么用处呢？难道因为好奇，就在垃圾堆里捡破烂吗？断乎不是。"（7页）不论是陆先生还是王力先生，都意识到这些俚俗的口语词的重要性，都愿意花费时间去研究它们。视角或许不同，最终殊途同归。

的用字情况，很多问题（比如哪个算正字、哪个不算正字）是说不清的。因此，我们沿着李荣先生的思路着重于"用"，着重于通俗文献中表现的字用现象，价值判断方面的讨论就付之阙如了。

翻开任何一部通俗文献（如小说、戏曲等）的早期版本，很容易发现其中存在的一些在今天看来不规范的文字。它们虽不能说是满篇皆是，但每一页往往都有那么三五个甚至更多。这些不异体形式的存在是激发人们编写像《宋元以来俗字谱》这样的图书的动力。如果按照该书的思路做下去，容量自然更大，篇幅也更多。不过从模式上讲，这样做依旧是把用字与字例混同起来，认为一个字例就是一个用字。这样做没有发掘各字例的共性，因而显得繁杂。

理论篇部分，我们以优选论为框架把影响用字变化的几个主要因素联系在一起，对用字的生成、筛选和变化进行了统一的解释。在筛选时，提示读音的要求优先级最高，其次是提示意义，再次是无同形形式，最后是简约。制约条件的这一排序能够解释很多用字现象，背后反映的就是汉语使用者要求汉字应当见字识音、见字知义的心理。此外，我们还分析了用字的时代性及"当代化"现象，只要有不同的用字一般就存在时代性，只要用字习惯有时代差异一般来说就会出现"当代化"。这些只是个案研究过程中呈现的部分规律性现象，用字分析的内容不限于此，它应该且必然有其他更加丰富的内容值得后继探讨。

应用篇部分，我们利用事实篇中个案研究的结论考察了一些语料的用字情况，并试着断定其时代或说明文本中的改动情况。就古籍整理时如何处理俗语词的不同用字而言，整理者有必要保留底本的用字，并附上一个"词—用字"对照表，以便读者。

我们认为，俗语词研究不仅仅要明其确诂，还要探究其源流、用法以及用字的变化，进而寻找这些因素之间的关系。只有这样，研究结果才可能更好地服务于语言本体研究，也可对某些作品时代、地域、改动情况进行鉴别。为了保证例子的典型性，我们筛选出了大大小小数十条词作为个案进行研究。应该说，从今天看这样的词条远不止几十条[①]。选词时，可以直接从反映北方口语的小说戏曲[②]中寻找词条，然后归纳用字，探索历史变迁，争取把那些历史上常用并且保存到今天的俗语词的面貌逐一描绘清楚。这样坚持做下去，我们对今天"日用而不知"的俗语词就会有越来越深入的认识，将来就可以编写一本详尽的《汉语俗语词用字字典》，也就可以更加清晰地了解北方方言口语词汇的演变。可以说，将汉语历史上那些具有代表性的俗语词的用字问题说清楚，将是今后一段时间内需要坚持下去的工作。

　　最后应该指出，我们研究的立足点是现存的传世文献，研究的切入点是词的用字问题，利用语料时贯彻"同时资料""后时资料"的二分法。由于可利用的材料本身相对有限，据此得出的结论跟历史上的实际面貌会有不一致的地方。我们要尽量多地发掘、利用典型语料。假如某一语言现象在历史上具有普遍性，那么它就应该在典型的语料中得到呈现，因此抽取几个样本说明该现象便可知其大概。用典型语料中呈现的现象去反映当时的实际面貌，这是一个用已知来推未知的工作。我们掌握的材料越多，从中提取到的规律性的东西也就越多。需要注意的是，材料的增加与规律性现象的获得并非线性相关。从研究实践看，很多情况下只要掌握了少量的关键性材料，便能获得大部分的关键信息。这大概就是"二八定律"在语言研究中的表现之一。换句话说，用字的历史虽然不能完全重建，但我们对恢复其轮廓充满信心。正如 Ohala（2008）在解释语音演变机制的制约因素时所做的一

[①] 比如陆志韦（1956）中收录的一批北京话中使用的单音词，其中的大部分都值得研究。

[②] 一般是这些语料的写本或刻本。

个比方：

> 时间的流逝会不可避免地引起信息的丢失——信息的不确定性增加——这会造成重构过去事件的模糊。侦探故事往往在历史模糊的事件中起重要作用：沙滩上有一个脚印——它的出现是因为有人踩过还是因为鞋留在那个地方很长时间，海浪的冲刷使得它周围的沙土堆积然后鞋子又转移了？虽然我们认识到重建过去存在模糊性，但是有一些模糊性是可以搞清楚的。

利用有限的语料"重建"过去的用字情况，这背后的思想是"贝叶斯式"（Bayesian）的。我们有关于用字情况的"先验知识"（规律），辅之以实际文本中呈现出来的"后验分布"（现象），去"重构"（还原）历史上发生的现象。这样，表面上呈现出来的看似随机性的用字现象，往往呈现出有规律的分布，这是优选论框架给我们提供的合理解释。它剔除了关系不大的细节，保留下最关键的信息，这可以说是目前得到的"最优解"（Optimized solution）。随着研究的深入，很多模糊性的东西会变得越来越清晰。

参考文献

曹先擢　1992　《汉字文化漫笔》，语文出版社。
曹志耘　2008　《汉语方言地图集》，商务印书馆。
陈　莉　2006　《〈训世评话〉词汇研究》，南京大学硕士学位论文。
陈　垣　2004　《校勘学释例》，中华书局。
陈　原　2003　《语言和人》，商务印书馆。
程琪龙　2006　《概念框架和认知》，上海外语教育出版社。
储泰松　2002　《"和尚"的语源及其形义的演变》，《语言研究》第1期。
董为光　2004　《汉语词义发展基本类型》，华中科技大学出版社。
董秀芳　2004　《汉语的词库与词法》，北京大学出版社。
符淮青　2004　《现代汉语词汇》，北京大学出版社。
古敬恒　1987　《论通假字的时代层次》，《徐州师范学院学报》第1期。
郭在贻　1983　《俗语词研究与古籍整理》，《社会科学战线》第4期。
郭在贻　2005　《训诂学》（修订本），中华书局。
何亚南　2003　《从佛经看早期外来音译词的汉化》，《南京师大学报》（社会科学版）第3期。
洪成玉　1995　《古今字》，语文出版社。
胡敕瑞　1999　《对汉字和汉语性质的一点认识》，《古汉语研究》第1期。
黄　征　1993　《汉语俗语词通论》，杭州大学博士学位论文。
黄　征　2002　《敦煌语言文字学研究》，甘肃教育出版社。
黄　征　2005　《敦煌俗字典》，上海教育出版社。
黄　征　2010　《敦煌俗语言学论纲》，《艺术百家》第2期。
季压西、陈伟民　2007　《来华外国人与近代不平等条约》，学苑出版社。
江蓝生　2000　《近代汉语探源》，商务印书馆。
江蓝生、曹广顺　1997　《唐五代语言词典》，上海教育出版社。
蒋礼鸿　1997　《敦煌变文字义通释》（增补定本），上海古籍出版社。
蒋礼鸿　2000　《中国俗文字学研究导言》，载《中古近代汉语研究》第一辑，上海教育出版社。
蒋绍愚　1989　《古汉语词汇纲要》，商务印书馆。
蒋绍愚　1999　《两次分类——再谈词汇系统及其变化》，《中国语文》第 5 期。
蒋绍愚　2005　《近代汉语研究概要》，北京大学出版社。
金桂桃　2007　《宋金元明清动量词研究》，武汉大学出版社。
雷缙碚　2005　《西周金文与传世文献同词异字研究》，西南师范大学硕士学位论文。
黎锦熙　1935　《国语运动史纲》，商务印书馆。
李崇兴　2007　《从反复问句的使用情况看〈元曲选〉宾白的明代语言成分》，《语言研究》第 4 期。
李　荣　1985　《语文论衡》，商务印书馆。
李　荣　1987　《文字问题》，商务印书馆。
李　荣主编　2002　《现代汉语方言大词典》（6 卷本），江苏教育出版社。
李　燕等　1992　《现代汉语形声字研究》，《语言文字应用》第 1 期。
李宇明、费锦昌主编　2004　《汉字规范百家谈》，商务印书馆。
李运富　2008　《汉字汉语论稿》，学苑出版社。
李宗江　1999　《汉语常用词演变研究》，汉语大词典出版社。
梁　浩　2013　《古汉语常用词历时演变研究综述》，《哈尔滨师范大学社会科学学报》第 5 期。
刘　复、李家瑞　1930　《宋元以来俗字谱》，《中央研究院历史语言研究所单刊》之三。
刘君敬　2009　《也说指示代词"该"的形成过程》，《中国语文》第 6 期。
刘君敬　2011　《敦煌变文校正二例》，《中国典籍与文化》第 1 期。
刘志基　2004　《应当注重异体字的历时特性》，载《铁砚斋学字杂缀》，中华书局，2006 年。
陆丙甫　2009　《对 Greenberg 45 条共性的分析》，《东方语言学》第五辑。
陆锡兴　1981　《古今字概说》，《中国语文》第 5 期。
陆志韦　1956　《北京话单音词词汇》，科学出版社。
骆宝萍　2010　《〈红楼梦〉俗字探研》，浙江大学硕士学位论文。
吕　澂　1980　《新编汉文大藏经目录》，齐鲁书社。
吕传峰　2006a　《"嘴"的词义演变及其与"口"的历时更替》，《语言研究》第 1 期。
吕传峰　2006b　《汉语六组涉"口"基本词演变研究》，南京大学博士学位论文。
吕叔湘　1981　《把我国语言科学推向前进》，中国语言学会成立大会报告。
吕叔湘　1988　《魏晋南北朝小说词语汇释·序》，载江蓝生《魏晋南北朝小说词语汇释》，语文出版社，1988 年。
吕叔湘　2004　《吕叔湘文集》，商务印书馆。
吕叔湘、江蓝生　1985　《近代汉语指代词》，学林出版社。
梅　节　2004　《〈金瓶梅词话〉校读记》，北京图书馆出版社。
梅祖麟　1984　《从语言史看几本元杂剧宾白的写作时期》，《语言学论丛》第十三辑。
宁　宁　2007　《现代常用形声字声符系统研究》，天津师范大学硕士学位论文。
裴　蓓　2006　《从认知的角度看汉字字形演变》，上海师范大学硕士学位论文。
裘锡圭　1988　《文字学概要》，商务印书馆。
裘锡圭　1989　《40 年来文字学研究的回顾》，《语文建设》第 3 期。
裘锡圭　1991　《从纯文字学角度看简化字》，《语文建设》第 2 期。
裘锡圭　1999　《简帛古籍的用字方法是校读传世先秦汉古籍的重要根据》，载《裘锡圭学术文化随笔》，中国青年出版社，1999 年。
裘锡圭　2004　《中国出土古文献十讲》，复旦大学出版社。
任晓威　2008　《形声字研究综述》，吉林大学硕士学位论文。
沈澍农　2007　《中医古籍用字研究》，学苑出版社。
史定国主编　2004　《简化字研究》，商务印书馆。
苏培成　1989　《汉字研究的新收获——读李荣先生的〈文字问题〉》，《语文建设》第 3 期。
唐　兰　1979/1990　《中国文字学》，上海古籍出版社。
陶红印　1999　《试论语体分类的语法学意义》，《当代语言学》第 3 期。
汪维辉　2000/2017　《东汉-隋常用词演变研究》，南京大学出版社/商务印书馆。
汪维辉　2006a　《论词的时代性和地域性》，《语言研究》第 2 期。
汪维辉　2006b　《纵横结合研究汉语词汇》，载《21 世纪的中国语言学》（二），商务印书馆。
汪维辉　2007　《〈齐民要术〉词汇语法研究》，上海教育出版社。
汪维辉　2009　《域外借词与汉语词汇史研究》，《江苏大学学报》（社会科学版）第 1 期。
汪维辉　2018　《汉语核心词的历史与现状研究》，商务印书馆。
王　力　1947　《新训诂学》，原载《开明书店二十周年纪念文集》，又载《龙虫并雕斋文集》第 1 册，中华书局，1980 年。
王　力　1989　《汉语词汇史》，商务印书馆。
王立军　2003　《宋代雕版楷书构形系统研究》，上海教育出版社。
王　宁　2002　《汉字构形学讲座》，上海教育出版社。
王云路　2002　《词汇训诂论稿》，北京语言文化大学出版社。
邢向东　2002　《神木方言研究》，中华书局。
徐时仪　2008　《略论汉语字与词的互动》，"汉语与汉字关系"国际学术研讨会论文。
徐时仪　2009　《玄应和慧琳〈一切经音义〉研究》，上海世纪出版集团。
徐通锵　1991　《历史语言学》，商务印书馆。
颜洽茂　1989　《读第五版〈敦煌变文字义通释〉——兼论著者的俗语词研究思想》，《杭州大学学报》第 3 期。
杨荣贤　2006　《汉语六组关涉肢体的基本动词发展史研究》，南京大学博士学位论文。
杨荣贤　2017　《汉语肢体动词发展史研究》，中西书局。
姚永铭　2006　《同形词与汉语词汇史研究》，《古汉语研究》第 2 期。
殷焕先　1962　《汉字的形体结构和形声原则》，《语文建设》第 11 期。
殷晓杰　2008　《明清山东方言词汇专题研究》，南京大学博士学位论文。
殷晓杰　2011　《明清山东方言词汇研究》，中国社会科学出版社。
曾　良　2002　《略论汉字的时代性》，华人地区语文生活与语文计划国际学术研讨会论文。
曾　良　2006　《俗字及古籍文字通例研究》，百花洲文艺出版社。
曾　良　2009　《明清通俗小说语汇研究》，江西教育出版社。
曾　良　2012　《"甩"、"踩"的历时来源》，《汉语史学报》第十二辑。
曾　良、陈　敏　2017　《明清小说俗字典》，广陵书社。
张鸿魁　1992　《〈金瓶梅〉与近代汉语研究》，《东岳论丛》第 6 期。
张鸿魁　1994　《近代汉字研究的几个问题》，《东岳论丛》第 4 期。
张美兰　2013a　《汉语常用词历时演变的新视角——以版本异文为视角》，《合肥师范学院学报》第 2 期。
张美兰　2013b　《〈清文指要〉汇校与语言研究》，上海教育出版社。
张　敏　1998　《认知语言学与汉语名词短语》，中国社会科学出版社。
张庆庆　2007　《近代汉语几组常用词演变研究》，苏州大学博士学位论文。
张荣荣　2007　《明清小说中 55 组文字使用情况调查》，厦门大学硕士学位论文。

张荣荣　2008　《从明清白话小说用字看古今文字的发展演变》,《漳州师范学院学报》第 1 期。
张书岩等　1997　《简化字溯源》,语文出版社。
张小艳　2007　《敦煌书仪语言研究》,商务印书馆。
张永言　1964　《郦道元语言论拾零》,《中国语文》第 3 期。
张永言　1999　《语文学论集》(增补本),语文出版社。
张永言、汪维辉　1995　《关于汉语词汇史研究的一点思考》,《中国语文》第 6 期。
张涌泉　1995a/2010　《汉语俗字研究》,岳麓书社/商务印书馆。
张涌泉　1995b　《敦煌文书类化字研究》,《敦煌研究》第 4 期。
张涌泉　1996a　《敦煌俗字研究》,上海教育出版社。
张涌泉　1996b　《试论汉语俗字研究的意义》,《中国社会科学》第 2 期。
张涌泉　2003a　《大力加强近代汉字的研究》,《浙江教育学院学报》第 6 期。
张涌泉　2003b　《敦煌写本辨伪研究——基于字形分析角度的考察》,《文史》2003 年第 4 期。
张涌泉　2008a　《字形的演变与用法的分工》,《古汉语研究》第 4 期。
张涌泉主编　2008b　《敦煌经部文献合集》,中华书局。
张　相　1953　《诗词曲语辞汇释》,中华书局。
赵平安　1999　《汉字形体结构围绕字音字义的表现而进行的改造》,《中国文字研究》第一辑。
真大成　2008　《魏晋南北朝史书词语论考》,南京大学博士学位论文。
周朋升　2015　《西汉初简帛文献用字习惯研究》,吉林大学博士学位论文。
周志锋　1998　《大字典论稿》,浙江教育出版社。
周志锋　2006　《明清小说俗字俗语研究》,中国社会科学出版社。
周祖谟　1983　《唐五代韵书集存》,中华书局。
[韩]李圭甲编　2000　《〈高丽大藏经〉异体字典》,韩国首尔大学高丽大藏经研究所。
[韩]朴在渊　2002　《中朝大辞典》,韩国鲜文大学校中韩翻译文献研究所。
[美]罗杰瑞　2004　《关于官话方言早期发展的一些想法》(梅祖麟译),《方言》第 4 期。
[日]波多野太郎编　1963—1972　《中国方志所录方言资料汇编》,日本横滨市立大学。
[日]长泽规矩也编　1989　《明清俗语辞书集成》,上海古籍出版社。

［日］入矢义高　2004　《中国口语史的构想》（艾廼均译），《汉语史学报》第四辑。

［日］太田辰夫　1953　《宋代语法试探》，《神户外大论丛》4—2.3 合并号，又载《汉语史通考》，重庆出版社，1991 年。

［日］太田辰夫　1991　《汉语史通考》（江蓝生、白维国译），重庆出版社。

［日］太田辰夫　2003　《中国语历史文法》（蒋绍愚、徐昌华译），北京大学出版社。

［日］香坂顺一　1997　《白话语汇研究》（白维国译），中华书局。

［日］岩田礼编　2009　《汉语方言解释地图集》，白帝社（日本）。

［日］志村良治　1995　《中国中世语法史研究》（江蓝生、白维国译），中华书局。

Harris, C. Alice & Campbell, Lyle　1995　*Historical Syntax in Cross-linguistic Perspective.* Cambridge University Press.

McCarthy, John J.　2002　*A Thematic Guide to Optimality Theory.* Cambridge University Press.

Ohala John J.　2008　《音变的语音学基础（二）》（王轶之译），《东方语言学》第四辑。

Prince, Alan. & Smolensky, Paul　1993　*Optimality Theory: Constraint Interaction in Generative Grammar.* Technical report, Rutgers University Center for Cognitive Science. Available on Rutgers Optimality Archive, ROA-537.

Zipf, G. Kingsley.　1949　*Human Behavior and The Principle of Least Effort.* Addison-Wesley.

主要引用书目 [①]

一、字书类

(一) 宋代以前

《说文解字系传》，(五代) 徐锴撰，四部丛刊初编缩本影残宋本配补宋写本。
《原本玉篇残卷》，(南朝梁) 顾野王著，中华书局，1985 年。
《〈篆隶万象名义〉校释》，吕浩著，学林出版社，2007 年。
《一切经音义》，(唐) 玄应撰，《中华大藏经》第 56—57 册。
《一切经音义》，(唐) 慧琳撰，《中华大藏经》第 57—59 册。

(二) 宋辽金

《续一切经音义》，(辽) 希麟撰，《中华大藏经》第 59 册。
《大广益会玉篇》，(宋) 陈彭年等修，四部丛刊初编缩本影元刻本。
《广韵》，(宋) 陈彭年等修，四部丛刊初编缩本影宋巾箱本。
《新校互注宋本广韵》，余廼永校注，上海辞书出版社，2000 年。
《宋刻集韵》(影宋刻本)，(宋) 丁度等修，中华书局，1989 年。
《增修互注礼部韵略》(影元刊本)，(宋) 毛晃修，中国基本古籍库。
《龙龛手镜》(影高丽本)，(辽) 行均撰，中华书局，1985 年。
《改并四声篇海》(明成化重刊本)，(金) 韩孝彦、韩道昭撰，(明) 释文儒、思远、文通删补，《续修四库全书》第 229 册。

(三) 元明

《中原音韵》，(元) 周德清撰，涵芬楼影印铁琴铜剑楼藏本。
《韵略易通》(影明嘉靖刻本)，(明) 兰廷秀撰，《续修四库全书》第 259 册。

---

① 前文经常引用的古籍均列于此。不同的材料先以时代为序排列，同一时代的材料按文本性质 (如小说、词曲等) 分类，同一类的材料中大致按时代先后排列。为方便检索，我们把书名列于最前，其次是版本、作者及文献来源，作者不明的标注"佚名"。

《词林韵释》(光绪二十九年徐乃昌影刻宋槧斐轩本),佚名撰,《续修四库全书》第 1737 册。
《篇海类编》(影明刻本),题(明)宋濂编,(明)屠龙订正,《续修四库全书》第 229—230 册。
《古俗字略》(影明万历刻本),(明)陈士元撰,《续修四库全书》第 238 册。
《字汇》(影明万历刻本),(明)梅膺祚撰,《续修四库全书》第 232—233 册。
《西儒耳目资》(影明天启刻本),[法]金尼阁撰,《续修四库全书》第 259 册。
《广社》(影明崇祯刻本),(明)张云龙撰,《续修四库全书》第 1186 册。
《正字通》(影清康熙刻本),(明)张自烈撰,(清)廖文英续,《续修四库全书》第 234—235 册。

(四)清代及以后

《说文解字注》,(清)段玉裁注,上海古籍出版社,1988 年。
《说文通训定声》,(清)朱骏声著,《续修四库全书》第 220—221 册。
《五方元音》(影清文秀堂刻本),(清)樊腾凤撰,《续修四库全书》第 260 册。
《国音常用字汇》,(民国)教育部国语统一筹备委员会编,商务印书馆,1933 年。
《汉语大字典》(修订本),徐中舒主编,湖北辞书出版社、四川辞书出版社,2010 年。
《汉语大词典》,汉语大词典编辑委员会编,上海辞书出版社,1986—1991 年。

二、语料类

(一)唐五代

《诸经要集》,(唐)道世集,《高丽大藏经》第 61 册。
《法苑珠林》,(唐)道世集,《高丽大藏经》第 77—78 册。
《唐律疏议》(影宋本),(唐)长孙无忌等修,四部丛刊三编。
《入唐求法巡礼行记》,[日]圆仁撰,日本东洋文库影印古钞本。
《敦煌变文校注》,黄征、张涌泉校注,中华书局,1997 年。
《祖堂集》(影高丽藏本),(南唐)静、筠禅师编,《续修四库全书》第 1285 册。
《祖堂集》,孙昌武、[日]衣川贤次、[日]西口芳男点校,中华书局,2007 年。
《鉴诫录》(影宋刻本),(五代)何光远撰,中国基本古籍库。

(二)宋辽金

《太平广记》(影明嘉靖谈恺刻本),(宋)李昉编,中国基本古籍库。

《太平广记》，汪绍楹整理，中华书局，1961年。
《太平御览》（四部丛刊三编影宋本配补别本），中华书局，1960年。
《朱子语类》（影明成化刻本），（宋）黎靖德编，中国基本古籍库。
《刘知远诸宫调》（影金刻本），佚名撰，《续修四库全书》第1738册。
《宋提刑洗冤集录》（影元刻本），（宋）宋慈撰，《续修四库全书》第972册。
《夷坚志》（清影宋钞本），（宋）洪迈撰，《续修四库全书》第1264—1266册。
《挥麈录》（影宋刻本），（宋）王明清撰，中国基本古籍库。
《容斋随笔》（影宋本配补明弘治刻本），（宋）洪迈撰，四部丛刊续编。
《诚斋集》（影宋写本），（宋）杨万里撰，四部丛刊初编缩本。

（三）元代

《古今杂剧》（影元刻本），佚名辑，《续修四库全书》第1760册。
《朝野新声太平乐府》（影元刻本），（元）杨朝英辑，四部丛刊初编缩本。
《乐府新编阳春白雪》（影元刻本），（元）杨朝英辑，《续修四库全书》第1739册。
《梨园按试乐府新声》（影元刻本），佚名辑，《续修四库全书》第1739册。
《元典章》（影元刻本），佚名编，《续修四库全书》第787册。
《皇元风雅》（影元建阳刻本），（元）蒋易辑，《续修四库全书》第1622册。
《吏学指南》（影元刻本），（元）徐元瑞撰，《续修四库全书》第973册。
《饮膳正要》（影明景泰刻本），（元）忽思慧撰，《续修四库全书》第1115册。
《南村辍耕录》，（元）陶宗仪撰，四部丛刊三编影元刻本。

（四）明代

《明成化说唱词话丛刊》（影明成化刻本），《续修四库全书》第1745册。
《元曲选》（影明万历刻本），（明）臧懋循编，《续修四库全书》第1760—1762册。
《海浮山堂词稿》（影明嘉靖四十五年刻本），（明）冯惟敏撰，《续修四库全书》第1738册。
《词林摘艳》（影明嘉靖四年刻本），（明）张禄辑，《续修四库全书》第1740册。
《雍熙乐府》（影明嘉靖四十五年刻本），（明）郭勋辑，《续修四库全书》第1740—1741册。
《群音类选》（影明胡氏文会堂刻本），（明）胡文焕辑，《续修四库全书》第1777—1778册。
《山歌》（影明崇祯刻本），（明）冯梦龙编，《续修四库全书》第1744册。
《六十种曲》（影明末毛氏汲古阁刻本），（明）毛晋辑，《续修四库全书》第

1768—1773 册。

《永乐大典戏文三种》（钞本），佚名撰，《续修四库全书》第 1768 册。

《牡丹亭》（影明万历刻本），（明）汤显祖撰，中国基本古籍库。

《目连救母劝善戏文》（影明万历刻本），（明）郑之珍撰，《续修四库全书》第 1774 册。

《水浒传》（影明容与堂刻本），（元明）施耐庵撰，《续修四库全书》第 1791—1792 册。

《西游记》（影明李卓吾先生批评本），（明）吴承恩撰，《续修四库全书》第 1792—1793 册。

《三国演义》（影明嘉靖元年刻本），（明）罗贯中撰，《续修四库全书》第 1789—1790 册。

《清平山堂话本》（影明嘉靖刻本），（明）洪楩辑，《续修四库全书》第 1784 册。

《金瓶梅词话》（影明万历刻本），（明）笑笑生撰，天一出版社（台北），1975 年。

《古今小说》（影明天许斋刻本），（明）冯梦龙编，《续修四库全书》第 1784 册。

《警世通言》（影明天启刻本），（明）冯梦龙编，《续修四库全书》第 1784—1785 册。

《醒世恒言》（影明叶敬池刻本），（明）冯梦龙编，《续修四库全书》第 1785—1786 册。

《拍案惊奇》（影明崇祯尚友堂刻本），（明）凌濛初编，《续修四库全书》第 1786 册。

《二刻拍案惊奇》（影明崇祯尚友堂刻本），（明）凌濛初编，《续修四库全书》第 1787 册。

《型世言》，（明）陆人龙撰，影明崇祯刻本。

《西洋记》（影明万历刻本），（明）罗懋登撰，《古本小说集成》。

《平妖传》（影明墨憨斋本），（明）罗贯中撰、冯梦龙补，上海古籍出版社，1993 年。

《醋葫芦》，（明）伏雌教主编，明笔耕山房刻本。

《石点头》，（明）天然痴叟撰，明金阊叶敬池刊本。

《御制大诰》系列、《大诰武臣》（明洪武内府刻本），（明）朱元璋撰，《续修四库全书》第 862 册。

《皇明诏令》（影明嘉靖刻本），佚名辑，《续修四库全书》第 457 册。

《大明会典》（影明万历内府刻本），（明）申时行等修，《续修四库全书》第 789—792 册。

《丝纶录》(影明刻本),(明)周永春辑,《四库禁毁书丛刊·史部》第 74 册。
《蜀语》,(明)李实撰,《丛书集成初编》第 1182 册。
《客座赘语》(影明万历刻本),(明)顾起元撰,《续修四库全书》第 1260 册。
《山中一夕话》(影明刻本),题(明)李贽辑,《续修四库全书》第 1272 册。
《七修类稿》(影明刻本),(明)郎瑛撰,《续修四库全书》第 1123 册。
《六语》(影明万历刻本),(明)郭子章辑,《四库全书存目丛书·子部》第 251 册。
《实政录》(影明万历刻本),(明)吕坤撰,《续修四库全书》第 753 册。
《宛署杂记》(影明万历刻本),(明)沈榜撰,《稀见中国地方志汇刊》第 1 册。
《朝鲜时代汉语教科书丛刊》,汪维辉编,中华书局,2005 年。

(五)清代及以后

《桃花扇传奇》(影清康熙刻本),(清)孔尚任撰,《续修四库全书》第 1776 册。
《霓裳续谱》(影清乾隆集贤堂刻本),(清)王廷绍辑,《续修四库全书》第 1744 册。
《灯月闲情》(影清乾隆刻本),(清)唐英撰,《续修四库全书》第 1766—1767 册。
《聊斋俚曲集》,(清)蒲松龄著,国际文化出版公司,1999 年。
《白雪遗音》(影清道光刻本),(清)华广生辑,《续修四库全书》第 1745 册。
《再生缘全传》(影清道光刻本),(清)陈端生撰,《续修四库全书》第 1745—1747 册。
《清车王府藏曲本》,首都图书馆编辑,学苑出版社,2001 年。
《绥中吴氏藏钞本稿本戏曲丛刊》(包括《五虎传》《施公新传》等),吴书荫主编,学苑出版社,2004 年。
《儒林外史》(影清嘉庆卧闲草堂刻本),(清)吴敬梓撰,《续修四库全书》第 1795 册。
《醒世姻缘传》(影清同德堂刊本),(清)西周生撰,《古本小说集成》。
《绿野仙踪》(影旧钞本),(清)李百川撰,《古本小说集成》。
《歧路灯》(影清钞本),(清)李海观撰,《古本小说集成》。
《品花宝鉴》(影清刊本),(清)陈森撰,《古本小说集成》。
《飞龙全传》(影清乾隆刻本),(清)吴璿撰,中国基本古籍库。
《红楼梦》(影清乾隆五十六年萃文书屋活字印本),(清)曹雪芹、高鹗撰,《续修四库全书》第 1793—1794 册。
《脂砚斋重评石头记汇校》,冯其庸主编,文化艺术出版社,1987—1989 年。
《镜花缘》(影清道光刻本),(清)李汝珍撰,《续修四库全书》第 1795—1796 册。

《隔帘花影》（影清刻本），（清）四桥居士撰，中国基本古籍库。
《儿女英雄传》（影清光绪四年京都聚珍堂活字本），（清）文康撰，《续修四库全书》第1796—1797册。
《侠义传》（影清光绪老二酉堂刻本），（清）石玉崑撰，《续修四库全书》第1797册。
《永庆升平》（影清光绪宝文堂刊本），佚名撰，中国基本古籍库。
《七剑十三侠》（影清光绪石印本），（清）桃花馆主编，中国基本古籍库。
《二十年目睹之怪现状》（影清光绪至宣统广智书局铅印本），（清）吴趼人撰，《续修四库全书》第1798—1799册。
《官场现形记》（影清光绪铅印本），（清）李宝嘉撰，《续修四库全书》第1800册。
《九尾龟》，佚名撰，点石斋合刊本清宣统三年（1911年）。
《老残游记》（影民国天津日日新闻本），（清）刘鹗撰，《续修四库全书》第1800册。
《燕在阁知新录》（影清康熙刻本），（清）王棠撰，《续修四库全书》第1146—1147册。
《通俗编》（影清乾隆刻本），（清）翟灏撰，《续修四库全书》第194册。
《吴下方言考》（影清乾隆刻本），（清）胡文英撰，《续修四库全书》第195册。
《笑林广记》（影清乾隆刻本），（清）游戏主人撰，中国基本古籍库。
《随园食单》（影清嘉庆刻本），（清）袁枚撰，《续修四库全书》第1115册。
《经韵楼集》（影清嘉庆刻本），（清）段玉裁撰，《续修四库全书》第1434—1435册。
《乡言解颐》（影清道光刻本），（清）李光庭撰，《续修四库全书》第1272册。
《刑案汇览》（影清道光刻本），（清）祝庆祺编，《续修四库全书》第867—872册。
《日用俗字》，（清）蒲松龄著，载《蒲松龄集》上册，中华书局上海编辑所，1962年。
《证俗文》（影清光绪刻本），（清）郝懿行撰，《续修四库全书》第192册。
《恒言录》（影清嘉庆刻本），（清）钱大昕撰，《续修四库全书》第194册。
《订讹杂录》（影清嘉庆刻本），（清）胡鸣玉撰，《四库全书》第861册。
《札朴》（影清嘉庆刻本），（清）桂馥撰，《续修四库全书》第1156册。
《纯常子枝语》（影民国刻本），（清）文廷式撰，《续修四库全书》第1165册。
《驳案汇编》（清光绪十年刻本），（清）朱梅臣辑，《续修四库全书》第873—874册。
《新方言》（民国刻章氏丛书本），章太炎撰，《续修四库全书》第195册。
《满蒙汉三体字书》（清初钞本），《故宫珍本丛刊》第721册。

《清文启蒙》(清雍正三槐堂刻本),《故宫珍本丛刊》第719册。
《清文指要》,清嘉庆三槐堂刻本,电子照片。
《语言自迩集》,[英]威妥玛著,张卫东译,北京大学出版社,2002年。
《士民通用语录》,[美]马医生、[中]金湘儒合著,上海美华书馆光绪二十四年(1898年)。
《朝鲜时代汉语教科书丛刊续编》,汪维辉、远藤光晓等编,中华书局,2011年。

后　　记

　　本书是在笔者的博士论文基础上修改完成的，论文选题受到了吕传峰师兄一篇文章的启发。吕师兄在讨论"口""嘴"更替时，提及了记录{嘴}的用字，点到为止未展开讨论。我顺藤摸瓜，收集了{嘴}的用字并从原始材料中意外发现了不同用字的时代特征。这颇令人欣喜！经过与导师反复讨论，确定了博士论文的中心议题——字词关系。

　　如果从2009年正式确定选题开始计算，到现在为止已经差不多十年了。回头反思，我觉得有三位先生对笔者博士论文写作的影响最为深刻，他们分别是李荣先生、太田辰夫先生和业师汪维辉先生。李荣先生告诉笔者要研究什么、什么类型的条目值得研究；太田辰夫先生告诉笔者怎样处理材料、怎样做出符合逻辑的预测；维辉师则告诉笔者怎样归纳统计数据、怎样处理典型例证，"语文学的功底，语言学的眼光"这一论断更是令笔者受益颇深。

　　2011年自南京大学毕业后，我来到了有"一城青山半城湖"之美誉的古城徐州，在江苏师范大学执教，先后给本科生开设了古代汉语、形式逻辑等课程。教学、家庭诸事缠身，以至于在毕业后的三年中几无整块的时间去思考如何完善论文。直到2016年前后，我想得比较明白了，才做了比较大的修改，重写了部分章节，并将繁体改为简体。

　　这本小书能够呈现在读者面前，离不开商务印书馆的资助，离不开诸多师友的鼓励和扶持。在付梓之际，我要感谢多年来在我成长过程中提供支持和帮助的师友。首先要感谢业师汪维辉教授，没有他的引领和支持，我可能硕士毕业就投笔从戎，走另外一条路了。其次要感谢诸多学界前辈，他们包括但不限于李开老师、高小方老师、刘晓南老师、董志翘老师、何亚男老师、黄征老师、张涌泉老师、徐时仪老师、曾良老师、李运富老师。没有他们在论文写作、答辩以及后期申请出版资助方面的助力，就不会有这本书的出版。其次，要感谢商务印书馆为拙稿安排的匿名评审专家。大到谋篇布局，文献征采，小到文字表述、繁简标点，两位专家均提出了宝贵的修改意见。这些意见皆悉采纳入书，在此基础上，我再接再厉又找出并消除了拙稿中多处潜在的问题。再次，要感谢我的家人，他们默默地关注着我的求学之路。也许他们并不明白我在做什么，也不清楚这类研究的现实意义，但他们的信任让我没有后顾之忧。最后，我想对张洪明教授和 Michael Titelbaum 教授说一声"谢谢"！他们先后为我提供了在 UW-Madison 交流的机会，让我有机会暂时摆脱国内的教研事务，在麦迪逊重回学生时代，在一流大学的校园中读书、思考。

如果说还有什么遗憾的话，那就是从写作到出版拖得太久了。也许正因为沉淀了那么久，让我能够更准确地认识到拙作的不足，这些也留待读者批评指正。

2019 年 10 月 15 日
于麦迪逊

专家评审意见

李运富

用字问题涉及字符与文献词语的关系，一向为传统训诂家所重视。不仅各种注释书中常见"通用""借用""假借""亦作""当作""古今字"等表达用字现象的术语，而且还有不少专门考证字词关系的笔记。例如宋代王观国的《学林》，全书358篇，有近200篇谈到古籍的用字问题。现代学者如王力、李荣、蒋礼鸿、裘锡圭、张涌泉等先生，也都注意对古书用字现象的归纳和阐释。而上升到理论高度，作为一门"学"提出来的，则是王宁先生。随后，李运富发表《汉字语用学论纲》(载《励耘学刊》2005年第1辑)，正式阐述"字用学"的学理依据、学科定义和主要内容，使字用的研究进一步走向理性和系统。我们高兴地看到，字用学理论不仅被应用于出土文献的用字研究(如陈斯鹏《楚系简帛中字形与音义关系研究》)，而且被应用于现代汉语字典的讨论(如徐加美《现代汉语字典中的字用学概念和研究内容》)，如今刘君敬的《唐以后俗语词用字研究》更将字用学视野推向近代汉语的传世文献，用深厚的研究成果再次诠释了汉语字用学的内含和价值。

刘著明确表示"我们的研究处于'字用'这一平面上"，那么，我们自然应该从字用学的角度来看待和评价该书。就该书的优点而言，我认为如下几个方面是值得称道的：

第一，测查和描写了近代汉语部分常用俗语词的用字现象，为汉语字用学提供了相当数量的真实可靠的第一手材料。考察字用现象可以有两个角度，一是从"字"出发，看某个"字"有哪些记录职能，这些职能如何分布，有什么变化；二是从"词"（实际为"语素"）出发，看某个音义结合单位用了哪些字记录，这些字如何分布，有什么变化。刘著选择的是第二个角度，而且是常用俗语词。这相对来说难度比较大，材料也比较新。因为从"字"出发的话，可以"字"为检索项进行检索，且有字典辞书作为参照；而"词"的用字既然不一，就无法据特定的形式进行检索，俗语词的用字复杂多样，检索起来更为困难。刘著克服困难，描写出25个单复音词的用字情况，刷新了我们对俗语词用字面貌的了解，这不仅有助于汉语字用学的直接利用，对解读近代汉语文献、研究汉语词汇史也有参考价值。

第二，在测查和描写的基础上，对近代汉语俗语词的用字现象和演变规律做了理论上的阐释，丰富了汉语字用学的内容。一个词项为什么要用几个字记录，不同范围的文献为什么用了不同的字记录，这是汉语字用学必须解释的。但以前的字用学往往就事论事，缺乏统一的框架和具有强大解释力的理论。刘著借用"优选论"的框架，从生成机能、输出候选、筛选机能到最佳输出，在归纳筛选制约因素的条件下，用典型字例阐释某个词项对众多记录形式的选择过程，从而揭示了大部分词项用字演变的基本规律。这一理论尝试尽管可能并不完善，却是属于作者的创新思维，具有导夫先路的意义。刘著还专门讨论了俗语词书写形式的时代性和文献用字的当代化问题，虽然以前有学者提出过，但刘著的论述显然更为深入全面。这些理论性的阐释，其适用范围不限于近代汉语俗语词的用字，可以推及所有书面文献用字的研究，因而是对整个汉语字用学的重大贡献。

第三，注重材料的有效性和研究方法的可操作性。古籍浩如烟海，即使限于近代汉语文献，也不可能在几年时间内全部阅读，这就有个如何选材的问题。刘著选材首先注意到文体的分类，主要选取不同时段具有代表性的小说戏曲等通俗性文学作品；其次注意到"同时资料"和"后时资料"的区分，优先选用原始同时资料，合理利用后时资料，尽量避免后时资料中用字"当代化"对考察历史用字结论带来的影响。以前的字用学肯定了出土文献的用字调查价值，对如何保证传世文献用字调查的有效性尚未提出切实的办法。刘著在这方面做了补充，包括利用汉语教科书和域外借词。无论是对材料的分析，还是对理论的阐释，刘著都特别注重把实际操作过程展示出来，并分解为若干步骤加以说明。这种理科式的研究方法也很值得借鉴，因为它的过程可以再现，结论可以验证，效果当然更好。

第四，拓展了汉语字用学的研究范畴，凸显出汉语字用学的实用价值。以前的字用学注重汉字记录职能的描写和解释，只关联到传统训诂学。其实字用学跟文献学的关系也很密切，把字用研究的结果应用于解决文献问题，是一个很好的拓展思路。刘著在这方面也做了有益的探索，示范性地谈到字用考察对处理文献异文、判断文献时代、确定文献改窜程度以及整理古籍等工作的有效利用情况。这些都具有启发意义。

鉴于以上四点考虑，我认为这是一部富于创新精神因而很有学术价值的著作，建议商务印书馆纳入"语言学出版基金"项目予以资助出版。

但出版之前，应请作者就如下一些问题做出修改加工或补充阐述。

（1）刘著"手工檢索與電子檢索相結合，努力全面地發掘記錄口語詞的各種用字"。但如上面所说，从"词"出发考察某个音义结合单位用了哪些字记录，检索起来是很困难的。不知作者在进行"手工检索与电子检索"时如何设定"检索项"或者"检索目标"。例如在不知道记录｛趴｝词用过哪些字的情况下，如何检索到"趴/爬/扒/

钯/叭/肌/跁/邑"等字形？如果只依据字书的沟通来检索，怎么保证某词某义所用字形全部被检索出来？如果可以不全，那以什么为度，如何保证在这个"度"下结论的可靠？书中应该对这个操作过程和依据标准做明确交代或说明。

（2）从"词"出发考察用字现象，实际指的是同一音义结合体（即语素）可以用哪些字或者实际上用过哪些字记录，因此，考察的对象应该以"语素"为单位，包括单字语素和多字语素。刘著将考察对象分为"单音词"和"复音词"，由于字、词并不对应，难免交叉重复，不易分清。例如考察单音词"膀"的用字时，就不可避免地要涉及"肩膀""臂膀""胳膊（膀）""翅膀"等复音词；而考察复音词"胳膊"时，除了语素"胳"的不同用字外，也得涉及语素"膊（膀）"的不同用字，这种所指对象的交叉势必造成论述内容和语例用字的部分重复。再说"膀""赔""唇"等单字语素的不同用字被放在单音词里考察，而实际上它们也都能组合成复音词（"臂膀""赔偿""唇口"）；"胳膊""年轻"等虽是复音词，但其中的"胳""膊""轻"等同样是单音节语素，它们的不同用字也是可以分开考察的。所以如果要分类的话，最好从字符对应的单位着眼，分为单字语素（包括合成词中的单字语素）和多字语素（不包括合成词）。当然也可以不分，合在一起考察反而能避免章节内容的偏轻（多字语素）偏重（单字语素）。

与此相关的是，同一{?}项下的不同用字应该属于同一语素（或词项），否则应该分立。刘著第二章第7条"赔"下正确地考证出"备""赔"代表的是两个不同的语素，所以才可能出现"赔（倍）备"这样的复合词。那么"俻（俗）"等就不宜跟"赔（陪倍）"等一起作为"{赔}"的用字并列（见该条标题）。

（3）字用考察有两个角度（见上文"第一"），需要说明三种关系，如下图：

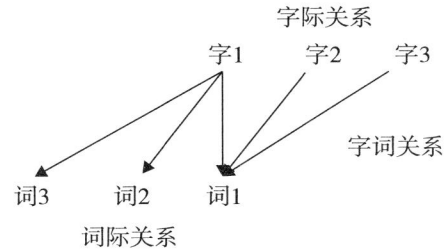

刘著选择由词到字的考察角度,那应该说明两种关系:字词关系、字际关系。即某词(语素)用某字记录时,这个字跟词是什么关系(形与音义皆相关者为本用,形只标音而与词义无关者为借用);几个字记录同一个词(语素)时,这几个字之间是什么关系(异体字、母字与分化字、本字与借字、借字与借字)。这样才能说明某个字或某几个字为什么能记录某个词(语素),也更有利于说明某个词(语素)在几个用字中为什么优选了某个字。可刘著一再强调不关注"本字",因而通常只描写出字词的记录与被记录关系,没有进一步说明字词的形音义关系,也没有说明几个字之间的使用关系。这就好比只告诉我们某男和某女有关系,却并不说明是夫妻关系、兄妹关系、父女关系还是朋友关系,关系没说透,难免让人遗憾。如果就考察过的字词进一步理清相互间的各种关系,刘著的内容将更加厚重,理论部分的阐述也将更加透彻。

(4)有些词目下列举的用字跟分析语例中提到的用字不一致,应该检查统一。例如{膀}条下标目漏列"挚、帮、挪、邦、搒"等用字,{蛋}条下标目漏列"旦"字,{唇}条下标目漏列"顾"字,{赔}条下标目漏列"裨"字,这些字在描述部分都有语例或字书收录例,却在标目字头上找不到;又{脖}条下标目多列"孛"字,因为下面的描述部分未引包含该字的语例或字书例,如果有例宜补入,否则当删字头。

(5)对古代文献材料的理解有可商或不正确的地方。例如:

正文第24页:

《說文·弓部》:"彈,行丸也。""行丸"即是指能夠運動的圓形物。

按,刘著理解错误。《说文》的"弹"是动词,用来解释的"行丸"是动宾结构,指使丸飞行,也就是把丸发射出去。所以段玉裁注引《左传》"晋灵公从台上弹人,而观其避丸也"为书证。发射的弹丸一般是圆形的,所以才引申指其他圆形物。刘著中由此误解而引发的有关表述都应该修正。

正文第36页引晚清沈家本的《历代刑法考》:

"備"即《唐律》"有贓應備"之"備"。《疏議》有"備償"之語,即今之"賠償"也。古無"賠"字,《正字通》《字彙》二書始載之。

作者认为沈家本指出"备偿/赔偿"二者之间是古今用语的不同,见识比其他人要高出许多。按,从"古无'赔'字,《正字通》《字汇》二书始载之"的表述看,沈家本"《疏议》有'备偿'之语,即今之'赔偿'也"并非指"古今用语的不同",仍然说的是用字不同。这段话的意思是:古有"备偿"之语,就是今天的"赔偿",因为古无"赔"字,所以写作"备偿"。

(6)有些表述不准确。例如:

目录第二章"单音词研究"、第三章"复音词研究",让人疑惑这两章在研究词汇而不是研究用字。而本书的总名称叫"唐以后俗语词用字研究",则主题和目标是研究"用字",那么章节的大小标题都应该扣住"用字"来表述。如果分别改为"单音词用字研究""复音词用字研究",就可以消除疑惑。

正文第1页图1标题"汉语词汇分类示意图"宜改为"常用俗语词(交集)示意图"。因为这个图无法反映汉语词汇的总体分类。

正文第33页:

二是對｛賠｝的探源，即他認爲"賠"跟"備"音義相同，記錄的是同一個詞，只是不同時期用字習慣的差別（"古"或"俗"）。

按，"即他认为"后面的内容不是"对｛赔｝的探源"，而是讲"｛赔｝"的不同用字。

正文第 34 页：

當記錄｛賠｝的"陪""倍"產生以後，它們跟"備"的關係是不是如楊慎認爲的是一個詞呢？

按，"陪""倍"字早在｛赔｝词产生以前就已"产生"，所以不能说"当记录｛赔｝的'陪''倍'产生以后"。去掉"当"和"产生以后"，句子更顺畅，表义更准确。

（7）有些表述不知所云，应加适当说明或提示。例如：

正文第 46 页：

讲述《集韵》"人""仁"字头没有对｛仁｝词的记载，接着说"但收入'秂'字，注：'禾欲結者。'"不知"但……"这句话想说明什么，跟上下文有什么关系。

正文第 106 页：

表 55　｛仁｝的優選分析

輸入形式	輸出候選項	提示讀音	提示意義	無同形形式	簡約
rén（r）（果殼内物）	☞人		＊	＊	
	仁	＊	＊	＊	

按表 55 分析的条件，一眼就可以优选出"人"字，可作者在列表前却说"下面一例則說明有些情況下現有的制約條件還無法做到把恰當的候選項篩選出來"，不知为什么。应当有针对性地加以解释。

正文第 111 页：

分析"躺""躴"的各项条件相同，两相比较，"躺"的简约化程度更高。可是作者说："躴"跟"躺""相比違背制約條件的程度更高",不知指何而言,应当有具体说明。

(8)第 101 页提出筛选项的制约条件时认为第 I 条"提示读音"是"必须的,可以看作是忠实性制约"。就是说,记录同一词项的不同字符都必须能提示读音,不允许违反。可实际分析时,表 40 中的"卓",表 43、44 的"餧""喥""偎",表 45 的"握",表 49 的"胈",表 51 的"倈",表 52 的"證",表 54 的"頁",在"提示读音"栏都标有"*"号,就是说这些字都违反了"提示读音"的制约条件。如果一个字不能提示读音,怎么能够记录这个词?而且这样分析跟前面提出的"忠实性制约"明显矛盾,如果是合理的分析,书中应该有必要的说明。

(9)第 104 页有表 47"五代宋时期{嘴}的优选分析",表后的分析说明指出"棨""觜""㖦"等用字有"角""束"提示意义,不违反制约条件,可表中除"觜"外,其余二字都标有"*"号,表示违反了"提示意义"的制约条件,不符。从表中各条件比较,"㖦"字只有一项违反"提示意义",如果按上面的说明则并不违反,那就一项违反的也没有,照理应该是当然的优选字,可实际上表中手形所优选的字是"觜",那为什么呢,刘著没有任何说明,这就与标题"用字变化的优选论解释"不合。

(10)第 105 页:

表 49 {脖}的優選分析

輸入形式	輸出候選項	提示讀音	提示意義	無同形形式	簡約
bó (頸)	孛		*	*	
	頸				*
	☞ 脖				*
	鈸		*	*	*
	胈	*		*	*
	膊			*	*

{脖}的各種書寫形式參加篩選後，"脖""䪼"兩種違背的制約條件最少且數量相同。理論上，二者均應為最佳輸出，但事實上是"脖"勝出。分析原因，二者在提示意義這一制約條件上的匹配度是不同的。雖然"月（肉）""頁"均可提示意義，但"頁"指人的頭這一義位在{脖}使用的時代已經廢棄不用，今天仍然如此。從這一角度來看，"月"比"頁"匹配度更高。

这里的原因分析实难取信。如果说"页"指人头这一义位在当时已经废弃因而提示意义的匹配度不高，那"月"同样不能直观地表示"肉"义，怎么会比"页"的匹配度更高？如果说"月"作为义符可以成系统地表示"肉"义，那"页"作为义符也可以成系统地表示"人头"义，而且比"月"的表义更单纯（"月"作为义符有时候表示"舟"，有时候表示"月亮"，提示意义的作用受限制）。可见选"脖"弃"䪼"并非因为"月"提示意义的匹配度比"页"更高。我们认为，优选"脖"的原因应该是"脖"比"䪼"更简约（少5画）。

（11）第105页，表50列3个字头，下面举1个书例；表51也是3个字头，下面列有4个书例；表52还是3个字头，下面却1个书例也不举。这种严重的体例不一致现象太随意，叫人摸不着头脑。

（12）第113页：

【餂→舔】

"餂"既表示探取、鈎取，也可以指以舌取物。前者用例始見於《孟子·盡心下》："士未可以言而言，是以言餂之也；可以言而不言，是以不言餂之也。"趙岐注："餂，取也。"後者的用字經歷了自"餂"到"舔"的變化。受其影響，前者的用字也會寫作"舔"。這種行為沒有被人們接受。如：

（9）言未及之而言，是以言舔之也，昔人謂之譟。言及之而不言，是以不言舔之也，昔人謂之隱。（宋華鎮《雲溪

居士集》卷21《再上陳運使書》,四庫本,502頁上)

　　这里作为"现象1"的例证,是把"探取"和"以舌取物"当作两个词("词1""词2")看待的,其实未必妥当。《孟子》的"以言餂之"只是个比喻用法,赵岐注"餂,取也",也只是随文释义,实际上仍然是"以舌取物"义。不能根据此孤例而分出另一个"词"来。

　　除上述内容方面存在的问题外,书中行文有不合规范的语句,例如许多"因此"前后并无因果关系,有些"但"前后也无转折关系。还有文字上衍脱误倒以及繁简转换不当的现象也较多。这些就不一一列举了,请作者自己认真检查校对。

李运富

2012年1月2日

专家评审意见

王贵元

本书以俗语词为范畴，推索其书写形式的演变过程和规律，反映了汉语词汇研究特别是汉语俗语词研究的新思路，对于汉语词汇史的研究具有启示意义。在方法上文章区分传世文献为"同时资料"与"后时资料"，并参考方言及域外借词等进行研究，比较科学。因而其所述单词书写形式的变化现象比较可信。通过个体词书写形式的历时追索，可以发现汉语词汇发展史的某种迹象和富有启示性的细节，能为汉语词汇史的全面研究提供有益参考。本书不足有如下几点：1.词的书写形式的历时变化主要决定因素是词汇共时系统的调整，所以选取单个词的书写形式孤立研究，而不是以相关词群为对象研究，难以发现词形变化的内在逻辑和规律。2.出土文献能准确反映词形状况，如今简帛、石刻、纸质文书已大量出土，本书有所涉及，但基本未予参考。3.有个别标点及叙述错误，如86页"法马"的举例为"法子"，而名称列举无"法子"一名。